CATCH-UP STRATEGY 2.0
추격 전략
2.0

* 이 책은 연세대학교 경영연구소의 '전문학술저서 및 한국기업경영연구 총서'
프로그램의 지원을 받아 출간되었습니다.

다각화의 삼성 VS 집중화의 현대

추격 전략 2.0

최순규 박정민 지음

CATCH-UP STRATEGY 2.0

머리말

다시 한국적 경영 방식 고유의 특성과 장점을 살리자

1980년대와 1990년대를 거쳐 우리나라가 달성한 놀라운 경제 성장의 뒤에는 해외에서 불철주야 고생하며 시장 개척에 노력을 기울여온 다수의 한국기업들이 있었다. 2000년대에 들어와서 한국기업들의 글로벌 경영이 꽃을 피우면서 전세계적으로 '한국적 경영'에 대한 관심이 높아졌고 그에 대한 여러 저서와 논문들이 출판되었다. 하지만 최근 들어 국제 무역에서 보호주의가 확산되고 일본기업들의 경쟁력 회복과 중국기업들의 추격으로 한국기업들의 경영 성과가 저하되면서 한때 반짝했던 한국적 경영에 관한 관심은 사그라지고 있다.

그러나 현재와 같이 한국기업들이 새로운 도전에 직면해 향후 지속적인 발전을 위한 새로운 전략과 방법을 모색해야 하는 시점에서 한국적 경영에 대한 심도 있는 연구는 더욱 절실한 상황이다. 과거에 한국기업들이 어떠한 경영 방식을 통해 글로벌 시장에서 성공을 거두었는가를 정확히 이해하는 것은 우리나라 고유의 경영 방식과 문화에 맞는, 미래를 위한 경영 전략과 방법을 개발하는 데 유용한 통찰력을 제공해줄 수 있기 때문이다. 이를 위해 이 책에서는 우리나라의 대표적인 글로벌 기업인 삼성전자와 현대자동차의 글로벌화 과정을 경영사적인 관점에서 고찰하고 이 두 기업의 성공 요인들이 가지는 공통점과 차이점을 상세히 비교 분석했다.

그간 삼성전자와 현대자동차의 국제경영 활동에 대해서는 많은 연구가 이루어졌다. 하지만 기존 연구들은 대부분 이 두 기업의 특정한 전략이나 사업 혹은 일부 해외시장에 초점을 두고 분석을 했다. 따라서 삼성전자와 현대자동차가 역사적으로 어떠한 전략과 과정을 통해 후발기업으로서의 불리함을 극복하고 글로벌 기업으로 도약했는지를 전체적으로 설명하는 데는 한계가 있었다. 또한 후발기업의 추격 전략에 대한 연구들은 주로 후발기업이 선발기업과의 기술적 격차를 좁혀가는 과정에 초점을 두었다. 그러나 삼성전자와 현대자동차는 단지 선진기업의 기술력에 근접하기 위해 기술과 제품 개발에만 주력한 것이 아니라, 투철한 기업가정신과 탁월한 경영 전략을 통해 기업 조직과 문화를 선진화시키고 새로운 시장과 산업에 진취적으로 진출하여 선도자 우위를 구축하였으며 궁극적으로 선진 경쟁기업들을 넘어설 수 있는 전사적 기업역량을 축적하였다. 따라서 삼성전자와 현대자동차의 발전 과정을 기존 연구에서 제시한 추격 모델catch-up model로만 설명하기는 불충분하다. 기존 연구들의 그러한 한계를 극복하기 위해 이 책에서는 이 두 기업의 발전 과정을 '추격 전략 2.0'이라고 새롭게 정의하고 보다 총체적인 관점에서 성공 요인들을 고찰하였다.

이 두 기업을 분석의 대상으로 선정한 이유는 무엇보다도 이들이 한국을 대표하는 가장 성공적인 글로벌 기업이기 때문이다. 삼성전자는 끊임없는 혁신과 사업다각화를 통해 1990년대 중반부터 개발도상국 기업으로서의 한계를 극복하고 글로벌 전자산업의 선도 기업으로 발돋움했다. 현대자동차는 창업 후 오랜 기간 양질의 저가 자동차를 생산하는 기업 이미지에서 벗어나지 못했지만 지속적인 기술축적과 품질향상 노력을 통해 2010년대에 이르러 선진 자동차업체들을 추격하는 데 성공했다. 이와 더불어 두 기업이 성격이 전혀 다른 산업에서 국제적 성공을 달성한 것도 분석대상으로 선정한 이유이다. 이는 한국적 경영이 특정 산업에서만 유효한 것이 아니라 여러 산업에서 공통으로 성공을 거둘 수 있는 보편성을 가지고 있음을 의미하기 때문이다. 이 두 기업이 어떻게 비교적 짧은 기간에 글로벌 시장에서 성공했는가를 역사적으로 비교해 고찰하는 것은 특정 산업의 경계를 넘어 한국적 경영이 가지는 고유한 특성과 장점을 더욱 명확히 드러낼 것이다.

아무쪼록 이 책이 아직도 글로벌 시장에서 후발주자의 위치에 있는 다수의 한국기업들이 선두 기업으로 도약하기 위한 전략과 방법을 개발하는 데 유용한 통찰력과 방향을 제시하고 한국적 경영에 대한 학문적 연구를 더욱 활성화시키는 데 도움이 되기를 기대한다.

2019년 4월
최순규

목차

머리말 다시 한국적 경영 방식 고유의 특성과 장점을 살리자 • 005

1장 후발주자의 추격 전략 2.0

1. 왜 추격 모델인가 • 015
   후발기업의 추격 모델에 대한 기존 연구 • 018
   펜로즈의 기업성장이론과 자원기반이론 • 020
   매튜의 L-L-L 모델 • 023
2. 추격 전략에서 리더의 역할 • 025
   기업가정신과 해외시장 지향성 • 025
   선도기업의 역량을 파괴하는 기술과 시장 변화 • 028
   정부의 정책적 지원 • 030
3. 후발기업의 추격 전략 2.0 모델 • 033
   추격 전략 2.0 모델과 연구 방법 • 033

2장 삼성전자: 혁신과 다각화를 통한 추격

1. 서문 • 039
2. 삼성전자의 설립과 한국 전자산업으로의 진입 • 044
   삼성의 전자산업 진출 • 044
   삼성전자 설립 과정에서의 정부의 기여 • 046
   기술 확보를 위한 전략적 제휴 • 049
   수출을 통한 성장 • 052
   해외직접투자를 통한 국제화 • 054
   기술 사업의 다각화 • 055
3. 도약을 위한 준비 • 057
   신경영 선포와 질적 혁신 • 057
   글로벌 인수합병 • 061
   기술 공유를 위한 전략적 제휴와 경쟁력 확보 • 064

글로벌 시장에서의 현지 경영 강화 • 066
위기 극복을 통한 사업 경쟁력 강화 • 071
디지털 E 컴퍼니 경영체제 구축 • 075
글로벌 생산력 강화 • 077

4. 디지털 시대의 세계 일류기업으로의 도약 • 079
시장선도 전략과 사업 다각화 전략 • 079
프로세스 혁신과 윤리경영 • 080
현지 밀착형 글로벌 경영 • 081
글로벌 비즈니스 매니지먼트 체제로의 조직 개편 • 083
글로벌 브랜드 마케팅 강화 • 084
프리미엄 제품 개발 강화 • 089

5. 글로벌 시장에서의 초일류기업으로의 부상 • 096
스피드 경영 • 096
지속적 기술 경쟁우위의 창출 • 099
해외직접투자를 통한 경쟁력 강화 • 101

6. 세계 전자산업을 주도하는 리더로서의 도전 • 103

3장 다각화의 삼성이 정상에 오르기까지

1. 삼성 반도체 사업 40년 도전과 창조의 역사 • 109
2. TV 시장에서의 세계 1위 재패 • 113
3. 스마트폰으로 추격자에서 선도자로 부상 • 117
4. 차세대 시장인 전장 사업에 대한 도전 • 123

4장 현대자동차: 기술과 품질의 지속적 향상을 통한 추격

1. 서문 • 131
2. 현대자동차의 설립과 시장 진입 • 136
자동차산업의 태동 • 136
자동차공업육성 기본계획과 현대자동차의 설립 • 138
현대자동차의 설립과 국제기술 제휴 • 140
도요타의 철수와 정부의 엔진공장 건설 계획 • 142

3. 현대자동차의 독자 모델 개발 및 해외 수출 개시 • 145
   정부의 본격적 국산화 정책: 장기 자동차공업 진흥계획 • 145
   현대자동차의 독자 모델 개발 • 148
   현대자동차의 해외 수출 개시 • 152

4. 북미 시장 진출 성공과 좌절 • 154
   성공적인 캐나다 시장 진출 • 154
   새로운 역사를 쓴 미국 시장 진출 • 155
   미국 시장에서 성공 요인 • 158
   북미 시장에서의 매출 하락 • 160
   캐나다 투자 실패: 브루몽의 악몽 • 162

5. 자립적 자동차 개발 능력 확보 • 164
   자동차 설계 기술 • 164
   알파 엔진 및 변속기 개발 • 165
   해외 연구개발 네트워크 구축 • 168
   자동차 생산의 완전 국산화 실현 • 169

6. 수출시장 다변화 전략과 수출 증가 • 171
   현대자동차의 수출시장 다변화 • 171
   기아산업의 수출시장 다변화 • 173
   대우자동차의 합작 종결 및 독자적 해외 진출 • 175
   자동차 수출 증가 및 지역 다변화 • 177

7. 글로벌 현지생산 및 판매 네트워크 구축 • 180
   인도시장 진출 및 대규모 공장 설립 • 180
   합작투자를 통한 중국 진출 • 183
   지속적인 글로벌 생산 네트워크의 확장 • 188

8. 세계 최대 자동차 시장 미국에서의 재도약 • 191
   미국 시장에서의 판매 부진 • 191
   현대자동차 미국 법인이 주도한 혁신적 마케팅 전략과 매출 회복 • 192
   10년·10만 마일 워런티 • 195
   패키지 판매 전략 • 195
   미국 앨라배마 공장 준공 • 199

9. 글로벌 자동차 메이커로의 도약과 새로운 도전 • 202
   세계 자동차 판매량 5위 달성 • 202
   최근 미국과 중국 시장에서의 부진 • 204
   고급 자동차 브랜드 이미지 구축 • 207
   차세대 자동차 기술에 대한 대응 • 210

5장 집중화의 현대가 정상에 오르기까지

1. 현대자동차의 알파 엔진 개발 • 221
2. 대우그룹의 세계경영과 대우자동차의 동유럽 진출 • 225
3. 정몽구 회장의 품질 제일주의 • 228

6장 비슷하지만 다른 추격 전략: 성공 요인과 교훈

1. 서문 • 233
2. 글로벌 시장 진입에 기여한 정부 정책 • 235
   국내 시장 보호 및 수출 산업화 정책 • 236
   많은 난관을 겪은 자동차산업 육성 정책 • 237
3. 제휴와 합작투자를 통한 기술 축적 • 239
   삼성전자: 제휴를 통한 기술 개발과 다각화 • 239
   현대자동차: 기술자립을 위한 국제적 제휴 • 241
4. 경영진 리더십의 역할 • 243
   삼성전자: 신경영 선언과 월드베스트 전략 • 244
   현대자동차: 고유 자동차 모델 개발과 품질 제일주의 • 245
5. 수출과 해외직접투자를 통한 해외시장 개척 • 247
   삼성전자의 해외시장 진출 과정 • 247
   현대자동차의 해외시장 진출 과정 • 248
6. 사업 다각화 대 집중화 • 250
   삼성전자의 다각화 전략 • 251
   현대자동차의 집중화 전략 • 252
7. 외부적인 유리한 여건의 활용 • 254
   1980년대 미국정부의 일본산 자동차 수입 규제 • 254
   1990년 중반부터 시작된 디지털 컨버전스 혁명 • 256
8. 삼성전자와 현대자동차의 추격 전략 비교 • 258
   한국적 경영을 위한 교훈 • 261
   후발기업의 추격 전략에 대한 교훈 • 264

참고문헌 • 269

1장

후발주자의 추격 전략 2.0

1
왜 추격 모델인가

한국기업들은 1970년대 이후 고도성장을 이룩해왔으며 세계시장에서도 그 명성을 떨치고 있다. 한국기업들의 비약적인 발전이 가능했던 데는 정부 지원정책의 효과적인 추진, 국민들의 높은 교육열, 인적 자원의 우수성뿐만 아니라 선진기업을 따라 잡으려는 기업들의 적극적인 추격 전략도 주효했다. 경영 전략 연구 분야에서 선발기업에 대한 연구는 많다. 반면 정작 후발기업에 대한 연구는 부족한 실정이다. 후발기업의 전략에 관한 연구는 아직 양적으로 부족할 뿐만 아니라 질적으로도 체계화된 이론이 없는 실정이다. 대부분의 연구들이 선발기업 혹은 후발기업들의 장점 또는 단점을 나열하고 설명하는 수준에 머물고 있다. 그러한 기존 연구의 한계를 극복하기 위하여 본 장에서는 후발기업 추격catch-up의 성공에 영향을 미칠 수 있는 다양한 요인들을 폭넓게 검토하여 기술력 향상뿐만 아니라 리더십, 경영 전략, 외부환경, 정부정책 등을 총체적으로 고려하는 '추격 전략 2.0' 모델을 제시한다.

삼성전자는 전통적으로 가전에서 시작했지만 반도체와 휴대폰 산업으로 진출함으로써 글로벌 기업으로 도약하는 발판을 마련했다. 가전과는 기술적, 경쟁적 환경이 다른 반도체와 휴대폰 사업으로의 진출은 큰 위험이 따르는 모험적인 다각화 전략이었다. 하지만 삼성전자 이건희 회장과 경영진은 지속적인 기업의 성장을 위해서는 필요하다는 판단으로 과감한 결정을 내렸다. 그리고 가전 사업에서 축적한 기술과 경험을 바탕으로 반도체와 휴대폰 사업에 필요한 역량을 구축하기 위한 신속하고도 지속적인 노력을 했다. 삼성전자의 성공적인 글로벌화는 그러한 내부적인 기술 축적과 환경 변화에 대응하는 적절한 사업 다각화에 기반하고 있다.

삼성전자의 국제화는 초기에 미국의 월마트Walmart나 베스트 바이Best Buy 등에 OEM 공급자로 납품하는 것으로 시작되었다. 하지만 지속적인 기술투자로 제품의 품질이 선진기업들의 제품과 차이가 없어지면서 미국과 유럽 시장에 자사 브랜드로 직접 제품을 판매하는 전략으로 전환했다. 그 후 미국과 유럽 시장에서 어느 정도 성공을 이루면서 여러 지역과 국가로 사업망을 확대하는 전략을 추구하여 글로벌 매출의 빠른 증가를 달성했다. 그 뒤를 이어 국제적으로 확대된 사업과 조직을 보다 체계적이고 효율적으로 관리하기 위한 여러 가지 새로운 제도와 절차들을 도입해 정착시켰다. 현재 삼성은 기존의 사업들로부터 더 많은 가치를 창출하기 위해 사업 구조와 프로세스를 혁신하는 단계에 있다.

현대자동차는 삼성과 달리 한우물 파기 전략으로 성공한 사례이다. 현대자동차가 글로벌 시장에 진입하는 데 있어서 첫 번째 난관은 자동차 생산에 필요한 기본적인 기술들, 예를 들어 엔진과 변속기 등의 제작 기술을 확보하는 것이었다. 1970년대에 포드에서는 기술 제공을 대가로 50:50 합작투자를 제안했다. 그러나 당시 현대그룹 회장이었던 정주영은 경영권을 포기할 수 없다며 거부했다. 그 당시 현대자동차의 기술력을 고려할 때 무모한 결정이었지만 다행히도 엔진과 변속기 제작에 우수한 기술을 보유하고 있었던 일본 미쓰비시 자동차와의 전략적 제휴를 통해 기술을 이전받을 수 있었다.

그 후 현대자동차는 한국 시장에서 선두 기업으로 성장한 후 엑셀 승용차를 미국 시장에 수출하면서 본격적으로 해외 시장 진출을 시작했다. 당시 고유가 파동으로 미국 시장에서 소형차에 대한 수요가 대폭 증가하면서 엑셀은 예상 밖으로 많은 판매량을 기록했다. 그러한 성공에 고무된 현대자동차 경영진은 캐나다에 대규모 공장을 설립했다. 하지만 곧 자동차 품질 문제로 북미에서의 판매가 격감하여 캐나다 공장은 큰 적자를 기록했다. 결국 현대자동차는 캐나다 공장을 철수하고 상대적으로 자동차 품질에 대한 요구가 덜 엄격한 신흥시장인 인도와 터키에 진출하는 전략을 추구하게 됐다. 이들 신흥 시장에서는 미국에서의 실패를 거울삼아 더 많은 주의와 노력을 기울인 결과 큰 성공을 거두었다.

현대자동차는 신흥 시장에 안주하지 않고 다시 미국과 유럽에 더욱 적극적인 진출을 모색하며 혁신적 마케팅 전략 개발과 지속적인 품질개선 노력 등을 통해 궁극적으로 성공을 거두었다. 미국에서의 경쟁력 회복은 현대자동차가 글로벌 자동차 기업으로서 확고히 자리매김하는 중요한 계기가 되었다.

이처럼 한국의 대표 기업들은 외국 선진기업을 대상으로 지속적인 추격을 벌여왔다. 그러나 지금은 선진국 기업들과의 격차가 점차 줄어들면서 앞으로 이들을 추월하여 글로벌 리더로 도약하는가, 아니면 중국 등과 같은 다른 개발도상국 출신 기업들의 추격에 밀려 경쟁에 뒤처지느냐의 중대한 갈림길에 서 있다. 따라서 과거 한국 대표 기업들의 추격 전략들을 재검토하여 성공 요인들을 찾아보고 앞으로 어떻게 이를 한국적 경영에 적용할지 분석하여 다른 기업들에도 확산시키는 것이 필요하다. 본 장에서 제시하는 '추격 전략 2.0' 모델은 삼성전자와 현대자동차가 역사적으로 어떠한 과정을 거쳐 후발기업에서 선도기업으로 도약했는가를 보다 체계적이고 종합적으로 파악하는 데 기여할 것이다.

후발기업의 추격 모델에 대한 기존 연구

미국이나 유럽 등 많은 서구기업들은 발명, 발견, 기초 연구개발 등을 통해 특정 산업을 개척한 경우가 많다. 반면 한국기업들은 역사적으로 산업화를 늦게 시작함으로써 대부분의 산업에서 선발기업의 지위를 누리기보다는 후발기업으로 경쟁한 경우가 대부분이다. 추격이란 후발자와 선발자 간의 기술 능력 및 시장점유율 등의 격차가 좁혀지는 과정을 가리킨다. 모시스 아브레모비츠Moses Abramovitz가 1986년 『경제사 저널The Journal of Economic History』에 발표한 논문 「추격, 추월, 추락Catching up, Forging Ahead, and Falling Behind」에서 처음 '추격catch-up'이라는 표현을 사용했다.[1]

후발자의 추격 연구에서 누군가가 추격한다는 것은 누군가는 추락하고 있다는 것을 의미한다. 따라서 추격은 추락에 반대되는 개념이다. 즉 추격이란 후발자와 선발자 간의 기술 능력 및 시장점유율 등의 격차가 좁혀지는 과정으로 기술추격과 시장추격으로 구분할 수 있다. 하지만 양자는 독립된 것이 아니라 밀접한 연관을 가진다. 후발자 추격 연구는 알렉산더 거센크론(Alexander Gerschenkron, 1962)과 모시스 아브레모비츠(1986)가 시작한 이후에 바트 버스페이젠(Bart Verspagen, 1991), 넬슨(Nelson, 1995), 넬슨과 팩(Nelson & Pack, 1999), 파게르버그와 고딘호(Fagerberg & Godinho, 2005), 리(Lee, 2005), 마쫄레니와 넬슨(Mazzoleni & Nelson, 2007), 그리고 최근에 넬슨(Nelson, 2008)과 같은 슘페터 학파를 중심으로 연구들이 이루어져왔다.[2] 이러한 '추격'에 관한 연구들은 국가적 수준, 산업적 수준, 기업 수준 등 다양한 분석 수준에서 이루어져왔다.

그러나 이 책에서의 분석은 기업 수준의 '추격 모델catch-up model'을 기반으로 하고자 한다. 기업 수준의 분석은 단일 기업이 그 나라의 산업을 대표할 수 있는가의 문제가 존재하기는 하지만 추상적 수준이 아닌 기입가의 성향이나 기업의 자본구조 등 매우 구체적 수준에서 연구가 이루어질 수 있다는 점에서 장점이 있다. 추격 모델catch-up model은 자원을 창출하는 능력에 초점을 두고 그러한 능력 중에서도 특히 학습능력을 중심으로 후발기업의 전략을 설명하고 있다.

추격 모델에서 후발기업과 선발기업의 경쟁우위 차이는 보유 지식의 차이로 정의하고 있다. 즉 선발기업들은 발명, 발견, 기초 연구개발 활동을 통해 산업을 개척했기 때문에 태생적으로 산업화가 늦은 후발기업에 비해 높은 수준의 축적된 지식을 보유하고 있다. 후발 대 선발기업의 차이에 대한 인식은 기업 간 이질성heterogeneity에 대한 탐구를 핵심 과제로 하는 슘페터 학파의 기업 이론과 상통한다.

기업 간 이질성과 지식에 대한 고찰은 슘페터 학파의 기업이론에서 핵심을 차지하고 있다. 이들은 기업의 이질성을 강조하면서 그러한 기업 이질성의 원칙이 지식과 불완전한 학습에 있다고 했다. 따라서 넬슨(Nelson, 2008)은 재무정보와 같이 통상적으로 많이 이용되는 변수만 가지고는 기업 간의 이질성을 중심으로 하는 성과와 행동을 설명하는 데 충분하지 않다고 보았다.[3] 이러한 측면에서 기업의 재무정보가 아니라 기업의 지식 수준을 나타내는 몇몇 변수들이 추격 기업과 성숙 기업 간의 이질적인 성과와 행동을 설명하고 예측하는 데 기여할 수 있다고 보았다.

이상과 같은 기존 연구들은 후발기업이 선발기업을 추격하는 과정은 후발기업이 지식을 습득하고 활용하는 학습을 통해 선발기업과의 지식 격차를 줄여나가는 과정이라는 유용한 시사점을 제시한다. 하지만 기존 연구들은 그러한 추격 과정이 실제로 어떠한 내부적, 외부적 요인들에 의하여 동태적으로 영향을 받으며, 궁극적으로 후발기업이 어떠한 변신과 도약을 통해 궁극적으로 선진기업을 추월하여 상황을 역전시킬 수 있는가를 체계적으로 설명하지 못하는 한계를 가지고 있다.

펜로즈의 기업성장이론과 자원기반이론

펜로즈(Penrose, 1959)는 기업의 역할이란 재화와 용역을 시장에 공급하기 위해 인적자원을 비롯한 기타 자원을 습득하고 조직하여 수익을 내는 것이라고 했다.[4] 또한 기업을 여러 자원이 하나의 관리적 통제하에 묶여 있는 집합체로 정의했고 기업의 경계는 행정적인 조정과 권위적인 의사소통이 작동하는 곳까지라고 보았다. 여기에서 펜로즈가 기업의 성장에 관해 자원에 기반을 둔 기업 성장이론을 제시했다는 점을 알 수 있다. 이 이론의 주요 아이디어는 기업이 활용할 수 있는 다양한 자원의 종류와 양에 의해 기업의 성과와 성장이 결정된다는 것이다. 펜로즈는 생산성 자원에 대한 사용은 생산성 서비스를 발생시키고 생산성 서비스가 작용을 발생하는 과정은 지식을 축적하는 과정이며 이러한 지식의 축적은 또한 기업으로 하여금 아직 이용하지 않은 생산성 자원이 나타나게 하며 기업은 이러한 자원을 낭비하지 않기 위해 확장한다고 했다.[5]

펜로즈는 기업의 성장을 자원기반관점resource-based view의 각도에서 설명하고 있다. 사실 자원기반이론의 많은 내용은 펜로즈의 아이디어에 근거한 것이다. 비록 펜로즈의 당시에는 자원기반이론이 아직 나타나지 않았지만 펜로즈의 관점을 자원기반관점이라고 해도 무방하다고 생각된다. 1980년대 말부터 경영 전략 분야에서는 기업경쟁력을 기업이 보유한 '기업특유자원firm-specific resources'에 의해 설명하는 자원기반이론이 대두되었다. 이 이론의 출발점은 기업에게 시장에서 '지속가능한 경쟁우위sustainable competitive advantage'를 주는 조건은 무엇인가에 대한 해답을 찾는 것이었다.

일시적인 경기 활성화나 정부 규제 변화 등과 같은 외부적 요인의 변화에 따라서 기업 성과가 향상되는 것은 시간이 지나면 사라지게 되므로 지속적 경쟁우위를 주는 요인이 될 수 없다고 간주한다. 따라서 기업의 지속가능한 경쟁우위는 기업이 보유한 내부적 자산이나 능력에서 비롯된다는 관점을 취한다. 기업이 특정한 자원을 보유함으로써 얻는 경쟁우위가 얼마나 지속될 수 있는가는 얼마나 쉽게 그 자산을 획득하거나 내부적으로 모방해 개발할 수 있는가에 달려 있다. 일반적으로 요소 시장에서 구입할 수 있는 자원이나 내용이 단순해 쉽게 모방될 수 있는 자원은 쉽게 경쟁자들이 획득 또는 개발할 수 있으므로 지속적 경쟁우위를 줄 수 없다. 따라서 자원기반이론은 궁극적으로 기업의 지속적인 경쟁력을 결정하는 중요한 요인은 기업이 보유한 '외부에서 모방하기 어려운 특유한 자원'이라는 결론에 도달한다. 그러한 기업 특유의 자원은 매우 넓은 개념으로서 예를 들어 유통망 등과 같은 물리적 자원과 기술 및 마케팅 노하우 등과 같은 무형적 자원들resources, 그리고 그러한 자원을 활용하여 가치를 창출하는 과정들processes을 모두 포함하는 것이다.

　기업 특유의 자원은 유형자산보다는 무형자산의 형태를 보이는 경우가 많다. 물론 유형자산도 지속적 경쟁우위의 기반이 될 수 있다. 하지만 이러한 자산은 규모의 경제가 아주 크거나 정부 규제 등으로 강력한 진입장벽이 존재하는 경우만 가치가 유지될 수 있다. 글로벌화와 정보화에 따라서 저렴한 생산비를 제공할 수 있는 특정 국가나 지역에 생산기지를 세우는 것은 쉽게 경쟁기업들이 대응할 수 있다. 또한 특정한 개인의 우수한 능력에 의존하여 경쟁력을 가지는 것은 그 개인이 기업을 떠나면 사라지게 된다. 그에 반해 기업 조직에 내재된 지식이나 노하우는 일반적으로 요소시장에서 거래되기 어려운 자산이므로 경쟁자가 쉽게 획득할 수 없다. 또한 그러한 지식과 노하우는 일반적으로 암묵성tacitness과 복잡성complexity이 크기 때문에 어떻게 그러한 자산이 관찰된 우수한 성과를 산출하는가를 이해하기 어렵게 하는 '인과관계의 모호성causal ambiguity'을 가져와 모방을 방지할 수 있다.

　또한 자원기반이론은 조직의 지속적인 경쟁우위 원천은 해당 조직이 보유한 자원과 이에 대한 전략적인 관리에 있다고 주장한다. 바니(Barney, 1991)는 자원을 "기업이 통제하는 효율을 증진할 수 있는 자산, 능력, 조직과정, 기업특성, 정보, 지식 등"이라고 했으며 이러한 전략적 자원을 통제하는 것은 기업이 경쟁우위를 확보하는 데 중요한 의의가 있다고 했다. 바니는 이러한 자산은 가치 있고 희소하며 모방과 대체가 불가능한 자산이라고 주장했으며,[6] 디에 릭스와 쿨(Dierickx & Cool, 1989)은 진정으로 경쟁우위를 가져오는 자원은 시장에서 얻을 수 없는 자원이며 기업 자체적으로 만들어야 한다고 했다.[7] 자원기반이론은 그러한 조건을 만족시키는 자산은 대체로 물리적 자산이기보다는 조직구성원들에게 경험을 통하여 체화된 지식, 기술, 노하우 등의 무형자산이란 점을 규명했다.

매튜의 L-L-L 모델

자원기반이론은 후발기업이 선발기업을 성공적으로 추격하기 위해서는 선발기업에 비해 부족한 또는 새로운 경쟁우위를 구축하는 데 필요한 기업 특유의 지식, 기술, 노하우를 빠르게 학습하고 효과적으로 활용하는 것이 중요하다고 주장한다. 후발기업의 그러한 학습 및 활용 역량에 초점을 두고 국제화 과정을 설명하는 대표적인 이론으로는 매튜(Mathew, 2006)의 'L-L-L 모델'이 있다.[8] L-L-L 모델은 연계linkage, 활용leverage, 그리고 학습learning과 관련된 우위에 초점을 맞춘 모델을 말한다. 매튜는 이러한 이점들이 주로 신흥국의 다국적기업과 관련이 있다는 점을 강조했다.

이 모델에서 연계는 후발기업이 필요한 자원과 능력을 확보하기 위해 외부 보유 기업 또는 기관들과 관계를 구축할 수 있는 능력을 가리킨다. 활용은 구축한 외부적 관계들을 통하여 필요한 역량을 확보하고 새로운 경쟁우위를 창출하는 능력을 가리킨다. 마지막으로 학습은 아마도 많은 신흥 다국적기업들이 국제화를 추진하는 이면의 동기 중 가장 특이한 측면일 것이다. 선진국의 기존 다국적기업들은 전형적으로 어떤 것을 학습하기보다는 전수하려고 하지만 신흥국의 다국적기업들은 선진시장에서 자신에게 필요한 무엇인가를 학습하기 위해서 국외로 나가는 경향이 있다는 것이다.

기존에 선진 다국적기업들의 국제화는 주로 기업이 보유한 독점적 우위의 활용에 초점을 둔 O-L-I(소유Ownership, 입지Location, 내부화Internalization) 모델로 설명되어 왔다. 물론 신흥 다국적기업들도 O-L-I 모델이 제시하는 바와 같이 좋은 입지를 선택하여 투자하고 그에 수반되는 여러 활동들을 내부화하여 수익을 극대화하려고 시도한다. 이와 같이 O-L-I 모델과 L-L-L 모델 간에 중첩되는 부분은 많이 있지만 가장 큰 차이점은 신흥 다국적기업들은 선진국의 다국적기업에 비해 일반적으로 더 나은 독점적 우위(예, 우수한 기술)를 소유하고 있지 않으며 경영 역량도 보통 세계적인 수준이 아니라는 점에 있다. 즉 신흥국의 다국적기업의 국제화는 O-L-I 모델로서 설명되기 어려운 부분들이 존재한다는 것이다. 따라서 이 책에서 제시하는 추격 전략 2.0에서는 매튜의 L-L-L 모델이 강조하는 연계, 활용, 학습이 삼성전자와 현대자동차의 선진적 기술 확보 및 경영역량 향상에 어떻게 기여했는가를 심도 있게 고찰한다.

2
추격 전략에서 리더의 역할

기업가정신과 해외시장 지향성

글로벌 시장에서 후발기업의 추격 전략에 대한 사례 연구들은 기업 리더의 역할 또한 성패에 중요한 영향을 미친다는 것을 보여준다. 바틀렛과 고샬(Bartlett & Ghoshal, 2000)은 비선진국 출신 기업 중 글로벌 기업으로 성장한 12개 기업 사례를 연구했다.[9] 두 사람은 조사 대상이 된 기업들이 공통으로 기업가정신이 투철한 리더(대개 '창업자')에 의해서 더욱 높은 목표를 달성하고 수익성이 높은 상위 시장에 진출하도록 이끌어졌다는 것을 발견했다. 이들 기업의 리더들은 두 가지 중요한 특징을 보여주었다. 첫째, 자신의 기업이 해외시장에서 성공할 것이라는 강력한 신념을 지니고 있었다. 둘째, 국제화 과정에서 새로운 아이디어나 방법에 대해 매우 개방적인 태도를 보였다. 그러한 진취적 리더십은 신흥국 출신 기업이 흔히 빠지기 쉬운 예컨대 "우리가 감히 어떻게 글로벌 기업이 되겠어?"와 같은 패배주의적 사고, 국내의 성공에 안주하는 경향, 혹은 국내에서처럼 해외에서도 쉽게 성공할 수 있다는 자만심 등을 극복하는 데 결정적인 역할을 했다.

경영 전략에 대한 연구들도 기업의 역량개발과 학습에서 리더의 역할이 중요하다는 사실을 제시한다. 이타미와 로엘(Itami & Roehl, 1987)은 일본 기업들에 대한 사례 분석을 통해 기업이 장기적으로 발전하기 위해서는 의도적으로 '동태적 불균형dynamic imbalance'과 '과잉확장overextension'을 추구하여 기술과 경영 노하우와 같은 새로운 '무형자산'의 축적을 촉진시켜야 한다고 역설했다.[10] 동태적 불균형이란 기업이 보유한 무형자산을 넘어서는 제품 개발이나 시장 진입을 추구하여 의도적으로 현재 존재하는 무형자산과 전략 간의 적합성fit을 무너뜨린다는 것을 의미한다. 또 과잉확장이란 기업이 현재의 능력으로는 달성하기 어려운 높은 목표를 설정함으로써 구성원들이 이를 성취하기 위해 필요한 새로운 역량의 축적을 위해 노력을 경주하도록 만든다는 것을 의미한다. 이타미와 로엘은 이러한 전략들을 개발하고 추진하는 것이 최고경영자의 중요한 역할임을 강조했다.

이와 비슷하게 하멜과 프라할라드(Hamel & Prahalad, 1989)는 지난 수십 년간 글로벌 시장에서 선두주자로 부상한 기업들은 공통적으로 조직의 모든 수준에서 승리를 거두어야 한다는 강박관념obsession을 가지고 있었음을 발견했다.[11] 이들 기업은 글로벌 리더로 도약할 시기까지 10년 혹은 20년간 그러한 강박관념을 지속해서 가지고 있었다. 저자들은 기업의 그러한 강박관념을 '전략적 의도strategic intent'라고 칭했다. 이 연구에 따르면 최고경영층이 제시하는 전략적 의도는 기업이 필요로 하는 리더십의 모습을 구체화하고 목표 달성 정도를 측정할 수 있는 기준들을 설정해준다. 아울러 전략적 의도는 승리를 위해 필수적인 요인들에 주의를 집중하도록 해주고, 목표의 가치와 의미를 구성원과 소통함으로써 동기부여를 해주고, 개인과 팀들이 목표 달성에 공헌할 수 있는 여지를 만들어주고, 목표와 일관되도록 자원을 배분하는 데 기여한다.

그러한 아이디어를 발전시켜 하멜과 프라할라드는 1993년에 다시 논문「확장과 활용 전략Strategy As Stretch and Leverage」을 발표했다.[12] 이 논문에서 저자들은 경영자가 흔히 과거의 교육, 경험, 성공 등에 사로잡혀 기존의 경영 방식을 고수하며 단기적인 성과를 추구하는 잘못을 저지르고 있다고 지적하고 최고경영자의 가장 중요한 역할은 매우 높은 '열망aspiration'을 추구하여 의도적으로 야망ambition과 자원resources 간의 간극을 발생시킴으로써 조직구성원들이 목표 달성을 위해 기존 자원을 최대한 활용하고 새로운 역량과 자원을 개발하도록 지휘하는 것이라고 제시했다.

이러한 연구들은 후발기업의 리더가 강력한 기업가정신을 발휘하여 글로벌 시장에서 선도기업이 되겠다는 높은 장기적 비전을 설정하고 이를 달성할 수 있도록 구성원들을 끊임없이 이끌고 소통하는 것이 중요하다는 것을 시사한다. 그러한 리더십은 구성원들이 비전 실현에 필요한 기술과 노하우를 지속적으로 개발하고 활용하여 기업 역량을 업그레이드하도록 유도하는 강력한 추진력으로 작용하기 때문이다.

선도기업의 역량을 파괴하는 기술과 시장 변화

선도자 우위에 대한 연구들은 기술이나 시장의 변화도 후발기업의 추격 가능성에 영향을 미친다는 것을 발견했다. 그 이유는 급격한 기술 변화나 시장 트렌드의 변화가 선발기업이 구축한 경쟁력을 약화시킬 수 있기 때문이다.

기술 변화가 기존기업과 신규기업 간에 미치는 비대칭적 영향을 분석한 대표적 연구는 1986년 터슈먼Tushman과 앤더슨Anderson에 의해 이루어졌다. 이들은 특정 산업에서 발생하는 기술적 혁신을 '역량 향상적 기술 변화competency-enhancing technological change'와 '역량 파괴적 기술 변화competency-destroying technological change'로 구분했다.[13] 이 연구에 따르면 역량 향상적 기술 변화는 대개 기존 기업들이 보유한 기술이나 제품을 점진적으로 개선하기 위해 추구되는 반면 역량 파괴적 기술 변화는 신규 진입자들에 의해 시도되며 궁극적으로 산업의 구조를 변화시켜 기존 기업들이 보유한 역량과 기술을 진부화시킴으로써 새로운 기업들이 시장점유율을 높일 수 있는 기회를 제공한다. 이러한 관점과 일관되게 클레이튼 크리스텐슨Clayton Christensen은 1997년에 발간한 저서 『혁신가의 딜레마The Innovator's Dilemma』에서 '파괴적 기술disruptive technology'의 등장이 흔히 선도기업들의 실패로 귀결된다는 점을 지적했다.[14] 그러한 관계를 예시하는 역사적 사례로서 1940년대 말 반도체 기술의 등장은 기존에 전자부품산업을 장악했던 진공관 업체들을 도태시키고 신흥 반도체 업체들이 시장에서 성공할 수 있는 기회를 제공했다.[15]

시장 트렌드의 급격한 변화도 새로운 기업들에게 기회를 제공할 수 있다. 유행에 따라서 또는 새로운 디자인이나 기능을 가진 제품의 출현에 따라서 소비자의 구매 행동은 크게 바뀔 수 있다. 그러한 상황에서 시장을 선점한 기업들은 기존 제품의 생산 시설이나 유통 채널을 보호하기 위해 또는 기존에 성공한 제품에 대한 과신 및 현재의 사업 방식을 고수하는 조직적 관성 때문에 새로운 시장 변화에 빠르게 대처하지 못하는 경향이 있다.[16] 반면 신생 기업들은 그러한 과거의 유산으로부터 상대적으로 자유롭기 때문에 새로운 시장 변화에 더욱 신속하고 유연하게 대처할 수 있다.

최근의 그러한 사례로서 글로벌 의류 산업에서 자라, H&M, 유니클로와 같은 소위 '패스트 패션fast fashion' 업체들이 크게 성장하고 있다. 그 이유는 가격에 민감하면서도 빠른 유행의 변화를 따르는 20대와 30대 구매자들에게 어필할 수 있는 가격과 디자인의 옷을 신속하게 공급할 수 있는 생산 유통 시스템을 구축했기 때문이다.[17] 반면 전통적 의류 업체들은 생산을 대부분 시장계약을 통해 개발도상국에 외주하는 사업모델을 유지했기 때문에 시장 트렌드 변화에 신속히 대처하지 못했다.

결론적으로 후발기업의 추격이 성공할지의 여부는 역량개발이나 리더십 등과 같은 내부적인 요인들뿐만 아니라 기술 변화나 시장 트렌드 등과 같은 외부적 요인들에 의해서도 중대한 영향을 받을 수 있다. 새로운 혁신적 기술의 출현이나 급격한 소비자 기호의 변화가 선두기업의 기술이나 마케팅 능력을 진부화시킨다면 후발주자가 성공적으로 선발주자를 추격할 가능성은 커질 것이다.

정부의 정책적 지원

1791년 알렉산더 해밀턴Alexader Hamilton이 주장한 유치산업보호론infant industry argument은 경제 개발을 위해 정부가 시장에 개입할 수 있다는 사고의 시발점이 되었다.[18] 그는 당시 유럽에 대해 후발주자였던 미국의 입장에서 자국 산업들이 잠재력은 있지만 선진 유럽 국가의 산업들과 경쟁하기는 아직 미성숙하고 취약하므로 미국 정부가 자국 산업을 자립할 때까지 보호해야 한다고 주장했다.

특히 중남미 국가들은 유치산업보호론을 적극적으로 수용하여 자국 기업들을 관세와 각종 무역장벽을 통해 국제 경쟁으로부터 보호하였다. 그러나 1980년대 국제적인 무역자유화의 물결에 따라 중남미 국가들이 시장을 개방하자 오랜 기간 정부로부터 보호를 받던 다수의 기업들은 경영 성과가 악화되거나 부도가 났다. 유치산업보호론은 이상적이지만 현실에서는 작동하지 않는다는 것이 역사적으로 판명된 것이다. 그러한 사실은 경제학자 및 정책입안자들에게 정부 개입이 없는 자유무역이 최상의 무역정책이라는 믿음을 더욱 확고하게 심어주었다.[19]

하지만 크루그먼Krugman과 브랜더Brander와 같은 학자들이 신무역이론new trade theory 및 전략적 무역정책strategic trade theory에 대한 연구를 발표하면서 정부 개입의 필요성은 다시 주목받게 되었다[20]. 이들은 기본적으로 정부의 잘 계획된 선택적 시장 개입은 자국 기업이 글로벌 독과점 산업에 진입하는 것을 가능토록 하고, 이는 해당 국가에게 고용 창출, 기술 혁신, 이익 송금 등과 같은 여러 가지 큰 혜택을 가져다 줄 수 있다고 주장했다.

즉 신무역이론에 따르면 세계의 대부분 주요 산업들은 소수기업들에 의해 장악되어 있고 이 기업들은 막대한 독점이윤monopoly profit을 누린다. 그 이유는 이들 산업에 초기 진입한 기업들이 선도자의 우위first-mover advantage를 구축하여 신규 사업자가 진입을 막고 있기 때문이다. 신무역이론은 특히 특정 국가가 국제무역에서 비교우위comparative advantage를 가지는 주요 요인으로서 규모의 경제economies of scale를 강조한다. 즉 특정 국가의 기업들이 규모의 경제가 큰 산업에 초기 진입하여 선도자의 우위를 구축하면 그 국가가 해당 산업의 국제무역에서 주요 수출국으로서 입지를 구축하게 된다는 것이다.

그러한 이론에 기반하여 크루그먼과 브랜더는 정부 개입의 정당성을 인정하는 전략적 무역정책을 제시했다. 이 정책의 목적은 자국 기업을 진입 장벽entry barrier이 높은 국제적 독과점 산업에 진입시키는 것이다. 그러한 산업에 기업이 혼자 힘으로 진입하는 것은 거의 불가능하다. 기존 기업들이 이미 규모의 경제를 달성하여 높은 가격 경쟁력을 유지하고 있기 때문이다. 그러한 상황에서 전략적 무역정책에 따라 정부가 무역장벽 및 보조금을 통해 자국 산업을 보호하는 것은 국내 기업들이 국제 경쟁을 위한 규모의 경제를 달성하고 기술을 축적하는 데 필요한 시간을 벌어줄 수 있다.

전략적 무역정책의 가장 성공적인 사례는 유럽의 에어버스Airbus이다. 프랑스, 영국, 독일, 스페인 등 유럽 4개국의 컨소시엄 형태로 1970년에 설립된 에어버스는 초기부터 이들 국가로부터 여러 가지 방법(예, 저금리 대출, 개발비 보조 등)을 통해 막대한 지원을 받았고 이들 국가는 또한 생산한 민간 항공기의 구매를 보장했다. 그 결과 후발주자임에도 불구하고 에어버스는 빠른 시간 내에 규모의 경제를 달성하고 기술을 축적하여 1980년대부터 선두 기업인 보잉Boeing을 위협하는 경쟁사로 성장하였다. 또 다른 예는 일본 정부가 새롭게 부상하는 액정디스플레이LCD 산업을 국내 기업들이 선점할 수 있도록 지원한 것이다. 이를 위해 일본 정부는 국내 LCD 시장에 외국 기업이 진입하는 것을 막고 동시에 1970년대 말부터 1980년대 초까지 자국의 주요 전자회사들과 협력하여 관련 기술의 상용화를 위한 공동연구를 수행하였다. 그러한 정책은 성공을 거두어 LCD 산업에서 미국이나 유럽이 아닌 일본 기업들이 선도자의 우위를 확보하게 되었다.

전략적 무역정책을 옹호하는 학자들은 그러한 정책이 성공하기 위해서는 단지 관세와 보조금을 통해 국내 산업을 보호하는 차원을 넘어, 규모의 경제가 크고 진입장벽이 높은 적절한 글로벌 산업을 목표로 선정하고 국내 기업들이 그러한 산업에 진입하기 위한 노력을 기울이도록 적절한 감시와 지원을 제공하는 것이 중요하다고 지적하였다. 그런 점에서 한국정부가 1960년부터 수출 주도 경제개발을 추진하면서 국내 산업을 보호하고 기업들의 투자와 기술개발을 유도하기 위한 여러 가지 정책을 시행한 것은 전자나 자동차와 같은 글로벌 산업에서 후발주자인 한국기업들이 선진 기업들을 추격하는데 중요한 기여를 했다고 볼 수 있다.

3

후발기업의 추격 전략 2.0 모델

추격 전략 2.0 모델과 연구 방법

이상의 논의를 통하여 후발기업의 '추격 전략 2.0' 모델을 다음의 그림과 같이 도출할 수 있다. 기존의 연구에서 제시된 후발기업 추격 모델이 주로 선진기업과의 기술적 격차 줄이는 데 초점이 있었다면, 추격 전략 2.0 모델은 기술력 향상과 더불어 신흥 다국적기업이 선진 다국적기업들을 추격하는 데 영향을 미칠 수 있는 다양한 내외적인 요인들을 총체적으로 고려한다.

이 모델은 기존 연구들과 일관되게 추격 전략의 성패를 결정하는 가장 중요한 요인으로서 후발기업이 얼마나 빠르게 추격에 필요한 기술과 경영 노하우를 학습하고 활용하여 새로운 경쟁우위를 구축할 수 있는가를 상정한다. 나아가 추격 전략 2.0 모델에서는 그러한 학습의 효율성과 활용 능력의 개발에 영향을 미치는 두 가

후발기업의 추격 전략 2.0 모델

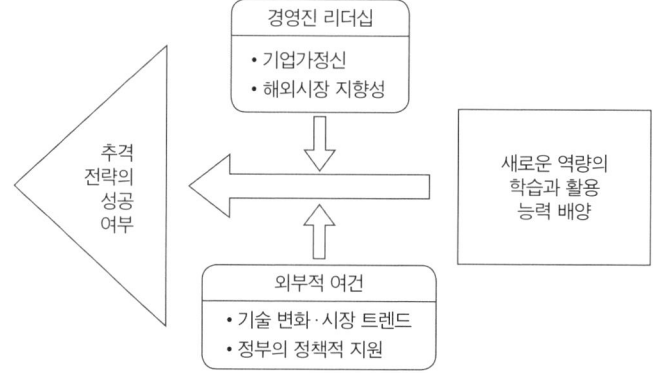

지 요인으로 경영자의 리더십과 외부적 여건을 제시한다.

앞서 설명 한 바와 같이 경영진이 강력한 리더십을 발휘하여 기업이 국내에 안주하지 않고 해외시장으로 진출하도록 이끌 때 직원들은 새로운 역량개발에 더욱 박차를 가하게 된다. 아울러 새로운 기술의 출현이나 시장 트렌드의 변화가 선발기업들의 경쟁력을 약화시켜 후발기업이 새로운 경쟁우위를 개발하기 쉬운 외부적 환경을 조성한다면 후발기업의 추격은 더욱 효과적으로 이루어질 수 있다. 한편 신흥 다국적기업의 경우 자국 정부가 국제화 초기에 기술력과 생산능력을 확보할 수 있도록 적절한 정책적 지원을 제공하는 것은 추격 전략의 성과를 높이는 데 중요한 기여를 할 수 있다.

이 책은 이러한 총체적 모델에 근거해서 후발기업이었던 삼성전자와 현대자동차가 현재의 위치에 도달하기까지의 성장 과정을 역사적으로 살펴보고자 한다. 삼성전자와 현대자동차의 추격에 기여한 요인들은 특정 시기, 지역, 사업 부문 등에 한정되어 있지 않을 것이다. 성장 과정에 대한 전반적인 분석과 평가 없이 몇 가지 특성들에 국한해서 한 기업의 성패를 평가하는 것은 적절하지 않을 수 있다. 그러한 접근법으로는 해당 기업의 성공 과정을 온전히 평가했다고 보기도 어렵다. 또 삼성전자와 현대자동차의 성공에 특정인 또는 특정 사건에 대해 미화나 비판이 과도한 것도 현실이다.

이에 이 책은 삼성전자와 현대자동차의 추격 전략에 초점을 두고 창업부터 최근까지의 성장 과정에서 추구한 글로벌 전략을 파악하고자 한다. 그러기 위해 시대마다 독특한 맥락과 상황 등을 종합적으로 해석하고 분석하여 글로벌 기업으로서의 성공에 중요한 영향을 미친 요인들을 객관적으로 규명하고자 한다.

2장

삼성전자:
혁신과 다각화를 통한 추격

1
서문

　삼성전자는 명실상부한 대한민국 대표 기업이며 전 세계 200여 개의 자회사를 거느리는 거대한 글로벌 전자제품 제조회사이다. 1970년대 초부터 해외 수출을 시작한 이래 현재까지 많은 제품을 생산하고 수출하고 있다. 2012년 연간 매출 200억 원 돌파 이후 5년 연속 연 매출 200억 원을 돌파했으며 국내 경제에 미치는 영향도 엄청나다. 고용된 직원의 수도 대략 9만 명이 넘고 2016년 기준 2조 2,345억 원 규모의 법인세를 냈다. 삼성전자 제품은 국내뿐만 아니라 전 세계적으로 많이 소비되고 있으며 많은 수익을 벌어들이고 있다.

　삼성전자가 속해 있는 삼성그룹은 1938년 삼성물산으로 출발해 2010년에는 전자, 금융, 중공업, 석유화학, 무역 등의 주력 사업군을 갖춘 매출액 2,201억 달러(약 230조 원)의 기업 집단으로 성장했다. 삼성그룹의 사업 다각화 전략에 따라 1969년 설립된 삼성전자는 초창기 일본에서 대부분의 부품을 수입해 흑백 TV를 조립하는 것에서 출발한 지 15년이 지난 1984년이 되어서야 매출 1조 원을 기록했다. 하지만 설립 후 40년째인 2009년에는 136조 3,000억 원의 매출액을 기록해 HP를 제치고 세계 최대의 전자 기업으로 올라섰다. 2010년에는 삼성전자의 매출액이 154조 원에 달해 삼성그룹의 전체 매출액 중 약 70%를 차지했고 2013년에 스마트폰 매출이 급성장함에 따라 3년 전 그룹 전체 매출액과 비슷한 228조 7,000억 원의 매출액을 기록했다. 당시 휴대폰을 주력으로 하는 정보미디어 사업부의 매출액이 138조 8,000억 원으로 삼성그룹 전체 매출액의 약 3분의 1을 차지했다. 삼성전자의 휴대폰 사업은 그룹의 핵심인 전자 사업 중에서도 핵심 사업으로 자리잡게 되었다.[1]

   삼성전자는 세계 전자업계 1위 기업이며 세계 모바일 시장 전체 판매량 1위 전자 기업으로 2012년 전 세계 모바일, LED LCD TV, 반도체 점유율과 매출액 세계 1위를 기록했다. 국내 스마트폰, TV 부문 등 전자제품 판매량 6년 연속 점유율 1위이며 세계 LCD 디스플레이 패널 시장에서 10년 연속 시장점유율 1위를 달성했다. 이것은 세계 최초이다. 2016년 8월 19일 기준 세계에서 24번째로 가치가 높은 기업으로 선정되었으며 아시아 지역 기업 중에서 4위에 자리했다. 삼성전자는 세계화 시대에 맞추어 기업을 성장시키고 있으며 2015년 말 기준 전 세계에 생산법인, 판매법인, 디자인센터, 연구소 등 199개의 거점을 보유하고 있으며 한국을 비롯해 북미, 유럽, 동남아, 아프리카 등에 15개 지역별 총괄체제를 운영하고 있다.

   현재 삼성전자의 부문별 주요제품은 CE, IM, 반도체, DP 네 가지 분야로 나누어져 있다. CE 부분은 TV, 모니터, 냉장고 등 가전용 기기 등이 포함되어 있다. CE 부분의 가장 큰 주력상품인 TV의 경우, 2016년 1분기 21.4%를 기록하며 2014년에서 2015년 하락 추세였으나 다시 상승 추세로 돌아섰다. IM 부분은 휴대폰 사업 분야 등이 포함되어 있다. 휴대폰 사업부는 스마트폰 등 휴대폰 부분으로 2016년 1분기 21.3%의 점유율을 기록했으며 2014년에서 2015년 하락 추세였으나 다시 상승 추세로 돌아섰다. 반도체 부분의 경우 D램이 주력사업이며 꾸준히 높은 점유율 상승을 보여주었다. 2016년 1분기 46.4%의 점유율을 기록하며 전 세계 D램 반도체의 절반을 생산하는 것으로 나타났다. DP 부분은 디스플레이패널 분야로 2016년 1분기 17.0% 점유율을 기록하며 최근 큰 폭의 점유율 하락세를 보이고 있다.

삼성전자의 기업이념은 경영이념, 핵심가치, 행동 원칙의 3단계로 구성되어 있다. 경영이념은 "인재와 기술을 바탕으로 최고의 제품과 서비스를 창출하여 인류사회에 공헌한다."라는 것이다. 핵심가치의 경우 총 다섯 가지로 나누어져 있으며 인재제일, 최고지향, 변화선도, 정도경영, 상생경영이다. 경영 원칙으로는 법과 윤리를 준수하고 깨끗한 조직문화를 유지해 글로벌 기업시민으로서 사회적 책임을 다하며 고객, 주주, 종업원을 존중하며 환경, 안전, 건강을 중시하는 것이다. 삼성전자의 비전은 현재 비전 2020이다. 삼성전자의 목표는 2020년 매출 4,000억 달러, 브랜드 가치 톱 5를 달성하는 것이다. 목표 달성을 위해 창조 경영, 파트너십 경영, 인재경영을 3대 전략 방향으로 설정했다. 기존 사업의 성과를 극대화하는 것은 물론 건강과 의료를 포함한 새로운 사업 영역을 적극 개척하여 시장을 창출하는 창조적인 리더와 인류사회의 번영에 기여하고 고객으로부터 사랑받는 진정한 기업이 되기 위하여 비전

2020을 토대로 경영 전략을 전개하고 있다.

　삼성전자의 해외 진출은 선대 회장인 고 이병철 회장이 삼성상회를 통하여 부존자원이 부족한 우리나라의 현실을 깨닫고 국가적인 부의 기반을 이룩하기 위해서 수출의존의 필요성을 깨달은 데서부터 시작되었다. 이어 선대 창업정신을 물려받은 이건희 회장은 날로 변화에 가속도가 붙고 있는 세계시장에서 생존은 물론이고 시장을 리드하는 기업으로 성장하고자 '신경영'의 슬로건하에 변혁의 새 바람을 불러일으키며 본격적으로 글로벌 전략을 통한 해외 진출을 성공시켰다. 특히 이 과정에서 삼성전자는 국가별로 다양한 환경과 빠르게 변화하는 세계시장에 적절하고 신속하게 대응할 수 있는 글로벌 전략을 구축하기 위하여 노력해왔다. 대표적으로 기업의 성장을 위해서 독자적인 브랜드 구축의 중요성을 느끼고 집중적으로 투자했다. 또한 질質적인 경쟁력을 강조하여 위기의식 속에서 생존을 위한 강력한 변화와 혁신을 추진했다. 이러한 전략으로 삼성전자는 정보통신 및 전자 계통의 각종 제품을 통해 브랜드 이미지를 확실히 세계적 기업의 대열에 올려놓을 수 있었다.[2]

　전 세계의 전자제품을 생산하는 여러 경쟁기업들 사이에서 이렇듯 좋은 실적을 내는 이유는 특히 해외시장을 대상으로 시기별로 다양한 글로벌 수준의 전략들을 이행하고 그 전략들이 좋은 성과를 냈기 때문일 것이다. 세계화에 맞추어 사업의 다각화 전략, 과감한 개혁, 철저한 시장 분석과 같은 방식을 사용했다. 그로 인해 지금 세계적으로 인정받는 기업이 되었다. 현재 세계 최고 수준의 반도체와 스마트 기기를 앞세워 세계적인 기업으로 성장하고 그 자리를 유지하고 있다.

　이 책에서는 삼성전자를 글로벌 기업으로서의 전략적 부문에서 삼성전자의 창업부터 최근까지의 성장 과정을 기술 추격, 마케팅, 국제화 과정에 초점을 맞추어 분석하고자 한다. 그리고 시대마다 독특한 맥락과 상황 등을 종합적으로 해석하고 분석하여 글로벌 기업으로서의 성과에 중요한 영향을 미친 성공 사례와 실패 사례 및 그에 따른 결과들도 객관적으로 분석하고자 한다.

2

삼성전자의 설립과
한국 전자산업으로의 진입

삼성의 전자산업 진출

　세계 전자산업은 제2차 세계대전 이후 가장 새롭고 유망한 성장 산업으로 평가되면서 미국, 유럽, 일본 등 선진국들을 중심으로 본격적인 발전기를 맞았다. 미국과 일본은 전자산업에서 강력한 경쟁력을 확보하고 세계시장에서의 수출로 엄청난 돈을 벌고 있었다. 이 외에 대만과 같은 개발도상국들도 전자산업으로부터 벌어들이는 수입에 주목하며 해당국의 전자산업 발전을 고려하고 있었다. 이에 반해 한국의 전자산업은 세계 전자산업의 추세로 봤을 때 크게 열세에 놓여 있었다. 한국은 1959년에 외국에서 들여온 부품으로 진공관식 라디오를 처음 조립하여 생산하기 시작했고 1962년부터는 이 라디오를 외국에도 수출했으나 극히 소량으로 수출에 큰 영향이 없었다. 전자산업은 연구개발비가 많이 드는 지식 집약적 산업이며 전후방 파급효과가 큰 산업이다. 이에 한국정부는 1966년부터 각종 세제혜택과 행정지원을 제공하며 외국인 투자를 유치하고 대기업의 전자산업 참여를 권유하는 등 전자산업을 수출 전략의 하나로 집중적으로 육성하는 정책을 추진했다.

이병철 회장도 전자산업이야말로 기술, 노동력, 내수와 수출전망 등 모든 면에서 한국의 경제발전 단계에 꼭 알맞은 산업이라는 결론을 내리고 진출을 결심했다. 그는 그 유명한 '도쿄 구상'을 통해서 일본의 앞서가는 기업들을 꾸준히 벤치마킹하면서 삼성을 재계 1위의 기업으로 이끌어왔다. 그의 최초의 도쿄 구상은 우연한 기회에 이루어졌다. 1959년 12월 말 일본 방문을 마치고 귀국하려 했으나 서울에 폭설이 내려서 비행기가 이륙하지 못하는 사태가 벌어졌다. 그는 할 수 없이 숙소였던 제국호텔로 발길을 돌려야 했다.

그날 밤 일본 TV에서는 연말을 맞이해 특별히 기획한 경제 진맥 프로그램을 방영하고 있었다. 일본의 저명한 저널리스트와 석학들이 나와서 지난해의 경제 동향에 대한 총결산과 새해 경제 전망을 하는 프로그램이었다. 그는 귀국을 연기한 채 일본 경제에 정통한 경제 담당 기자들을 만나서 TV에서 본 내용을 확인하며 이야기를 들었다. 기자들의 이야기 가운데에서 흥미로운 분야를 골라냈다. 그리고 다시 그 분야의 전문가와 학자들을 만나서 새로운 시대가 요구하는 우수 업종과 상품에 대한 조언을 들었다. 그런 다음 유명 사업가를 초청했다. 사업가들은 사업 현장에서 실제로 겪은 자신들의 경험과 노하우를 들려주었고 새로운 사업을 바라보는 시각을 제시해주었다.

이병철 회장은 이런 몇 단계의 만남 끝에 자신의 생각을 정리하고 구상을 다듬어나갔다. 당시 일본은 고도 성장기를 맞고 있었으므로 매스컴에서는 해마다 신정 연휴 동안 일본의 경제 발전에 초점을 맞춘 기획물을 집중적으로 내보내고 있었다. 그는 이 기간 일본의 경제개발과 기업가들의 역할에 대해 진지하게 공부하고 연구할 수 있었다. 일본의 공업화는 더없이 중요한 벤치마킹의 대상이자 교과서였다. 그는 당시 우리보다 앞서가는 일본 기업의 노하우를 자기 나름대로 소화해냈고 그것을 자기 방식으로 활용하는 방법을 터득했던 것이다. 이렇게 해서 그는 전자 산업에도 진출을 결심한 것이다.

1938년 설립된 삼성물산을 모태로 삼성은 식품과 의복을 주력으로 해 오다가 드디어 1969년 삼성전자를 창립하면서 전자산업에 진출했다. 삼성전자는 1969년 1월 13일에 자본금 3억 3,000만 원에 직원 36명으로 시작한 '삼성전자공업주식회사'가 모태가 되었다. 하지만 삼성전자가 설립될 당시에는 전자산업 기술이 전무한 상태였다. 따라서 첫해 매출액은 3,700만 원이었고 영업이익은 마이너스 700만 원이었다.

삼성전자 설립 과정에서의 정부의 기여

정부의 중화학공업 육성정책은 재계 1, 2위를 다투었던 삼성에게도 재벌의 위상을 확실하게 굳혀나가는 데 큰 역할을 했다. 삼성은 전자산업에 진출하면서 그룹의 핵심역량을 경공업에서 중공업 부문으로 옮겨가는 전략을 구사했다. 이때 마침 정부도 중화학공업 육성정책을 시행함으로써 민과 관이 보조를 맞추는 결과를 가져왔다. 전자산업도 중화학공업 육성정책하에서 정부가 선정한 6대 전략 산업 중 하나가 됨으로써 삼성그룹의 전자산업 진출은 가속도가 붙을 수 있었다. 삼성이 재계 서열 1위로 도약하고 1위를 계속 유지할 수 있었던 것은 전자산업에서의 성공 때문이었으며 삼성의 성공 스토리 뒤에는 정부의 중화학공업 육성정책이 있었다. 삼성도 정부의 지원정책에 편승하여 성공적으로 사업을 이끈 기업가는 상위 재벌로 도약할 수 있었다는 것을 확실히 보여주었다. 특히 1970년대에는 기업가가 정부 정책을 어떻게 활용하느냐가 사업의 성공을 좌우하고 재벌로 부상할 수 있는 원천이었다.

1960~1970년대 한국정부는 경제개발과 성장을 위한 전략적 산업을 직접 선정했다. 산업이나 업종의 선택뿐 아니라 선택된 산업에 참여할 민간 기업들 역시 선택 대상이었다. 선정된 기업들에게는 금융특혜와 함께 세제상의 혜택이 주어졌으며 보호주의 장벽을 설치해 해외로부터의 경쟁 압력에서 자유로울 수 있도록 지원했다. 한국정부는 1960년대 중반에 의류 이후의 유망산업을 물색하다가 1966년 12월 전자공업진흥 5개년 계획을 수립하여 전자산업을 수출 전략 산업으로 육성하기 시작했다. 이후 정부는 일본과 대만 등의 사례를 참조하고 학계와 업계의 도움을 얻어 전자산업의 육성 대상 품목을 지정한 후 개발, 생산, 수출하도록 지원하는 방안을 구체화했다. 이를 바탕으로 1969년 전자공업 진흥법을 제정하고 전자공업진흥 기본계획을 수립함으로써 전자산업 육성에 필요한 법적 근거와 행동계획을 마련했다.

한국정부는 육성 대상 품목을 지정한 후 이를 개발하고 생산하겠다고 투자하는 기업에 대해 정부가 지원하는 골격을 유지했다. 하지만 일본과는 달리 3단계(개발연구 → 양산화 → 생산 합리화)로

접근하지 않고 후발주자로서 외국기업 유치와 기술제휴 등을 통해 소요 시간을 줄이고자 했다. 또한 국내시장이 일본보다 협소하다는 점을 고려해 전자산업 육성 정책 초기부터 수출을 강조했다.

한국정부는 전자공업 진흥을 위해 여러 기업들에게 시장 진입을 권고할 뿐 아니라 합작투자를 장려했다. 삼성은 해외 유수 기업과의 합작투자가 수출에 도움을 줄 뿐 아니라 기술 획득, 핵심부품 확보, 정부 정책 협조 문제도 해결하므로 1석 4조의 효과를 거둘 수 있을 것으로 판단했다. 이에 삼성은 일본 산요전자Sanyo Denk와 공장을 설립할 계획을 세웠다. 그런데 국내 전자 제조업자들의 조직인 한국전자공업협회, 경제기획원, 상공부로부터 강한 반발을 받았다. 한국전자공업협회는 삼성이 재정적 능력뿐 아니라 규모의 이점을 가지고 있기 때문에 회원들의 국내시장점유율이 줄어들 것을 우려했다. 그래서 삼성전자는 산요전기 및 일본전기NEC와 합작투자로 생산하는 제품을 전량을 수출하는 조건으로 일본 전자업체들과 각각 1969년과 1970년에 합작기업을 설립했다.

한국정부가 국내 시장 보호와 경쟁 제한에만 관심을 기울였다면 기업들은 수출, 국산화, 품질개선에는 신경을 쓰지 않은 채 지대추구도 전형적인 사익추구 행위를 했을 것이다. 하지만 정부가 수출을 중심으로 경쟁적 환경에서의 성과에 기초한 보상과 규율이 작동하도록 유인체계를 정비했기 때문에 기업의 사익추구가 공익에 들어맞는 방향으로 발현될 수 있었다. 특히 '수출을 통한 국산화'나 '대외 지향적 수입대체' 정책은 국산화 그 자체가 목표가 아니라 수출할 수 있는, 즉 국제경쟁력을 갖춘 국산화가 목표라는 점을 명확히 하는 효과가 있었다. 한국정부는 전자산업 발전 초기에 외제품의 유입을 제한함으로써 한국기업들이 성장할 수 있는 공간을 제공했다. 한국기업들이 이와 같은 보호조치에 계속 의존하지 않고 자체 역량을 배양하여 육성 대상 품목을 개발, 생산, 수출하도록 유도하고 국내시장에서도 경쟁이 활성화되도록 여건을 조성했다. 만약 정부가 초기에 외제품 수입을 제한하지 않았다면 한국의 전자산업은 국산화를 통해 기술 역량을 축적할 기회를 잃었을 것이다. 또한 만약 정부가 외제품 수입 차단에만 관심을 기울이고 한국기업들이 자체 역량을 배양하여 국내외 시장에서 경쟁할 유인을 제공하지 않았다면 한국기업들은 핵심부품을 외국에서 수입하여 조립한 후 국내에 완제품을 판매하는 수준에 머물렀을 가능성이 높았을 것이다.

기술 확보를 위한 전략적 제휴

삼성은 전자산업 분야 진출의 가장 중요한 성패의 열쇠를 기술문제로 보고 해결할 수 있는 다양한 방안 중 외국의 선진기업들과의 제휴를 맺는 것이 가장 효과적이라고 판단해 당시 세계적으로 전자산업을 이끌고 있던 미국의 제니스Zenith, 워릭Warwick 또는 일본의 마쓰시타전기, 소니Sony, 일본전기NEC, 그리고 유럽의 그룬딕Grundig, 텔레푼켄Telefunken, 에릭슨Ericsson 등을 조사하며 사업 방향을 찾아갔다. 시장 확보 측면, 기술 습득 측면, 언어장벽 등 다양한 기준으로 고려 및 검토를 한 끝에 당시 전자공업국으로 떠오르고 있던 일본의 산요전기와 자본, 기술 합작에 관한 협정서를 맺고 일본전기와는 진공관과 브라운관, 통신기기 분야의 합작을 맺기로 했다.

삼성전자의 시작은 지주회사인 삼성전자, 합작회사인 삼성산요, 삼성NEC로 구성되었다. 이후로도 삼성전자는 기술력을 갖춘 다양한 외국기업들과의 합작투자를 통해서 기술력을 가져오고자 노력했다. 1973년 3월에 삼성산요파츠를 설립한 것도 그 예로 들 수 있다. 1971년 이후 삼성전자는 부품부터 완제품까지 모든 것을 자체적으로 조달할 수 있는 수준이 되는 것을 목표로 했다. 이에 따라 기존에 기술력을 위해 합작했던 외국 선진기업들과의 제휴를 바탕으로 다양한 제품들의 핵심부품들을 한국의 공장에서 생산했다.

대표적인 예로 삼성산요파츠는 1973년 10월 삼성 수원전자단지에 공장을 준공해 TV의 핵심부품인 튜너, 편향 코일, 고압 트랜스 및 전해 콘덴서 등을 생산하기 시작했다. 그동안 100% 수입에 의존하던 부품들을 자급함으로써 외화절약, 비용절감 등의 효과를 얻을 수 있었다. 또 다른 예로 TV의 핵심부품인 벌브유리는 한국에서는 생산 기술이 없어서 전량 수입에 의존해야 했다. 이에 따라 TV의 가격은 상대적으로 비싸질 수밖에 없었고 수출 경쟁에서도 불리할 수밖에 없었다. 삼성은 이 상황을 타개하고자 세계 최초로 TV용 벌브유리를 개발하고 생산한 미국의 코닝글래스웍스Corning Glass Works와 50:50 비율의 합작투자를 추진해 삼성코닝주식회사를 만들었다. 한국의 수원전자 단지에서 벌브유리를 자체 생산해 생산제품의 60%는 수출하는 단계까지 이르렀다.

삼성은 켐코KEMCO와 미국의 현지법인 ICII가 합작 설립한 한국반도체를 1974년 50% 인수했고 1977년 ICII의 지분도 인수함으로써 삼성반도체 주식회사로 상호를 변경하고 반도체산업에 대대적인 투자를 시작했다. 또한 통신산업에서도 일본의 일본전기 및 미국의 GTE와의 합작투자 등을 통해 기술력을 얻을 수 있었다. 이

삼성전자의 초기 전략적 기술 제휴

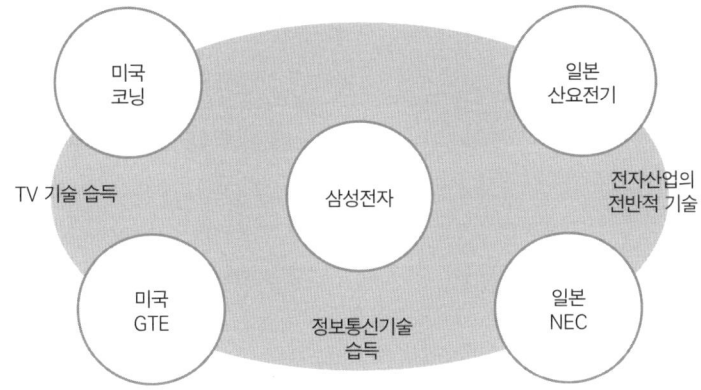

시기의 반도체와 통신사업 두 분야에 대한 기술력 습득은 이후 삼성전자의 행보에 커다란 영향을 미치게 된다.

삼성전자는 선진국의 기술 수준을 따라잡아야만 세계 무대에서 경쟁력을 가질 수 있을 것으로 보고 해외 선진기술업체와 적극적으로 기술제휴와 합작투자를 맺어 기술 습득에 지속적인 노력을 추구했다. 기술 습득이 어느 정도 수준에 이른 후부터 독자적으로 기술을 활용해 새로운 제품을 개발하기 시작했다. 또한 습득한 기술을 국산화시키고 가능성을 가진 반도체와 통신산업 등에 연구개발을 시작했다.

삼성전자는 종합 전자 메이커를 지향하고 가전제품 중심의 생산을 본격화하면서 새로운 전략제품의 개발, 기존 제품의 고급화 및 다양화, 그리고 부품자급화를 통한 국제경쟁력 강화 등을 핵심 경영 목표로 정하고 시도했다. 대표적인 예로 이코노TV는 오일쇼크로 인한 에너지 절약에 대한 고민을 잘 충족시켜 주었고 1975년 시장점유율 40.9%를 차지하며 국내 정상을 차지했다. 이를 통해 축적된 경험과 기술을 바탕으로 컬러 TV 개발에도 도전하기 위해 미국 RCA와 특허사용계약을 체결했다. 1976년 국내 생산에 성공했다. 하지만 당시 한국에서는 컬러 방송이 이루어지지 않았기 때문에 판매는 전량 수출에 의존했다. 최초 모델은 SW-C3761로 300대를 파나마에 첫 수출하며 해외시장 개척의 첫발을 내디뎠고 잇따라 미국 시장 개척에도 성공해 수출 물량을 대폭 늘렸다. 부품부터 제품까지의 국산화 목표를 충족시키기 위해 노력하는 한편 삼성전자 초기부터 지속적으로 유지해오던 선진기업과의 제휴를 통한 기술력 습득도 계속 이뤄지고 있었다.

삼성전자는 전자산업이 고도화됨에 따라 산업용 제품의 폭이 확대되는 추세에 대응하여 고부가가치 분야로의 진출을 모색했다. 그 결과 1976년 8월 미국의 휴렛팩커드HP와 계측기 독점 판매계약을 체결하며 독자적인 제품개발에 박차를 가했다. 국내 최초로 컴퓨터용 CRT 터미널과 ST-101을 개발하는 결실을 거두었다. 냉장고 생산의 핵심부품인 콤프레서는 기존에는 전량 수입해서 사용했다. 그러다 보니 세계 시장의 공급 사정에 좌우될 수밖에 없었고 높은 수요관세로 콤프레서 가격이 냉장고 가격의 약 30%를 차지했다. 이에 삼성전자는 1975년에 세계 최초로 냉장고를 개발한 회사이자 소형 콤프레서 제조의 원조인 미국 캘비네이터와 기술제휴를 맺어 국내에 공장을 건설했고 1979년부터 자체 수요를 100% 충당할 수 있게 되어 수입 의존에서 벗어날 수 있었다.

수출을 통한 성장

삼성전자가 1969년에 창립하고 나서 몇 년 지나지 않아 대한민국의 대표적인 제조 기업으로 입지를 확고히 하고 동시에 눈부신 성장을 할 수 있었던 이유는 당시가 국내 가전제품 사업이 꽃을 피우던 시기였기 때문이다. 또한 이러한 제품들의 수출도 시작했기 때문이다. 삼성전자는 해외 진출 발판을 마련하기 위해 차근차근 입지를 쌓아가야 했다. 1970년대 초기에 삼성전자는 흑백 TV를 만들기 시작했는데 1970년 11월 감격 어린 TV 첫 생산에 성공했고 2개월 뒤인 1971년 1월 중남미 파나마에 첫 수출을 시작했다. 이는 국내 최초로 이루어진 TV 수출로서 한국 전자제품 수출에 신기원을 이룬 쾌거였다. 이어서 삼성전자는 미국과 파나마 시장에 5만 7,000대의 수출을 성사시키면서 창립 5년 만인 1974년 매출 134억 원을 올렸다. 순이익은 6억 1,700만 원으로 첫 흑자를 기록했다. 거기에 삼성전자 창립 초기에 정부의 요구로 늦어진 TV 국내 시판이 1973년 말부터 허용됨으로써 숨통이 트이기 시작했다.

  1972년부터 1975년에는 국판용 흑백 TV 생산을 개시하고 냉장고와 세탁기 등 다양한 분야에 도전했다. 그뿐만 아니라 앞으로의 발전을 위해 생산 관리업무의 합리화를 추진하며 본사를 수원으로 이전했다. 그 이후 1977년까지는 컬러 TV 자체 생산에 성공했고 흑백 TV 100만 대 판매를 달성하는 등의 성과를 거두었다. 컬러 TV 자체 생산뿐 아니라 세계에서 세 번째이자 국내 최초로 순간 수상방식 이코노TV를 개발하는 등 기술 발전에도 노력했다. 1977년에서 1980년까지는 세계에서 흑백 TV 생산 1위를 기록하고 1978년 미국현지판매법인 SEA(Samsung Electronics America Inc.)를 설립하고 수출 1억 달러를 달성하는 고도의 성장기를 맞이했다. 삼성전자는 TV 최대 생산을 기반으로 카세트, 스테레오 등의 음향제품, 기타 전기전자 응용제품에 이르기까지 다양한 제품을 생산 수출했다. 1969년 창립부터 삼성전자는 국내에서 탄탄한 입지와 내수시장 확보에 힘썼으며 세계시장으로 진출하기 위해 조금씩 해외시장 진출을 위한 발판 또한 다양한 가전제품들의 수출을 통해 만들어내고 있었다.

해외직접투자를 통한 국제화

제품들이 다양해지면서 수출의 안정성이 중요해졌다. 따라서 현지에서의 직접판매를 통해 시장의 안정성을 높이고 삼성 브랜드 인식을 높이며 고객을 확대하고 자재 및 설비도입을 원활히 하기 위해 1978년 뉴욕에 미국현지판매법인 SEA를 설립했다. 1980년에 에어컨 생산, 수원 R&D 센터 개소, 흑백 TV 생산 1,000만 대 돌파, 컬러 TV와 이코노 TV 생산 100만 대 돌파와 더불어 컬러 TV를 일본에 역수출하는 쾌거를 이루어냈을 뿐만 아니라 1982년에는 독일현지판매법인 SEG도 설립했다.

하지만 이 시기 세계는 해외시장에서의 규제 장벽이 높았던 시기이다. 삼성전자는 이 규제 장벽을 뚫고 새로운 국제화 전략을 추진해야 했다. 첫 번째 수단으로 해외에서의 현지생산을 선택했으며 그 첫 결과로 1982년 국내 기업 중 최초로 포르투갈 생산법인 SEP Samsung Electronics Portugal를 만들었다. 1982년에 삼성전자 최초로 해외 제조 자회사 1호를 포르투갈에 설립한 것은 내수시장에 기반을 두고 국내에서 국외로 수출하던 지금까지 삼성전자의 행보와는 달리 우리나라가 아닌 외국에 자회사를 설립함으로써 해외에 처음으로 발을 내디딘 사례라고 볼 수 있다. 그리고 잇따라 1984년

엔 미국생산법인 SII을, 1987년엔 영국생산법인을, 1988년엔 멕시코 생산법인을 설립함으로써 세계화를 준비했다. 생산법인의 설립으로 해외 규제 장벽을 극복하려는 노력과 동시에 현지 판매 법인을 비롯한 해외지점과 서비스센터를 지속해서 증설하고 확충했다.

1988년 말에는 해외 판매법인 12개, 지점 25개 등 총 37개의 해외 거점을 확보했다. 삼성전자는 해외 연구분소(미국 산타클라라, 일본 도쿄)를 설립해 호주 현지 판매법인 SEAUSamsung Electronics Australia와 캐나다 현지 판매법인 SECASamsung Electronics Canada를 설립했다. 또한 프랑스와 합작 판매회사 SEF 설립, 태국 현지 생산법인 TSE 설립, 멕시코 현지 생산법인 SAMEX 준공과 생산개시, 말레이시아 현지법인을 설립하는 등 해외 여러 나라에 입지를 뻗어 나갔다. 당시 무역마찰이 심했던 미국 시장에 대한 의존도를 줄이고 유럽과 동남아 지역 수출 비중을 높이려는 노력에 비롯된 것이다. 결국 꾸준한 해외시장 개척과 원가경쟁력 강화의 힘쓴 결과로 삼성전자는 매년 50% 성장을 이룰 수 있었다.

기술 사업의 다각화

1970년대 후반부터 1980년대 초반에 삼성전자는 핵심적인 기술 사업들을 다각화시켰다. 이러한 기술 사업들은 전 세계로 확장되었다. 삼성전자는 계속적으로 기술 비중을 꾸준히 늘려나갔고 종합연구소와 반도체연구소 등 2곳의 연구개발센터를 설치했다. 이 두 개의 연구개발센터를 통해 전자, 반도체, 광통신, 나노기술에서부터 첨단 네트워크 아키텍처에 이르기까지 갖가지 새로운 기술 분야로 영역을 넓혀 나갔다.

특히 삼성은 1974년에 한국반도체를 인수해 반도체 사업에 진출하며 반도체 제조 분야에서도 선구자의 입지를 조금 더 굳건히 할 수 있었다. 1980년에는 삼성전자와 삼성반도체 간의 합병이 있었다. 오늘날 모든 통신기기와 전자기기에는 거의 모두 반도체가 있다는 것을 봤을 때 이때의 합병은 점점 전자와 반도체 기술이 중요해지는 해외 정세를 따라 세계로 나가기 위한 치밀한 계산과 전략을 엿볼 수 있는 부분이다. 1983년 2월에는 창업주인 이병철 회장이 D램 사업에 진출한다는 '도쿄 선언'을 발표했고 그 해에 미국과 일본에 이어 세계에서 세 번째 64K D램을 개발했다. 이때의 메모리 반도체 부문의 투자는 1990년대와 2000년대로 이어지며 지금의 삼성전자 발전의 기틀을 잡았다고 평가된다.

3

도약을 위한 준비

신경영 선포와 질적 혁신

세계 전자산업은 반도체와 정보통신으로 제품, 기술 수준이 복합화, 다기능화, 시스템화되어가는 추세에 접어들었다. 이러한 추세를 주도하던 일본 전자업체들은 가전제품, 반도체, 산업용 기기를 하나의 단일 업체에서 생산함으로써 통합이 주는 이점을 극대화하고 있었다. 또한 노동 집약적인 가전제품들은 후발 개발도상국들의 도전에 직면하게 되었으며 선진국에서는 전자제품에 대한 무역규제로 수입에 대한 장벽을 높이고 있었다.

이러한 시점에 삼성그룹의 회장이 바뀌었다. 1987년 이병철 회장이 물러나고 이건희 회장이 이끌게 되었다. 이건희 회장은 삼성그룹에 변화가 필요하다고 끊임없이 강조했음에도 불구하고 누구도 위기의식을 가지고 있지 않은 것으로 보았다. 이건희 회장이 취

이병철 선대회장과 이건희 회장

임한 후 5년 동안 외형은 2.5배로 늘었고 순이익과 기업가치도 순항하던 시기였고 당시 삼성제품은 국내 1위를 달리고 있었지만 만연한 매너리즘과 무사안일, 무책임, 이기주의, 도덕 불감증에 빠져 있었다. 이건희 회장은 그런 삼성을 보고 위기를 느꼈다고 한다.

1993년 초 이건희 회장은 미국 로스앤젤레스의 가전매장인 베스트바이에서 잘 팔리는 일본 전자제품들과 달리 한쪽 구석 선반에 먼지를 뒤집어쓴 채 방치돼 있던 삼성 텔레비전을 보고 충격을 받았다. 국내 전자제품 1위인 삼성도 해외에선 '싸구려 전자제품' 취급을 받았던 것이다. 이건희 회장은 이러한 몇몇 사건들로 삼성이 표면적으로는 성장하고 있음에도 위기의식을 느꼈다고 전해진다. 또한 1993년 6월 7일 독일에서 진행되는 회의에 참석하기 위해 프랑크푸르트에 도착했을 때 수원사업장 세탁기 조립라인에서 작업자들이 금형 사출 불량으로 제대로 닫히지 않는 세탁기의 뚜껑을 손으로 일일이 깎아서 조립하는 모습을 촬영한 삼성 사내방송인 삼성브로드캐스팅SBC의 비디오테이프를 받아보고 충격을 받았다.

이건희 회장은 주요 임원과 해외주재원 200여 명을 프랑크푸르트의 캠핀스키 호텔로 불러 모았다. 그 자리에서 삼성브로드캐스팅의 해당 영상을 보여주며 직원들을 질타했다. 그러면서 여태까지 지속되었던 양量 중심 경영에서 질質 중심 경영으로 전환하고 양이 조화를 이루는 선순환의 경영구조를 실현하겠다고 했다. 심지어 '불량은 암'이라고 표현할 정도로 품질에 집착했다. 양과 질의 비중을 5:5나 3:7 정도가 아닌 아예 0:10의 비율이어도 좋으니 질을 위해서라면 양을 희생시켜도 좋다고 했다. 이후 삼성은 불량을 없애는 제품의 질부터 혁신을 시작했다. 생산라인을 중단시키더라도 불량률을 선진 수준으로 낮추도록 했으며 한 품목이라도 좋으니 세계 1등 제품을 만들기로 했다. 동시에 사람의 질을 높이기 위해 인사제도를 개선하고 창의적이고 자율적인 조직문화를 만들어 나갔다. 경영의 질을 높이기 위해서는 형식적이 아니라 실질적으로 도움을 줄 수 있는 정보 인프라를 구축하고 사업구조를 고도화시켜 나갔다. 이건희 회장의 "마누라와 자식 빼고 다 바꾸자."라는 프랑크푸르트 선언과 함께 1993년 삼성의 신경영이 시작된 것이었다.

당시 삼성전자 제품들의 품질은 현재의 품질과는 많은 차이가 있었다. 앞서 언급한 세탁기 제조라인의 사례에서도 알 수 있듯이 품질은 조악했다. 이러한 품질은 해외에서 특히 싸구려 제품으로 취급받았다. 이건희 회장은 삼성전자의 현주소를 "생산 현장에 나사가 굴러다녀도 줍는 사람이 없는 조직이 삼성전자이다. 3만 명이 만들고 6,000명이 고치러 다니는 비효율 낭비적인 집단인 무감각한 회사이다."라고 질타했다. 프랑크푸르트에서 있었던 신경영 선언 이후 품질을 최우선으로 불량을 뿌리 뽑기 위한 실질적인 조치들이 시행되었다.

그 대표적인 사례 중 하나가 라인스톱 제도이다. 이것은 생산 현장에서 불량이 발생할 경우, 즉시 해당 생산라인의 가동을 중단하고 제조과정의 문제점을 완전히 해결한 다음 재가동함으로써 문제의 재발을 방지하는 혁신적인 제도이다. 라인스톱 제도가 가장 먼저 도입된 곳은 문제의 영상에 나왔던 삼성전자 수원사업장 세탁기 생산라인이었다. 해당 제도가 도입된 이후 불량 원인을 파악하고 문제점을 해결한 후 라인을 다시 가동하는 과정을 반복했다. 이 제도는 삼성전자의 모든 사업장으로 확대 시행되었다. 생산물량이 밀려 있는데도 불구하고 라인을 세워야 하는 생산 담당자들에게는 상당한 부담이었지만 그 효과는 컸다. 1993년에 전자제품 불량률이 전년 대비 최소 30%에서 최대 50%까지 줄어들었다.

또한 삼성전자가 품질 위주로의 전환에 강력한 의지를 보여준 사례가 무선전화기의 불량제품 화형식이다. 삼성전자의 무선전화기 사업부는 품질이 제대로 갖춰지지 않은 상태에서 무리하게 완제품 생산을 추진하다 제품 불량률이 11.8%까지 치솟았다. 이건희 회장은 신경영 선언 이후 또다시 제품의 불량 문제가 대두되면서 이를 굉장히 심각하게 받아들였고 1995년 1월 품질사고 대책과 향후 계획을 점검하면서 고객들에게는 사죄하는 마음으로 무조건 새 제품으로 교환해주는 특단의 조치를 하도록 했다. 이때 수거된 제품들을 모아 소각하면서 임직원들의 불량의식도 함께 불태울 것을 제안했다. 약 15만 대로 약 150여억 원 상당의 제품이 수거되었고 화형식을 통해 전량 폐기 처분했다. 이 사례를 통해 이건희 회장은 삼성 임직원들에게 경각심을 일깨웠다.

삼성전자는 이건희 회장 취임 후 세계 상위권 5등 안의 전자회사로 발전한다는 목표를 세웠으며 낡은 방식의 사업방식을 새로운 방식으로 바꾸었으며 구조조정을 하는 등 해외에 진출하기 위해 스스로 탈바꿈하려는 노력을 보여주었다. 이건희 회장은 자율경영, 기술 중시, 인간존중이라는 세 가지 덕목을 중심으로 1993년 제2창업이라는 새 슬로건을 선언했다. 여기에 더해 경영혁신의 하나로 공장 혁신과 기술 혁신을 포함한 5개의 혁신운동을 진행했다.

또한 품질혁신이 경쟁력 강화를 이끈다는 인식으로 라인스톱 제도를 통한 공정혁신과 개발부터 제조, 서비스에 이르는 삼성품질대상SQA 제도 및 소비자 품질인증제도 도입으로 품질 향상에 지속적인 노력을 기울였다. 또한 미국 FFC로부터의 A/V 및 가전제품 자체승인 획득, 노르웨이 안전규격 제조사 시험TBM 승인, 미국 UL로부터 A/V 기기 및 전자레인지에 대한 MDP, 그리고 TCPTotal Certification Program 제도를 공인받음으로써 품질보증과 해당 지역에 대한 수출 확대를 이끌어낼 수 있었다. 해외 서비스 활동은 주로 서비스망 확대, 전산화, 부품공급 기일 단축 등을 중심으로 질적 개선을 추진했다. 독립국가연합CIS, Commonwealth of Independent States 국가들에서는 1991년 최대의 서비스 전문업체 오르비타Orbita와 계약을 맺고 삼성전자 제품에 대한 무료 서비스를 했다. 미국 뉴저지 미주서비스 본부와 영국 텔포드 유럽서비스본부를 차례로 설립해 북미 자유무역협정과 경제체제 블록화 추세에 적극 대응하면서 현지의 선진 서비스 체제를 적극 도입했다.

글로벌 인수합병

1990년대 초반에는 하이테크 기업들 간의 엄청난 경쟁의 시대가 도래했다. 그들끼리의 경쟁, 인수합병, 기업매수, 통합 등이 판을 치고 있었다. 이러한 초경쟁의 시대에서 살아남기 위해 기업들은 그들의 서비스와 기술력을 다시 한 번 점검하고 혁신하지 않을 수가 없었다. 기업 내적으로는 이러한 기술과 서비스의 재점검에 정신이 없었고 기업 외적으로는 사업의 경계 자체가 기업을 넘어 국가로 넘어가기에 이르렀다. 삼성전자는 이러한 격변의 시기를 기회로 보고 시장과 소비자의 요구와 필요에 발을 맞추는 전략을 구사했다. 삼성전자는 1991년부터 당시에 한창 떠오르던 휴대전화 개발에 초점을 두었다. 훗날 휴대폰의 수요층이 세계적으로 늘어났음을 볼 때 당시에 시장의 요구와 그에 대한 조사를 세심히 했다. 이를 기회 삼아 잘 활용했다는 것을 알 수 있다. 또한 삼성전자는 VTR과 TFT-LCD 기술도 발전시켰으며 반도체 기술도 나날이 발전시켰고 1993년 제조업계 최초로 매출 8억 달러 달성했다. 세계 최초 바이오 TV 개발에도 성공했고 국내 최초로 '50억 불 수출탑' 수상의 영광을 누리게 되었다. 1994년에는 중국 공장에도 진출하고 장애인 공장을 설립했다. 많은 기술 발전과 노력으로 1994년에는 '100억 불 수출탑' 수상(단일 제조업체 최초)을 했다.

 삼성전자는 전자업계 후발주자라는 기술적 열세를 극복하고 해외시장에서 경쟁력을 확보하기 위해서 자체 연구개발과 함께 해외 선진기업들과의 기술제휴를 맺음으로써 신제품 개발과 제품 성능 향상에 노력을 기울였다. 1990년 중반에 접어들어서는 전략적 제휴뿐만 아니라 해외기업 인수와 지분참여를 통해 적극적으로 기술을 확보하려 했다. 또한 수출이 성장세를 보이는 지역의 서비스와 지역 마케팅을 강화하기 위해 서비스 네트워크를 갖춘 회사를 인수함으로써 국제화도 도모했다.

1994년 5월 삼성전자는 우리나라 기업 최초로 일본 상장기업인 럭스LUX의 지분 51%를 인수했다. 삼성전자는 세계 최고의 오디오 설계 기술을 보유한 기업 럭스를 인수함으로써 하이파이 오디오 분야에서 일거에 세계적인 수준으로 도약할 발판을 마련했다. 1994년 11월 2일 칠레 통신종합운영사인 엔텔의 지분 15.1%를 스페인의 텔레포니카사로부터 1억 5,000만 달러에 인수했다. 이로써 삼성전자는 칠레의 칠퀸타에 이어 엔텔의 두 번째 대주주가 됐다. 삼성전자는 엔텔의 지분을 인수하면서 종합통신업체로 성장하기 위한 국제 표준화 작업에 참여할 발판을 구축할 수 있었다. 또한 중남미 표준규격 제정에 참여할 기회를 확보해 중남미 통신시장의 안정적인 성장을 도모할 수 있게 되었다.

삼성전자의 해외기업 인수 역사에서 가장 시선을 끌었던 것은 세계 6위 PC 제조업체 AST 리서치의 인수였다. 1995년 7월 인수 당시 AST는 자산 10억 4,000만 달러, 자본금 3억 8,000만 달러, 종업원 700명 정도의 규모였다. 인수 전해인 1994년에는 매출 24억 달러에 순이익 5,400만 달러로 전 세계에 6개의 주요 생산시설과 45개 판매지 법인을 보유한 세계적 규모의 대형 PC업체였다. 삼성은 AST 지분의 40%를 인수함으로써 대형 PC업체가 가진 서비스망, 유통망, 브랜드를 활용함으로써 해외시장에서 판매력을 강화하고 규모의 경제화를 실현하기를 기대했다.

또 삼성전자의 강점인 노트북 PC 및 주변기기 사업부문과 AST의 강점인 데스크탑 및 서버 PC에 대한 상호 OEM을 추진했고 부품 공동구매, 제품 공동개발, 공동마케팅을 추진해 통합효과를 극대화하려 했다. AST의 지분을 꾸준히 취득해오던 삼성전자는 1997년 AST의 나머지 지분을 모두 인수했다. 하지만 1999년

IMF 외환위기의 영향과 해외사업 재구축으로 경영실적이 부진했던 AST는 정리단계에 접어든다. 결국 현지 브랜드와 유통망을 확보해 물류비용과 로열티를 절감하기 위해서 세계 PC 시장을 공략하겠다는 목표 아래 당시 세계 6위인 미국의 AST를 인수했으나, 글로벌 기업을 운영하기에는 역량이 미흡했다. 외국기업을 운영해 본 경험이 없었기에 관리가 쉽지 않았으며 무리하게 삼성형 경영 방식을 이식하려다가 AST 기술 인력들의 이탈을 가져왔다. 결국 삼성전자는 1999년 초 1조 원의 손실을 본 채 AST의 경영에서 철수하고 말았다. 그러나 이러한 실패의 경험들은 삼성전자의 글로벌화에 좋은 학습 기회가 되었다. 삼성전자의 글로벌화는 오랜 글로벌화의 역사를 지닌 선진기업들에 비해 모든 면에서 열세였으며 좀 더 공격적인 글로벌화를 위해 선진기업들을 모방했다가 실패의 쓴맛을 본 사례이기도 한 것이다.[3]

기술 공유를 위한 전략적 제휴와 경쟁력 확보

삼성전자는 1993년부터 신규사업 진출과 기존사업을 강화하기 위해서 본격적으로 해외기업과 전략적 제휴를 맺기 시작했다. 이 때의 전략적 제휴는 이전의 기술 이전을 위한 전략적 제휴와 달리 동등한 차원에서 기술을 공유하고 제휴 기업과 함께 발전하는 것이 주된 목적이었다.[4]

1993년 1월 미국 기업 GI와 HDTV, 반도체 라이선스, 공동개발을 시작으로 위성방송 및 케이블TV 사업 공동참여 등 광범위한 협력과 1995년 압축된 동화상의 영상신호를 본래대로 복원시켜주는 동화상 복원용 반도체 개발을 위한 협력관계를 맺었다. 1995년 5월 삼성전자는 급성장하는 초박막 액정표시장치TFT-LCD시장에 대응하기 위한 목적으로 일본 후지쓰와 기술 공유에 합의했다. 각 회사의 자체적인 기술만을 공유하는 순수한 기술 라이센스 성격의 제휴였다. 삼성전자는 연구개발 위험 부담과 개발 기간을 단축시키고 고품질의 제품을 생산할 수 있게 되면서 제품 경쟁력을 확보할 수 있었다. 1995년 4월에는 일본 도시바와 64메가 플래시메모리를 공동개발하기로 계약했다. 도시바의 기술센터에서 공동개발하고 연구결과를 각사의 생산시설에서 개별적으로 생산하는 공동개발과 개별 생산방식이었다. 이런 방식은 단순히 한 회사의 기술을 공유하는 기존 공동개발의 형태와는 다른 새로운 방식의 전략적 제휴였다. 이로써 연구개발의 투자비와 위험 부담을 줄일 수 있었고 연구개발 기간을 단축시킬 수 있었다.

삼성전자는 1993년 12월 미국 기업 TI_{Texas Instrument}와 포르투갈에 대형 반도체 생산 공장을 공동 설립하기로 합의하면서 1994년 11월에 해외 첫 반도체를 생산하기 시작했다. 삼성전자는 포르투갈 생산 공장을 통해 유럽 시장의 무역장벽인 지역 블록화에 대처하고 안정적으로 반도체를 공급할 수 있게 되었다. 즉 삼성전자는 세계 최고 수준의 반도체 회사인 TI와의 전략적 제휴를 통해 해외 생산 공장 투자부담을 줄이고 빠르게 생산체제에 돌입할 수 있었다.

하지만 삼성전자는 반도체 분야에서 거대 시장인 중국을 공략하기 위해 1995년 12월 쑤저우에 단독으로 1억 달러를 투자해 쑤저우 반도체생산법인SESS를 설립했다. 중국 반도체시장이 2000년대 급부상할 것으로 예측되었기 때문이다. 삼성전자는 시장이 있는 곳에서 생산한다는 생산의 현지화 전략에 따라 처음으로 해외

반도체시장에 단독으로 진출했다. 삼성전자의 진출에 따라 일본의 히타치와 미국의 AMD가 뒤이어 쑤저우에 반도체 공장을 설립했다. 삼성전자는 한국, 중국(쑤저우), 미국(오스틴) 3국 전략체제의 완성을 위해 미국 텍사스 오스틴에 오스틴 반도체 생산법인SAS을 설립했다. 22만 평에 달하는 부지에 13억 달러의 엄청난 규모의 투자가 이루어졌다. 이는 반도체 수출의 40%를 소비하는 미국 시장을 선점함으로써 경쟁력을 확보하기 위함이었다. 생산법인 입지로 오스틴이 선정된 이유는 주변 인프라가 잘 갖추어져 있고 고급인력 수급이 쉽고 IBM과 같은 거래선이 인근에 밀집해 있었기 때문이다. 삼성전자는 미국 현지시장에 맞는 제품을 생산하고 고객밀착 지원체제를 확립할 수 있게 되면서 일본과 대만과 같은 경쟁업체들과의 경쟁에서 차별화된 전략으로 경쟁우위를 확보했다.

글로벌 시장에서의 현지 경영 강화

1990년대 초반에 들어서 자유무역을 신장시키기 위한 조약과 기구인 우루과이 라운드Uruguay Round와 WTO체제 출범 등으로 글로벌화가 세계적인 추세로 급물살을 탔다. 특히 1993년부터 시작된 김영삼 정부는 세계화를 정책 기조로 삼아 추진했다. 이러한 환경적 변화와 더불어 1993년 삼성의 신경영 이후 기존의 경영 방식을 쇄신하는 방향으로 전개됨에 따라 글로벌 전략은 변화했다. 1993년 신경영에서 제시된 복합화와 국제화의 개념을 토대로 해외사업부를 본국 중심의 경영 방침을 실행하는 기능별 조직 방식 운영 방식에서 독립적 경영 전략을 실행 가능한 지역경영을 추구하는 국제지역조직의 형태로 재조직했다.[5] 그동안 관계사나 사업부 단위로 해외 진출을 추진하던 것을 '해외본사제'와 '생산복합단지'의 개념으로 통합하는 방식으로 전환했다. 해외본사제의 장점은 지역적 특색을 반영하고 독립적으로 운영되는 지역완결형 의사결정을 함으로 의사소통 속도를 빠르게 할 수 있게 되리라 기대했다.

삼성의 해외본사는 1994년 1월 일본 본사의 출범에 이어 1995년에는 미주, 구주, 중국에 해외본사가 설립되었고 뒤이어 동남아시아 본사가 탄생함으로써 세계 주요 5개 지역에 포진하게 되었다. 해외본사는 권역 내의 법인과 지사를 총괄 관리하고 관계사의 지역 전략을 기획 조정함으로써 중장기적 관점에서 해외 경영의 기반을 확보하고 글로벌 경영의 수준을 한 단계 끌어올리기 위한 포석이었다. 이러한 해외본사제는 세계 주요 지역별로 제2, 제3의 삼성을 건설하기 위해 현장완결형 해외본사를 국내본사와 대등하게 운영하려는 전략적 의도가 반영된 것이다. 당시의 해외본사제의 조직형태는 국제지역조직 형태를 띤 것으로 볼 수 있다. 이때 지역별로 해외의 기능 조직을 통합하면서 국제조직의 관리 방법으로 한국 본사의 경영 전략과 해외본사의 지리적 측면을 동시에 관리하는 매트릭스 조직 관리를 추구했다.[6]

또한 삼성전자는 1990년대 중반까지 해외생산시설을 꾸준히 설립하면서 글로벌 경제시대에 대비해오다가 1990년 중반 이후부터는 그룹 차원의 국제화와 복합화 전략에 따라 해외생산 복합화에 힘을 쏟기 시작했다. 서로 관련이 있고 유사한 사업들을 같은 단지 내에 위치시킴으로써 시너지 효과를 얻고자 했다. 또한 생산을 복합화하면서 계열사 간 기술을 상호 보완하고 규모의 경제를 통해 현지에 연구소나 연수원 등 개발센터를 운영할 수 있는 효과를 기대할 수 있었다. 북미자유무역협정NAFTA 이후 삼성전자는 국제경쟁력 확보와 지역의 블록화 현상에 대비해 1988년부터 가동 중이었던 삼성전자 멕시코 생산법인SAMEX을 중심으로 삼성그룹 최초의 복합단지를 조성했다. 멕시코는 노동력 수급이 쉽고 투자비용이 저렴할 뿐만 아니라 중남미시장을 공략하기 위한 유리한 거점이었다. 또 티후아나는 미국 국경과 인접해 있기 때문에 미국의 물류설비 및 인프라를 활용할 수 있는 지리적 이점이 컸다. 1991년에는 미국의 반덤핑 관련 규제로 우리나라의 TV업계 직수출이 막히면서 멕시코 현지법인을 통한 우회수출로 미국 시장을 공략할 수밖에 없었다.

삼성전자는 1996년 3월에 준공된 티후아나 복합단지에 삼성전관의 컬러 TV 및 모니터용 브라운 공장, 삼성코닝의 브라운관용 유리벌브 공장, 삼성전기의 TV와 VCR 부품 등 가전 및 정보기기 조립 라인을 설치해 시너지 효과를 낼 수 있도록 했고, 삼성항공의 카메라 조립설비와 연구개발 및 물류센터도 추가로 건설하면서 미주시장을 공략하기 위한 완벽한 복합단지를 조성했다. 남미대륙의 주요국인 브라질에 생산거점을 확보하기 위해서 삼성전자는 마나우스에 브라질 현지생산법인SEDA을 설립했다. 1995년 컬러 TV와 비디오기기 생산라인을 시작으로 삼성은 1996년 마나우스를 복합단지로 선정하고 1997년에 전자레인지, 1998년에 컬러 모니터, 1999년에 휴대폰 생산라인을 갖췄다.

삼성은 해외 생산 활동도 종래 관계사와 개별적으로 추진하던 방식을 수정해 통합적으로 전개하도록 했다. 이는 신경영에서 제시된 복합화의 개념을 살린 것으로 사업 간 계열화 효과가 높은 경우 동일단지에 동시에 생산시설을 위치시킴으로써 기술적·경제적으로

삼성전자 중국 천진 공장

커다란 시너지 효과를 얻기 위함이었다. 1994년에 멕시코의 티후아나 복합단지를 필두로 영국 윈야드 복합단지, 1995년에는 말레이시아 세렘반 복합단지, 중국 천진의 복합단지, 그리고 브라질의 마나우스 복합단지를 조성했다. 복합단지화의 이점은 다음의 네 가지로 정리할 수 있다.

첫째는 제품 간 기능이나 기술을 상호보완해서 시장에서 우위를 점할 수 있다는 것이다. 둘째는 수직계열화로 디자인을 개선하고 신제품을 개발할 수 있다는 것이다. 셋째는 규모의 경제를 이용해 현지의 연구소나 연수원 등의 개발센터를 운영할 수 있다는 것이다. 넷째는 현지 기반 구축을 통해 눈에 보이지 않는 효과를 거둘수 있었다. 즉 계열사 현지법인들이 인접하게 위치하므로 현지 시장에 대한 지식과 정보를 공유할 수 있고 진출한 국가에 대한 협상력을 높일 수 있다.

이러한 이점들과 더불어 생산복합단지는 부정적인 측면도 있었다. 특정 국가에 생산시설이 집중 투자됨으로써 국가적인 위험에 노출되었으며 대규모 인력고용에 따른 인력확보 문제와 노사분규 등의 어려움을 겪기도 했다.[7] 말레이시아 세렘반 삼성 복합단지의 경우, TV 스크린이 CRT에서 LCD로 전환되면서 LCD를 전량 수입했다. 그러다 보니 삼성 SDI와 삼성전자 간 수직적 계열화의 필요성이 사라졌고 세렘반이 항구에서 멀리 떨어져 있어서 운송비만 높은 문제를 겪었다.

삼성전자는 1990년대에 들어 잠재력이 높은 해외시장에 생산공장 설립을 가속화함으로써 단순한 장소 이전이 아닌 현지에서 생산되고 현지에서 사랑받을 수 있도록 노력했다. 삼성전자는 톈진통신광파공사와 합작하여 비디오기기VCR 공장을 세우기 위해 톈진삼성전자유한공사TSEC의 설립 계약을 체결함으로써 세계 최대 신흥시장인 중국에 진출했다. 톈진삼성전자유한공사TSEC에 이어 두 번째 중국 현지생산법인으로 후이저우 오디오 생산법인SEHZ을 설립했다. 1994년에 국내 협력업체 신풍상공을 비롯한 주요 협력업체를 유치함으로써 부품의 현지생산체제를 구축한 것이다. 하지만 중국의 폐쇄적인 정책 때문에 통신시장에서의 직접수출은 불가능한 실정이었다. 그 결과 삼성전자는 1993년 3월 중국 산동성 우정관리국과 북양전기집단공사와 합작해 산동삼성통신설비유한공사SST를 설립했다. 이를 통해 이동통신 시스템과 전송장비 및 광케이블 등 통신 시스템 전 부문으로 사업을 확대할 수 있었다.

1995년 6월 삼성전자는 베트남의 TIE사와 각각 20%, 80%의 지분으로 삼성전자 베트남법인SAVINA을 설립했다. 베트남은 대미수교와 아세안에 가입하면서 안정적인 이미지를 구축하고 높은 구매력과 질 좋은 노동력을 갖고 있다는 점에서 현지 생산법인을 설립하기에 매력적인 조건을 갖고 있었다. 또한 베트남 시장은 인도차이나와 중국 남부시장 진출을 위한 교두보 역할, 원가절감, 세제혜택, 수송시간 절약 등 활용 이점이 많은 시장이었다. 그리고 중국에 버금가는 거대 시장인 인도시장에 진출하기 위해 1995년 8월 인도 기업 비디오콤Videocom과 합작했다. 비디오콤의 생산설비를 이용해 삼성 브랜드의 제품을 생산하는 인도생산법인SIEL을 인도의 수도 델리에 설립했다.

이 시기에 삼성전자는 활발한 해외직접투자에 따라 해외거점 수와 주재원을 포함한 해외 종업원 수가 비약적으로 증가했다. 특히 1995년 이후부터는 '1국가 1거점'이라는 원칙을 수립하고 선진시장뿐만 아니라 신흥시장에도 진출을 확대했다. 또한 저임금을 활용한 우회 수출지역 구축 및 현지 내수시장을 선점할 목적으로 생산거점도 해외 여러 지역에 진출했다. 이로 인해 삼성전자의 해외거점 수가 5년 사이에 두 배 이상 증가해 1997년 말에는 100개에 이르렀다.

위기 극복을 통한 사업 경쟁력 강화

이건희 회장 신경영의 핵심은 월드 베스트 전략이라고 할 수 있다.[8] 1등 제품만이 살아남을 수 있다는 각오로 월드 퍼스트, 월드 베스트 전략을 마련할 것을 지시했으며 사업부별로 전 세계 1등 제품을 만들라고 요구했다. 이러한 전략은 제품, 디자인, 마케팅 등 3박자를 차별화해 세상에 없거나 아니면 최고를 내놓는다는 전략이다.[9] 1994년부터 1996년까지 삼성전자는 글로벌 시장 내 영향

리우 올림픽 속 갤럭시 마케팅

력을 키워나가는 시기였고 짧은 기간 동안 많은 변화를 일으켰다. 반도체, 컴퓨터 모니터, TFT-LCD 스크린, 컬러 TV를 포함해 총 17개의 다양한 제품들이 각자의 영역에서 세계 시장점유율 5위 안에 들었으며 이밖에 12개 제품이 시장 1위를 기록했다.

특히 이 시기부터 '세계 최초'라는 수식어가 붙는 제품들이 많아지기 시작했다. 1994년에 세계 최초 256MB D램 개발에 성공했으며 이듬해인 1995년에 세계 최초 33인치 더블 스크린 TV를 개발했다. 이러한 성과를 바탕으로 삼성은 1997년에 '신경영' 2기를 출범시켰다. 그 해에 세계 최초로 30인치 TFT-LCD를 개발했고 무선통신 분야에서 올림픽 공식 파트너로 선정되었다. 당시 한국은 IMF 외환위기를 겪으면서 많은 은행과 기업들이 줄줄이 도산하고 경영상의 어려움에 직면했기 때문에 삼성전자의 성장은 한국기업들 사이에서 상당히 이례적이며 고무적이었다.

1997년 말에 불어닥친 IMF 외환위기는 삼성전자 글로벌화에 중요한 분기점이 되었다. 1997년까지 추구해온 해외사업의 양적 확대를 지속하면서도 이미 진출한 해외거점 중 경쟁력을 상실한 법인과 품목의 구조조정, 통폐합, 해외자산 매각을 중점적으로 글로벌 경영의 내실화도 동시에 추구했다. 이에 따라 1997년 말 863명이었던 주재원 수가 1998년 말에는 715명으로 17.1%나 감소시켜 주재원들의 역할을 사고예방, 리스크 관리, 외환위기 대응에 초점을 두며 변화를 시도했다. 그 후 정기적으로 해외법인에 대한 경영진단을 해 시장경쟁력을 갖추지 못했거나 가능성이 없다고 판단되면 생산이나 영업 활동을 중단시켰다. 1998년 구주, 미주, 동남아시아 지역을 관할하던 3개의 해외본사가 시장경쟁력을 갖추지 못하고 비효율적 비용 집행을 초래해 폐지되기도 했다.[10] 또한 회사 경영 및 재무 상태를 파악하고 관리해 이해관계자들이 정확하고 신속한 정보를 받도록 재무시스템 혁신에도 많은 노력을 기울였다.

1988년 삼성반도체통신과 합병 후 이질석인 회계처리와 시스템으로 시너지를 발휘하지 못하자 회계시스템을 통일하고 표준화하기 위해 1991년 6월 표준회계 전담반을 발족시켰다. 1993년 1월부터 표준회계 시스템이 적용되면서 삼성전자는 가전, 반도체, 통신, 컴퓨터 부문의 상이한 회계처리 및 결산절차 등 회계시스템을 통합시킬 수 있었고 대금 지불 및 본·지사 회계처리 등의 비 부가가치 프로세스를 재건해 결산일정을 대폭 단축할 수 있었다.

삼성전자는 기존의 원가계산 방식이 정확한 원가를 파악하기에는 한계가 있다고 판단하고 경영 성과를 제대로 반영할 수 있는 신 원가시스템을 개발했다. 1993년 신 원가 전담반을 발족해 인과관계에 따라 원가가 정확히 산정되고 전략적 의사결정 수단으로 활용함으로써 원가측정 및 원가절감을 위한 유연한 시스템을 구축하고자 했다. 영상, 디지털 가전본부 및 기능 스텝을 대상으로 원가 요소를 상세히 파악하고 원가배부 중심의 신시스템 개발에 착수해 1995년 1월 가전부터 적용하고 1996년 전 부문에 적용할 수 있게 됐다. 신 원가시스템 구축을 통해 수출 수주가격 검토, 신기종 개발원가 파악, 라인 자동화 투자 검토 등 전략적 의사결정과 각종 원가절감, 품질 및 물류비용 파악이 가능해졌다. 삼성전자는 내부 거래시스템과 코드정보시스템을 구축했다. 따라서 법인의 시스템 인프라가 강화되었고 그동안 상이하게 운영되던 제품, 모델, 거래선, 계정, 통화 등 코드 표준화가 이루어졌으며 지법인 간 내부거래 프로세스가 정형화됐다.

 삼성전자는 개혁적인 제도뿐만 아니라 메모리, LCD, 휴대폰, 모니터 등 핵심 분야의 기술력을 세계 최고 수준으로 키워나가기 위한 글로벌 목표로 삼았다. 그 예로 1998년에는 세계 TFT-LCD 시장점유율 1위에 등극하고 세계 최초 128MB SD램과 128MB 플래시 메모리 개발에 성공했다. 세계 최초로 디지털 TV를 양산하고 완전 평면 TV도 개발했다. IMF 외환위기 2년 뒤인 1999년에 연구개발과 시설투자에 4조 8,000억 원이라는 거액을 쏟아부었으며 그 후 5년 동안 36조 원이라는 천문학적인 돈을 투입했다. 그리고 해당 연도에는 세계 최초 3D TFT-LCD 모니터 개발과 MP3 휴대폰 출시를 했다.

 2000년대에는 세계 최초로 288M 다이렉트 램버스 D램 개발에 성공함으로써 초고속 메모리 반도체의 대용화를 앞당기게 되었다. 288M 다이렉트 램버스 D램을 성공적인 성과로 이루어냈다. 이 해 5월에는 TFT-LCD 생산 개시 5년 만인 누적 생산량 1,000만 대를 돌파해 한층 글로벌 기업으로서의 성장했다. 신 영상매체로 부상하고 있었던 TFT-LCD 사업 분야에서 과감한 개혁으로 세계 주도권을 확보했으며 2000년대 세계 시장점유율 20%대에 진입해 우수한 성과를 달성했다. 이러한 성장에 그치지 않고 더 나은 발전을 위해 TFT-LCD연구소를 열고 더 나은 발전을 위해 노력했다.[11]

디지털 E 컴퍼니 경영체제 구축

1990년대 후반에 들어서 사업 간 경계가 무너지고 네트워크화에 따라 글로벌 경제체제가 심화되면서 글로벌 경쟁력을 보유하지 못할 경우 기업의 생존을 확신할 수 없었다. 특히 IT처럼 급속한 기술 변화가 특징인 산업은 기업 내 부문 간 협조 또는 외부자원의 효과적 활용이 경쟁력을 좌우하므로 선진업체와의 제휴가 매우 중요하다고 할 수 있다. 삼성전자는 제품과 과감한 제도적인 개혁뿐만 아니라 다른 회사들과 제휴를 통해 기술을 습득하는 방식을 통해 성장했다.

그 예로 삼성은 미국 마이크로소프트와 디지털 정보가전의 핵심 분야인 디지털 홈네트워크 분야에서 전략적 제휴를 맺어 디지털 가전 제품을 공동 개발하고 마케팅했다. 마이크로소프트는 윈도 미디어 기술도 홈네트워크 'e홈' 사업과 관련한 신기술을 지원했고 삼성전자는 첨단 디지털 제품개발을 담당하게 되었다. 삼성전자는 일반 가정의 모든 엔터테인먼트, 커뮤니케이션, 컨트롤 기기 통합을 위한 신기술 개발을 주도하면서 마이크로소프트사의 새로운 소프트 기술을 지원받음으로써 시장에서 삼성 브랜드의 이미지를 높일 것을 기대했다. 이러한 기대를 토대로 이 전략적 제휴에서 삼성전자는 마이크로소프트의 소프트웨어 기술력과 함께 공동 마케팅을 통해 브랜드 인지도 제고 및 무선단말 시장에서의 경쟁력을 확보하게 되었다.

또한 삼성전자는 신규사업과 상호보완 및 위험분담을 위한 선진기업과의 협력회의를 추진했다. 1997년 5월 주요 사업 부장들로 구성된 방문단이 미국의 인텔, 선마이크로시스템스, 디지털, 카시오, HP 등 일류 IT 기업을 방문하고 협력 분야를 도출했다. 삼성전자는 인텔과 정보가전, 디지털 인터페이스, 차세대 모니터, 반도체, PC와 가전을 결합한 새로운 제품과 기술 개발 등 전 분야에 걸쳐 협력 체제를 구축했다. 1997년 일본 도시바와 차세대 메모리카드 시장을 공동으로 개척하기 위한 공동개발과 공동마케팅 협력에 합의했다. 이 전략적 제휴는 세계표준기구인 SSFD 포럼에서 차세대 대용량 스마트 미디어 표준을 제정하고 발표한 지 1개월 만에 이뤄졌다. 시장 규모가 확대될 전망인 메모리카드 시장에서 경쟁기업에 앞서 시장을 선점할 수 있었다.

하지만 당시는 삼성전자가 글로벌 기업으로 확연히 도약했다고 보기 어려웠을 때이다. 메모리 부분에서 세계 최초 초고속 그래픽 메모리를 출시하면서 3차원 입체 영상 및 동영상을 완벽하게 지원하는 세계 최고속제품인 500Mbps 그래픽 전용 128m DDR 싱크로너스 D램을 출시하면서부터 글로벌 기업으로 도약하기 시작했다. 이미 출시된 그래픽 메모리 반도체는 다양한 그래픽 기능을 지원하는 한편 DDR 방식을 새롭게 채택해 기존 제품 대비 2.5배 성능이 향상되었다. 3차원 입체 영상을 필요로 하는 고성능 컴퓨터와 게임기와 DVD 등에 채용되면서 1999년에 창립 30주년을 맞아 '디지털 E 컴퍼니' 변신을 선언했다.

삼성전자의 디지털 E 컴퍼니는 개발에서 핵심 기술 부품 확보, 판매에서의 마케팅 강화, 공급체인의 스피드, 비용 극소화 등을 위해 사업구조를 디지털 중심으로 재구축하고 경영 프로세스 체제로 전환해 고객의 가치 있는 삶과 행복 실현을 목표로 했다. 디지털 E 컴퍼니가 되기 위한 도전과 변화가 이루어졌다. 우선 첫 번째로는 디지털화하는 것이었다. 단순히 디지털 제품을 생산하는 것을 의미하는 것이 아니라 제도, 인재, 문화, 인프라 등 기업의 모든 부분이 디지털 기술과 마인드로 통합되는 것을 뜻한다. 두 번째는 연구개발, 생산, 마케팅을 고객 및 협력사와 연결해 가장 빠르고 효율적으로 구축하는 것이었다. 이것을 통해 2003년에는 초일류 기업으로 도약하고자 하는 원년으로 삼고 나아가 지금 삼성전자의 글로벌 기업으로 도약하는 데 큰 힘이 되었다. 기업에서 과감한 개혁을 시도하는 것은 어려운 선택이지만 삼성전자는 빠르게 변화해 더욱 내실을 탄탄하게 만들 수 있었다.[12]

글로벌 생산력 강화

삼성전자는 1999년 기준 13개국에 21개의 생산법인을 설립했다. 국가별로 미국 1개, 중남미 2개, 유럽 3개, 중앙아시아 1개, 동남아시아 6개, 인도 1개, 중국 7개였고 총괄별로는 정보가전 18개, 정보통신 1개, 반도체 2개였다. 삼성전자는 러시아로부터 독립 후 대대적인 경제개발과 풍부한 자원을 가진 중앙아시아 시장의 성장 가능성을 예측하고 이 지역에 진출하기 위해 노력했다. 경쟁사들은 이미 이 지역에 진출해서 빠른 속도로 시장점유율을 높여가는 상황이었기 때문에 서둘러야 했다.

중앙아시아 5개국 중 우즈베키스탄공화국이 조기에 투자비 회수가 가능한 고수익 시장이라 판단하고 1997년 5월 우즈베키스탄 전자산업성에 투자계획을 설명하고 7월에 사업계획서를 제출하면서 1998년 5월 투자계획을 승인받았다. 1998년 6월 합작계약을 체결하고 삼성전자가 자본금의 80%를 출자하고 합작기업인 알고리듬이 20%를 출자해 우즈베키스탄 생산법인USE를 설립했다. 동남아시아에는 타이 1개, 베트남 1개, 말레이시아 2개, 인도네시아 2개의 생산법인이 있었다. 동남아시아 최초의 생산법인인 타이 생산법인TSE는 삼성전자가 83%의 지분을 가지고 있었다. 컬러 TV 50만 대, 세탁기 50만 대, 냉장고 20만 대의 생산능력을 갖췄다. 말레이시아에는 전자레인지 생산법인SEMA과 모니터 생산법인을 뒀는데 두 생산 법인 모두 삼성전자가 단독으로 출자했다. 베트남 생산법인의 자본금은 1,746만 달러이고 이 중 80%의 지분을 삼성전자가 보유하고 있었다. 당시 컬러 TV 25만 대, 비디오기기 5만 대, 오디오 5만 대의 생산능력을 보유하고 있었다.

또한 삼성전자는 유럽 지역에서는 GSM global system for mobile communication 단말기 사업을 강화하기 위해 스페인에 휴대폰 공장을 준공했고 연평균 140만 대에 이르는 GSM 단말기를 생산할 수 있게 되었다. 이때 본격적으로 GSM 단말기 생산이 가능해졌다. 연간 1억 대 이상의 급성장을 보이는 유럽 지역 내 이동전화 수요에 신속히 대응할 수 있었다. 삼성전자는 제품 개발과 기술을 획득하는 좋은 기회가 되었으며 미국과 유럽 등 다양하게 뻗어나가는 계기가 되었다.

4

디지털 시대의
세계 일류기업으로의 도약

시장선도 전략과 사업 다각화 전략

삼성전자는 시장선도 전략MDS, Market Driven Strategy을 통해 '브랜드 이미지' 제고를 추구했다. 1998년 당시 삼성그룹 구조조정본부가 진단한 삼성 브랜드의 이미지는 '저가, 저품질, 모방' 등으로 브랜드 파워는 진공 상태였다. 삼성전자는 후발주자의 이미지에서 벗어나기 위해 '선견先見, 선수先手, 선제先制, 선점先占'으로 요약되는 일명 4선 사업 전략을 펼쳤다. 시장 변화를 먼저 보고 경쟁사보다 한 발 먼저 움직여 경쟁사를 제압해 시장을 먼저 차지하는 방식의 전략이다. 삼성전자는 실제 휴대전화, 디지털 TV, DVD 플레이어 등 시장이 원하는 기능과 디자인을 갖춘 제품을 경쟁사보다 빨리 시장에 출시해 '제값 받기'에 나섰다. 이로써 '고품질·고가 전략'을 통해 물량 떼기 기업의 이미지를 벗고 '디지털 기업' 이미지를 심는 데 성공했다.

　삼성전자는 4선 전략과 더불어 다각화 전략도 진행했다. IMF 외환위기 당시 국내의 전문가와 정책 당국은 '선택과 집중'의 논리에 따라서 주력산업인 메모리 반도체 이외의 사업을 정리할 것을 권고했다. 그 시기에는 기업의 무분별한 문어발 경영이 IMF 외환위기를 가져온 것으로 인식됐기 때문이다. 그러나 삼성전자는 반도체, 휴대전화, 디지털미디어, 가전 등 각 사업을 고루 갖추는 '수직계열 및 다각화 전략'을 선택했다. 다양한 사업부문으로 이익구조를 분산시킨 다각화 전략은 불황기에 진가를 발휘했다. 디지털·가전과 휴대전화가 2001년 반도체 경기침체 때 완충 역할을 한 것이다.

　2001년에 D램 업계 2위인 미국의 마이크론은 5분기 연속적자를 기록했으며 마쓰시타, 도시바, NEC 등 일본의 종합전기, 전자회사들도 대규모 적자를 기록했다. 그리고 이후 사업 다각화는 완충을 넘어 시너지 효과를 창출했다. 반도체, 통신, 가전, 컴퓨터, 디스플레이를 모두 구비한 기업은 삼성전자밖에 없었다. 삼성전자는 디지털 제품들이 융합하는 '디지털 컨버전스' 시대에 최적의 조건을 갖추었다.[13]

프로세스 혁신과 윤리경영

　2001년은 '디지털 E-컴퍼니'를 실현하는 해로 정하고 프로세스 혁신을 가속했다. 삼성전자는 6시그마 운동을 지속해오면서 자체 추진 기반을 갖추었다. 2002년부터 이를 전 부분으로 확대 정착시키고 체질화함으로써 경영관리의 질을 일류 수준으로 높여나갔다.

또한 글로벌 업체들 간의 경쟁이 심화되면서 구매, 재고, 물류 등 전체 공급망을 효율적으로 관리하는 공급망 관리SCM,Supply Chain Management가 경쟁력 강화의 핵심으로 떠올랐다. 삼성전자는 2003년까지 글로벌 공급망 내 정보가시성 확보를 위해 공급망 관리 인프라를 추구했으며 2004년부터 본격적으로 프로세스 개선작업에 착수했다. 또한 2004년 11월 창립 35주년을 맞이해 신성장 모멘텀 확보와 6대 분야 혁신을 강력하게 추진했다.

2003년 1월에는 전 세계 모든 생산법인과 판매법인과의 비즈니스 프로세스를 하나로 통합하는 '월드와이드 트레이딩 네트워크WTN, Worldwide Trading Network' 구축을 완료했다. 이러한 월드와이드 트레이딩 네트워크 구축을 통해 본사 및 해외법인 간 거래를 실시간 자동화 체제로 바꾸어줌으로써 주문에서 생산까지의 리드타임을 획기적으로 단축했다. 또한 초일류 기업으로 도약하기 위해 우선적으로 윤리경영을 정착시켜 나갔다. 사외 이사 제도, 감사위원회, 경영실적 공시 등 투명성 향상을 위한 법적인 제도를 철저히 준수해 나갔다. 2002년에는 깨끗한 조직문화를 유지 발전시켜나가기 위해 '임직원 윤리강령'을 제정해 윤리경영의 실천 의지를 다졌다. 구매의 공정성과 투명성을 확보하기 위해 사내에 '공정거래 자율준수위원회'를 설치했다.

현지 밀착형 글로벌 경영

2002년 5월 삼성은 '인재전략 사장단 워크숍'을 개최하고 앞으로 5~10년 후를 대비해 미래사업 추진에 필요한 핵심인력 확보와

양성에 관한 중장기 전략을 수립했다. 해외 우수 두뇌를 적극 유치하기 위해 미국, EU, 일본, 중국 등 해외 주요 거점에 연구소 설립을 더욱 확대했으며 현지 우수 인재 채용을 늘려 연구개발 강화 등 현지경영 역량을 확충했다. 2003년 기준 '글로벌 연구개발'의 첨병 역할을 하는 해외 연구소는 모두 11개였다. 1988년 미국 산호세연구소를 시작으로 해 영국(1991년), 러시아(1993년), 인도(1996년), 이스라엘과 일본(1997년) 등의 나라에 연구소를 설립해 각 지역에 맞는 현지밀착형 연구개발 업무를 수행했다.

삼성전자는 해외에 생산법인 26개, 판매법인 35개, 연구소 11개, 물류기지 2개, 지점 18개를 포함해 모두 92개의 법인을 운영했고 전 세계적인 네트워크를 구성해 2003년 65조 원의 매출을 올렸다. 순수하게 해외법인을 통해 거둬들이는 매출만 45조 원. 삼성전자의 해외법인은 현재의 삼성전자가 존재할 수 있게 한 근간이 되었다. 이들 해외법인들의 지역 헤드쿼터격인 해외법인 총괄도 북미, 러시아, 중국, 중남미, 중동아프리카, 동남아, 유럽, 서남아 등 8개에 달하는 등 상당히 글로벌화된 모습을 보였다. 글로벌 경영자원의 효율적 조달과 시장 확대를 위한 사업의 해외 이전으로 글로벌 사업 다변화가 일어났고 현지 완결형 경영체제의 구축으로 글로벌 경영자원의 최적 활용을 할 수 있었다.

삼성전자는 2004년 글로벌 톱 도약 비전을 발표했는데 생활가전부문에서 2007년까지 100억 달러 이상의 매출을 달성해 글로벌 톱 수준으로 집중 육성할 것을 발표했다. 삼성전자는 이 발표 이후 인접시장 상황을 고려한 분산형 생산체제로 전환했다. 기존 수원사업장은 핵심기술 개발을 위한 연구개발 및 전략마케팅 중심으로 특화했고 광주사업장은 세탁기와 에어컨 등 내수 및 프리미엄 제품의 제조와 글로벌 제조혁신을 위한 기지로 특화했다. 예를 들어 중국 쑤저우 사업장은 분리형 에어컨, 중소형 드럼세탁기, 중대형 냉장고 등의 거점으로 말레이시아와 태국은 전자레인지 사업 거점으로 각각 육성했다. 양문형 냉장고의 유럽 현지 생산체제를 강화하는 방안을 검토했으며 2007년까지 동구·CIS 지역에 신규 진출도 추진했다.[14]

글로벌 비즈니스 매니지먼트 체제로의 조직 개편

삼성전자는 2000년대에 들어서면서 글로벌 경영 성과를 더욱 구체화시키고 가시화하기 위해 디지털 시대에 맞게 조직개편을 단행하는 등 경영체질을 개선하는 데 주력했다. 그리고 글로벌 경영을 더욱 적극적으로 추진하기 위해 제품생산위주로 구성되었던 GPM 체제의 사업부들을 글로벌 비즈니스 매니지먼트GBM, Global Business Management 체제로 전면 개편했다.

글로벌 비즈니스 매니지먼트 제도는 당시의 삼성전자를 전 세계에 우뚝 세운 제도이기도 하다. 디지털 컨버전스Digital Convergence를 표방한 것이며 제품의 개념에서 산업의 개념으로 확대되는 개념이다. 글로벌 비즈니스 매니지먼트는 삼성전자 내부에서 '사업부'로 불렸으며, 말하자면 소사장제라 할 수 있다. 삼성전자에서 생산하는 전 제품을 성질이 비슷한 것끼리 묶어 모두 16갈래로 나누었다. 삼성전자는 이 제도를 효과적으로 활용하여 글로벌 비즈니스 매니지먼트장을 16명으로 두었다. 매니지먼트장은 자기가 맡은 사업 부문에 대해 신제품 기획, 구매, 생산, 판매, 재무, 인사는 물론 국외 판매, 광고와 홍보까지 모두 관할하게 했다. 또한 우수한 인재가 있으면 언제든지 산출해 일을 같이하며 경쟁사를 이기기 위해 연구개발 투자를 늘리는 동시에 구매예산을 줄이기 위해 독려하고 매출 대비 순익률을 높이도록 원가절감에도 나서며 서로 나은 경영실적을 뽑아내기 위해 치열한 경쟁을 벌이게 되었다.

매월 초가 되면 글로벌 비즈니스 매니지먼트장들에게 경영활동 성과가 나오게 되어 매출과 순익, 재고, 재무상태, 원가에 차지하는 인건비와 구매비용 비율 등 각종 지표가 상세하게 정리되어 나타나게 된다. 글로벌 비즈니스 매니지먼트장들은 이 과정에서 상대방 사업부의 우수성을 본받기도 하면서 자신의 잘못을 스스로 비판하며 되돌아보는 좋은 기회가 되어 우수한 통치를 했다. 이 제도에서 우수한 경영능력을 인정받으면 총괄사장으로 승진하게 된다. 최지성 사장과 이상완 총괄 사장이 글로벌 비즈니스 매니지먼트에서 올라온 대표적인 사례이다. 이렇게 도입된 글로벌 비즈니스 매니지먼트 제도는 글로벌 책임경영을 추진하는 조직으로 정착해 당시 효과적으로 운영되었던 탁월한 선택의 제도였다.

글로벌 브랜드 마케팅 강화

삼성전자는 2004년 세계에서 21번째로 높은 브랜드 가치를 지닌 기업으로 선정되었다. 이는 당시 20위를 차지한 '소니'의 브랜드 가치를 위협하는 수준이었다.[15] 삼성전자는 2002년 브랜드의 위상과 디지털 리더십을 강화하기 위해 세계 시장에서 글로벌 마케팅의 일환으로 '글로벌 디지털 로드쇼'를 개최했다. 2002년 10월 중

삼성전자 뉴욕 광고

순부터 한 달간 뉴욕, 파리, 베이징, 싱가포르 중 4개 지역에서 로드쇼를 개최했고 2003년에 미국의 뉴욕과 터키의 이스탄불에서도 개최했다. 또한 2004년 영국 런던과 중국의 상하이에서도 이루어졌다. 삼성전자의 경우 브랜드 전략에서 가장 시급한 것은 글로벌 기업 이미지 통합 전략CI, Corporate Identity과 브랜드 이미지의 확립이었다.

이 시기에 개방적이고 친근하면서도 첨단 디지털 이미지를 강조하는 '삼성의 디지털 세계로 여러분을 초대합니다SAMSUNG DIGI-Tall, everyone's invited'라는 슬로건을 도출하여 미국과 유럽 등 선진국을 최우선 투자 지역으로 선정하고 디지털 기업 이미지를 높이기 위해 정면 돌파 전략을 구사했다. 삼성의 브랜드 가치 평가액이 125억 5,300만 달러(약 15조 636억 원)가 됐다. 1999년 산정액이 32억 달러선이었다는 것을 고려하면 경이롭다는 표현이 어색하지

러시아에서의 삼성전자 TV 광고

않은 성과였다. 마케팅 전문가들은 삼성의 약진은 2004 아테네올림픽에서의 선전에 힘입은 바 크다고 말했다. 1999년부터 본격적으로 올림픽 마케팅에 뛰어든 삼성은 아테네올림픽에 무려 2,000억 원을 투자했다.

　삼성이 글로벌 브랜드로의 도약을 염두에 두고 세계적 컨설팅 업체 어니스트앤영Ernst and Young으로부터 전면적 컨설팅을 받는 등 새로운 전략 수립에 나선 결과였다. 특히 스포츠 마케팅에 힘을 기울여 1998년부터 모든 동계·하계 올림픽의 주요 스폰서로 나섰다. 이건희 회장에 대한 CEO 마케팅도 활발하게 이루어졌다. 덕분에 1999년 21%이던 세계시장에서의 인지도는 2004년 42%까지 껑충 뛰어올랐다. 삼성전자는 이들 해외법인을 통해 삼성의 브랜드를 높이는 데 총력을 다했으며 전 세계적인 축제인 올림픽 공식 스폰서로서 위상을 높였다.[16]

삼성전자 북미 지역의 경우 '삼성, 희망의 사계절Samsung's Four Seasons of Hope'로 대표되는 자선 마케팅을 펼쳐 현지에서 주목받았다. 2006년 6월 7일 뉴욕에서 개최돼 각계 유명인사와 삼성 유통 파트너 및 주요 언론 등 총 500여 명이 참석한 가운데 50만 달러를 모금했다. 블룸버그 뉴욕 시장은 이날 성명서를 통해 6월 7일을 '희망의 사계절 데이Four Seasons of Hope Day'로 선포하기도 했다. 삼성전자는 또 북미에서 청소년들을 위한 자선모금행사인 스타와 함께하는 '스쿨데이School Day' 행사를 진행했고 어린이들을 위한 자선 모금 행사인 '홈런포키즈Home Run For Kids' 행사도 펼쳤다.

삼성전자는 러시아 지역에서 톨스토이 문학상 제정, 갤러리 삼성 오픈, 국민 브랜드 선정 등 문화 마케팅에 주력했다. 최근 러시아의 툴라시 '야스나야폴랴나'에 위치한 톨스토이 생가에서 러시아 문학의 상징인 톨스토이를 기리고 러시아 문학 발전을 후원하기 위한 '제1회 삼성톨스토이 문학상' 시상식을 개최해 러시아 문화계를 파고들어 글로벌화를 위한 도약을 했다.

당시 삼성전자 CIS 총괄 장창덕 전무는 삼성전자는 러시아에서 볼쇼이 극장, 에르미따쥐 박물관, 올림픽 대표팀, 디나모 아이스하키팀 후원 등 예술과 스포츠 부문에서 다양한 활동을 펼치고 있다며 새로 제정된 삼성톨스토이 문학상으로 문화, 예술, 스포츠 등 러시아인들과 함께 호흡하는 '문화 대표 브랜드'로 인식되기를 기대한다고 밝혔다. 이와 같은 활동에 힘입어 삼성전자는 DVD·VCR 및 홈시어터 부문에서 러시아 국민 브랜드 나로드나야 마르까Narodnaya Marka로 선정되는 영예도 얻었다. 아울러 러시아에서 매년 선정 발표하는 '올해의 브랜드Brand of the Year' 시상식에서 '기업 명성과 신뢰도Reputation and Reliability' 부문에서 그랑프리를 수상하기도 했다.

중국에서는 디지털맨 선발대회, 만리장성 서비스 활동, 소비자의 날 행사 등 소비자와 고객만족을 위한 마케팅에 주력했다. 2001년부터 시작한 '삼성 디지털맨 선발대회'는 2004년까지 3년 동안 디지털 세대를 대상으로 영상 메시지 창작, 홈페이지 제작, 디지털 영상제 등의 행사를 통해 디지털 삼성의 이미지와 디지털 기술이 실생활에 주는 편리함을 소비자에게 알려왔다. 아울러 중국 소비자권익 보호의 날을 맞아 베이징, 상하이, 광저우 등 중국 30여 개 지역에서 진행된 '삼성 만리장성 서비스 활동' 또한 중국 현지인들로부터 좋은 반응을 얻었다.

중동과 아프리카 지역에서는 국제전시회 참여를 통한 제품 알리기와 고온의 기후에도 견디는 현지화된 지역형 제품을 통해 현지 마케팅에 주력했다. 이라크전 이후 2년 만에 개최되었던 '2004년 젯다 전자종합 박람회Jeddah Comdex 2004'에 참가해 사우디아라비아 시장 공략에 적극성을 보였다. 삼성전자의 지역특성을 살린 제품은 현지에서도 큰 인기를 끌었다. 특히 에어컨 제품은 2003년 동기 대비 약 70% 성장한 50만 대의 제품을 판매하는 기염을 토했다.

동남아 지역에서는 서비스, 마케팅 활동에 집중하는 '삼성시티'를 선정해 선택과 집중을 통한 마케팅 전략을 폈다. 동남아시아에서 삼성전자가 펼쳤던 '삼성시티' 프로젝트는 잠재시장 공략을 위한 지역 특화 마케팅 전략이었다. 삼성시티 프로젝트는 동남아시아 국가의 수도가 아닌 한 도시를 선정하고 서비스 마케팅 활동을 집중해 브랜드 인지도 향상과 매출 1위를 달성하면서 점차 지역을 확대해나가는 일종의 시장 선점 방식이었다.

특히 '삼성 디지톨 호프DigitAll Hope' 프로그램을 통해 디지털 문화를 전파하고 한류열풍을 이어간다는 전략이었다. 이와 관련 삼성전자는 총 60만 달러의 기금을 조성해 청소년 단체에 전달하고 국가별 사회단체를 통해 총 1만여 명이 디지털 교육 혜택을 받을 수 있도록 했다. 이러한 활동을 인정받아 미국 PR뉴스지에서 주관한 기업사회기여 경진대회에서 아시아 지역에서는 유일하게 이 프로그램이 기업사회기여상Corporate Social Responsibility을 수상하기도 했다.

유럽지역은 2004년 아테네 올림픽과 연계한 마케팅을 통해 현지인들에게 어울리는 감성 마케팅을 펼쳤다. 삼성전자는 올림픽이 열리기 전부터 성화 봉송 마케팅을 통해 전 세계인의 주목을 끌어냈으며 이동통신 사업자 및 유통업체와의 공동마케팅 강화, 대형 옥외광고 등 다양한 현지 마케팅을 전개했다. 발칸 지역의 중심지 불가리아에서도 그림 그리기 대회와 러닝 페스티벌 등 이색적인 브랜드 마케팅을 펼쳐 화제가 되기도 했다. 프랑스에서는 로댕박물관에서 디지털화질 기술인 DNIe 기술 등을 선보이며 프랑스 디지털 TV 시장에서 1위 브랜드로서의 입지를 확고히 하기 위한 '디지털 로드쇼'를 개최했다. 이 같은 노력에 힘입어 프랑스에서 LCD TV의 경우 2003년 12월 이후 1위를 유지했다. 서남아 지역에서는 인도 생산기지 활용한 제품 현지 생산하고 판매하는 등 철저한 현지화 전략 마케팅에 주력했다.

프리미엄 제품 개발 강화

2000년부터 삼성전자는 세계시장에서 경쟁력이 높은 신제품 개발에 박차를 가하고 세계 최초로 외부 LCD창을 장착한 듀얼 폴더폰, 내장형 카메라폰, 컬러 VOD폰 등을 잇달아 선보였다. 이처럼 신기술을 적용하거나 디자인을 차별화한 휴대폰을 경쟁사들의 제품보다 10% 이상 더 높은 프리미엄 가격으로 시장에 내놓았다. 최고의 기술로 만든 최고의 제품, 즉 '명품' 휴대폰이라는 이미지를 전달하기 위한 고도의 전략이었다.

삼성전자는 2002년 세계 휴대폰 시장에서 3위로 올라섰다. 세계 휴대폰 시장에 CDMA·GSM 방식 모두 컬러폰 풀 라인업을 갖춰 세계 컬러폰 시장을 주도해나갔다. 2003년에는 고화질 카메라가 내장된 카메라폰과 다양한 OS를 채용한 지능형 복합휴대폰 MITs, 동화상 통화가 가능한 IMT-2000폰 등 휴대폰 기술력을 바탕으로 한 고기능 화질 휴대폰을 세계 시장에 선보이며 시장 지배력을 더욱 강화해나갔다. 2004년에 휴대폰 한 대로 CDMA와 GSM 두 서비스 지역에서도 통화가 가능한 월드폰으로 미국 시장에 출시해 기술력을 인정을 받았다. 또한 들고 다니기 간편한 휴대폰에 디지털 카메라 기능을 융합한 카메라 폰 개발에 도전해 2004년 광학 3배줌 300만 화소 카메라폰을 출시한 바 있었다. 또한 2000년대 이후 페라리 디자이너와 뉴욕 디자이너와 함께 명품 마케팅 전략을 본격적으로 추진했다. 2001년에 출시한 듀얼폴더 SGH-A300는 영국에서 2002년 5월부터 판매를 시작해서 한 달 만에 100만 대를 기록을 세웠다. 2002년 5월 인도네시아 반둥 지역에 CDMA 장비를 공급했으며 8월에는 일본에 3세대 이동통신 장비를 수출했다. 2004년에 세계 최초로 중국 독자 방식의 3세대 이동통신 서비스 방식인 TD-SCDMA 전용 휴대폰을 개발하는 데 성공했다.

2002년 9월 삼성전자는 일본 미쓰비시와 전략적 제휴를 체결하고 모바일 기기용 카메라의 핵심 솔루션 칩 사업에서 양사의 역량을 집중키로 합의했으며 2002년 12월에는 일본 마쓰시타와 전략적 제휴를 맺고 차세대 영상기록 장치인 DVD 리코더 표준화의 세계적 주도권을 장악하기 위한 시동을 걸었다. 2003년 2월 프랑스 가스에서 열린 '3GSM 세계 콘퍼런스'에 삼성전자와 독일 인피니언이 공동으로 개발한 스마트폰용 반도체 솔루션 제품을 선보였다. 2003년 3월에는 산요와 '신형 에어컨의 공동개발과 상호협력', MS와 '윈도우 기반의 VoIP 단말기 개발'에 관한 기술을 제휴를 맺었다. 5월에는 미국 최대의 케이블망 서비스 업체인 컴캐스트Comcast와 신개념 '홈 AV센터' 사업을 추진했고 6월에는 MS, 인텔, IBM, HP, 소니 등 17개사와 홈 네트워크 국제 표준화를 주조할 DHWG를 건설했다. 삼성전자는 2003년 해외 반도체 생산기술 향상을 위한 '니노테트 3개년 투자계획'을 수립했다. 또한 2004년 삼성전자는 반도체사업을 과거 PC 위주의 시장에서 모바일과 디지털 컨슈머 제품을 포괄하도록 재편했다. 3개년 계획이 완료된 2005년에는 웨이퍼당 칩수를 기존 대비 40%나 증가시켜 획기적인 원가절감 효과를 거둘 수 있다.

삼성전자는 휴대전화용 메모리시장을 낸드플래시로 전환하기 위해 '원낸드OneNAND'라는 퓨전 메모리를 개발했다. 즉 디지털 캠코더와 MP3 플레이어 등 테이프나 소형 하드디스크를 사용하던 저장 매체 시장을 대체해 나가기 시작한 것이다. 2002년 국제 반도체회로 학술회의에서 신시장 창출에 따라 메모리 시장이 한 번 성장할 것이라는 자신감을 표명하기도 했으며 2003년에는 플래시메모리를 메모리사업의 주력으로 선정했다. 2004년 3월에는 중국 항저우에 시스템LSI연구소를 설립했다. 또한 이와 때를 같이 해 시스템LSI 부문의 차세대 65·45나노 로직기술에 대해서 미국의 IBM과 독일의 인피니언 등과 전략적 제휴를 맺었다.

그다음 퓨전메모리로 새로운 시장을 창출했다. 2000년대 이후 세계 최고의 토털 모바일 솔루션 업체로 거듭났는데 2004년 11월 세계 최초로 90나노 공정을 적용해 낸드플래시와 S램 및 로직을 하나의 칩에 집적한 1기가 원낸드 퓨전메모리를 개발했다. 21세기에 진입하면서 디지털 컨버전스 혁명이 중요한 과제로 떠오르자 세계적인 반도체 업체들은 D램 이후의 새로운 대안으로 '시스템 온 칩System on Chip' 개발에 적극 나서게 되었다. 2002년 2월 기흥사업에 SOC연구소를 설립하고 연구개발 방향도 소프트웨어를 강화하는 쪽으로 전환했다. 7월에 미국 마이크로소프트MS와 협력관계를 맺고 삼성전자의 SOC 제품에 마이크로소프트의 모바일용 운영체제OS를 지원키로 하는 등 차세대 모바일용 SOC 시장 공략에도 적극 나섰다.

삼성전자는 2002년 5월 세계 TFT-LCD 업계 최초로 하나의 생산라인에서 월 100만 개의 패널을 생산하는 '메가팹Mega-Fab' 시대를 열었다. 2002년 9월부터 가동한 5라인의 생산력을 월 7만 개 수준으로 끌어올린 것이다. 15인치 패널을 기준으로 기판당 15개의 LCD를 생산할 수 있어 1개 제조라인당 100만 개의 LCD를 양산할 수 있게 됐다. 2002년 11월 삼성전자는 대형 TFT-LCD 연간 생산량 1,000만 개를 돌파했다. 삼성전자는 2003년 10월 소니와 차세대 TV용 LCD를 생산하는 합작회사를 설립하기로 합의하고, 7세대 TFT-LCD 생산을 전담하는 합작사 'S-LCD' 설립을 위한 양해각서를 체결했다. 이로써 삼성전자는 차세대 디스플레이로 주목받는 TV용 LCD 시장에서 확고한 세계 1위 기반을 마련하게 되었다. 소니는 LCD TV 사업 확대를 위한 안정적인 공급처를 확보할 수 있게 되어 양사 모두의 이익에 되는 '윈윈 전략'이었다.

삼성전자는 2002년 10월 46인치 TFT-LCD를 세계 최초로 개발한 데 이어 2개월 만인 12월에 해상도를 2.25배 이상 향상시키고 크기도 8인치를 더 확대시킨 622만 화소급 54인치 TFT-LCD 개발에 성공했다. 초소형 벽걸이 TV 시장에서 LCD TV가 성공하기 위해서는 TFT-LCD의 장점인 화질의 우수성을 차별화하는 것이 중요했다. 그래서 삼성전자는 제품 대형화 개발과 함께 LCD의 시인성 향상에도 지속적인 노력을 기울여왔다. 2002년 54인치 LCD를 개발했다. 이때 5세대 양산 설비의 한계로 여겨지던 '52인치 벽'을 넘어 세계 LCD 업계를 놀라게 했는데 2003년 11월에는 세계 최대 크기인 57인치 TV용 풀 HD급 LCD 개발에도 성공했다. 2004년 10월 '2004 대한민국 기술대전'에서 TV용 57인치 LCD 패널이 영예의 대상인 대통령상을 받았다.

삼성전자는 탕정 크리스탈 밸리 조성과 함께 1차로 2003년부터 일본의 소니와 합작해 LCD 7세대 라인에 대한 본격 투자에 나섰다. 이렇게 삼성전자는 확정한 규격은 5세대 라인보다 3배이고 6세대 라인보다 2배의 생산성을 갖게 되었다는 것을 의미했다. 탕정 크리스털 밸리의 가동으로 삼성전자는 기흥, 천안, 탕정 등 3개 사업장에 TFT-LCD 생산체제를 갖추게 되었다. 2002년 9월에 5라인을 본격적으로 가동한 직후 곧바로 6라인 설비투자를 본격화했다. 중국시장을 선점하기 위해 핵심 산업 단지인 쑤저우에 LCD 공장 부지를 확보했다. 쑤저우 공장의 가동으로 LCD 생산에서 '거점별 특화 전략'을 펼쳐나가기로 했다.

2002년 삼성전자는 3세대 TV인 '플랫패널 TV'를 시장에 내놓았고 세계 TV 시장에서 1위에 올라선다는 목표를 세웠다. 다음 2002년 9월 중국 상하이 교통대학 내 중국 현지기업인 HDIC와 공동으로 디지털TV연구를 설립했다. 2003년 7월에 인도 뉴델리 인근의 노이다Noida 시에 '삼성 디지털미디어 소프트웨어 센터SISC'를 설립했다. 그리고 해외 생산거점 디지털 TV 생산 체제로 변화했다. 2002년 7월 스페인 TV 공장을 헝가리로 이전했고 2003년 7월 삼성전자는 슬로바키아 공장 준공으로 유럽연합EU, CIS 시장 현지화 경영을 강화했다. 2003년 6월에는 인도네시아 컬러 TV 공장에서 차세대 평판 TV인 PDP TV의 본격 양산에 돌입했다. 2004년 10월에 브라질에서 5년 만에 마나우스공장을 재가동했다. 중국 생산기지는 2004년 말 전송방식이 확정되면서 디지털 TV 생산라인을 대폭 늘렸다. 2005~2006년 디지털 방식이 확정될 것으로 예상되는 동남아시아 지역 공략을 위해 베트남, 태국, 인도네시아, 인도, 말레이시아 등지의 생산 공장에서도 본격적인 디지털 TV 양산체제를 갖추어나갔다.

2002년 3월 '백색가전 미래전략 발표회'에서 2005년까지 백색가전 부문에 연구개발비 5,000억 원, 시설투자비 5,000억 원 등 총 1조 원 이상을 투자하는 계획을 밝혔다. 이를 위해 신흥 가전 시장으로 부상하는 국가를 중심으로 현지 생산 기반을 확충하기로 하고 중국과 멕시코 등 5개 공장을 추가로 신설해 2005년까지 모두 9개의 국가에 11개 현지 생산시설을 갖추기로 했다. 2002년 7월 김치냉장고, 드럼세탁기, 에어컨 등 백색가전 제품을 대표하는 통합 브랜드로 '하우젠HAUZEN'을 발표했다. 즉 2002년부터 홈네트워크, 빌트인, 시스템 에어컨 등을 필두로 중국의 미래 가전 시장을 집중적으로 공략해 신규시장을 창출한다는 전략을 세웠다.

2002년 10월 유럽에서 건강과 환경을 고려한 시스템 에어컨 신제품인 건강 기능을 강화한 가정용 신제품과 붙박이형Built-in 시스템 에어컨, 산업용 모듈 시스템 에어컨 DVM 플러스 등을 선보이며 본격적인 시장 공략에 나섰다. 삼성전자는 2000년 6월 HP, 컴팩, 일본전기 등 전 세계 글로벌 회사 15개 업체와 컴퓨터 및 가전제품 부품 혹은 완제품 구매를 전자상거래로 가능케 하는 회사인 'eHITX'를 설립했다. 2002년 10월 독자 기술로 개발한 컬러 레이저 프린터 CLP-500, 500N을 시장에 선보였다. 다음 모니터 세계 1위를 차지했다. 2001년 세계 모니터 업계 최초로 '연간 2000만 대 돌파'에 성공했다. 2002년 삼성전자의 LCD 모니터가 미국 백악관에 입성했다. 2003년 미국의 최고 경제 전문지인 『포천』은 '올해의 베스트제품'으로 삼성전자의 모니터를 선정했다. 삼성은 2005년 홈-네트워크 기능이 강화된 양문형 냉장고를 출시했으며 시스템 에어컨 사업을 강화해 주력 품목으로 강조했다. 고급 제품군의 비중을 65%까지 끌어올렸으며 소형 창문형 에어컨, 2조식 세탁기, 단기능 전자레인지 등 이른바 로우엔드 제품은 향후 과감하게 축소하거나 단종시키는 등 글로벌화 및 성장을 위한 과감한 선택을 이어나갔다.

5

글로벌 시장에서의
초일류기업으로의 부상

스피드 경영

　삼성전자는 2007년부터 현재까지 마케팅 부분과 전 사업부를 상호 협력해 현재의 기업에 이르게 되었다. 2007년 사상 최대의 경영실적을 달성했으며 새로운 기술과 제품을 지속적으로 선보임으로써 시장은 더욱 확대되었다. 글로벌 기업을 꿈꾸던 초일류 글로벌 기업에 가까워지고 있었다. 이 시기에 친환경제품과 웰빙의 열풍으로 환경친화적인 스마트폰을 개발하면서 북미 정보통신전시회에서 전 분야가 가장 높은 점수를 받기도 하며 최고의 스마트폰으로 선정되기도 했다. 이러한 성과로 삼성전자는 개발, 마케팅, 구매, 제조 등 전 부서가 서로 긴밀하게 상호 협력해 효과적으로 시너지를 발휘했다.
　2008년과 2009년에는 국제적인 의사결정, 사고방식, 문화를 중심으로 중요시했으며 다양성도 중시했다. 다양성이 적절하게 적용되면 더 나은 비즈니스 의사결정을 가져올 수 있을 것이라 믿으며 글로벌하게 나아갔다. 예를 들어 러시아의 경우 현지인 경영 전략과 도시별 이원화 전략, 현지 고객의 요구에 맞춘 출시(여성 전용 휴대폰, 러시아어 키패드), 이미지를 중시하는 고가 프리미엄 전략을 통해 노키아와 0.8%의 차이로 2위를 했다. 휴대폰뿐만 아니라 가전제품에서도 철저한 시장분석과 리스크를 무릅쓰는 현지화된 제품으로 시장점유율 1위를 달성했다. 이렇게 삼성전자는 각 국가의 문화와 조직체계에 맞추는 전략으로 다가갔으며 초일류 글로벌 기업이 되었다.

2010년에는 매출액 기준으로 세계 최대 전자회사에 등극했으며 의료장비업체 메디슨을 인수해 사업을 글로벌하게 확장해 나아갔다. 또한 1998년 나가노 동계올림픽부터 공식 후원을 시작해 2004년 아테네 올림픽부터 무선통신 분야 톱 후원사 역할로 올림픽에 참여했고 2008년 베이징 올림픽에서는 '글로벌 올림픽 파트너'로 올림픽 무선통신 분야 공식 후원사 역할을 맡았다. 그 결과 시장점유율이 2008년 베이징 올림픽 개최 지난해 대비 12%에서 20%로 상승했다. 이는 삼성전자의 올림픽 마케팅 성공을 증명한 것이다.[17]

삼성전자는 2008년 이래 전사적 차원에서 많은 변화를 겪었다. 2008년 4월에 삼성전자를 성공적으로 이끌어왔던 이건희 회장의 퇴임이 있었다. 2009년 1월 대대적인 조직 개편을 통해 6개의 총괄체제가 완제품부문과 부품부문 등 2개의 부문으로 슬림화되었다. 수출과 주식시장 측면에서 한국경제에서 삼성전자의 위상은 2008년 세계 금융 위기를 분기점으로 더욱 높아지고 주도력도 강화되다. 게다가 글로벌 시장에서의 노키아의 추락과 대비되며 삼성전자는 빠른 추격자Fast Follower로서의 새로운 도약을 과시했다. 삼성전자는 제1차 반도체 추격 성공에 이어 그 바탕에서 다시 애플의 신산업 및 신시장의 기회 공간에서 제2차 휴대폰 추격에 성공했다.

삼성전자의 성공 요인으로 '스피드 경영'이 있다고 볼 수 있다. 치밀한 사전 준비와 함께 중요시하는 요소가 바로 '스피드 경영'이다.[18] 이러한 스피드 경영을 가능하게 하는 요인으로는 수직 계열화와 이에 기반을 둔 효율적인 공급망 관리 능력이 대표적이다. 흔히 전자 분야에서 애플과 삼성은 위탁 생산과 부품의 수직계열화vertical integration라는 대조적 생산 전략을 추구하는 것으로 대비된다. 애플의 생산 전략은 100% 위탁 생산으로 미국 캘리포니아에서는 설계와 디자인만을 할 뿐이다. 이런 방법은 생산량 조절이 쉽고 위험 분산 및 비용 절감을 가능하게 했다. 하지만 생산의 전략적 통제력이 약하다는 약점을 갖고 있다. 반면에 삼성전자는 주요 생산과 부품을 수직계열화했으며 이에 기반을 두어 '글로벌 스피드 SCM'을 구축하는 길로 나아갔다.

삼성전자 경영 방식의 특징을 표현하는 말에는 여러 가지가 있다. 삼성전자 자신들은 창조경영, 소프트 경영, 스피드 경영, 인재 경영, 디자인 경영, 감성 마케팅 등등을 내세운다. 그러나 특히 스마트폰 추격 성공으로 삼성전자 경영과 생산체제의 특징으로 효과적인 공급망 관리와 공급망 관리의 기반인 부품의 수직계열화 경쟁력이 크게 부각되었다. 공급망 관리 혁신 경쟁력이야말로 삼성전자의 성공 비결이다.

삼성전자가 공급망 관리에 힘입어 휴대폰 시장에서 노키아를 추격하고 애플에 도전하는 발판을 마련했다고 말해질 정도이다. 구조

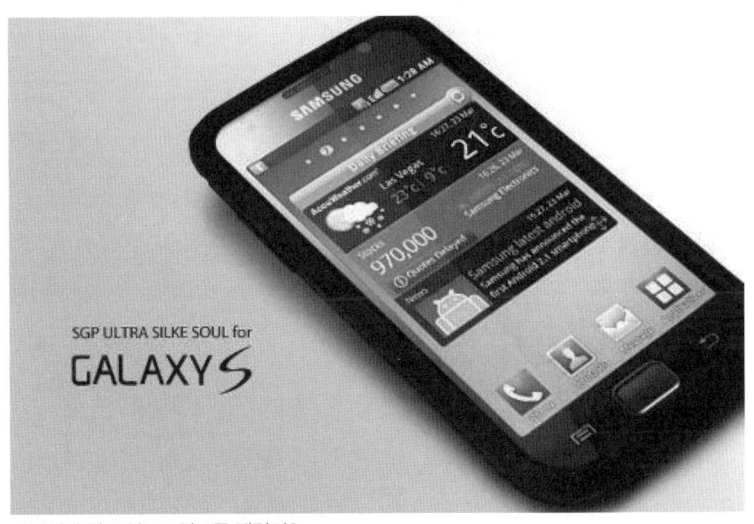

삼성전자 최초 안드로이드폰 갤럭시S

화된 시스템을 통해 제품의 제조와 유통과정에서 제품 흐름의 가시성이 확보된다. 삼성전자의 최고경영진과 핵심임원들은 자기 자리에서 PC를 통해 매일 전 세계 법인의 판매와 재고 정보를 확인하며 의사결정을 했다. SCM의 강점을 들자면 수요에서 원자재까지 공급망의 불확실성과 불투명성을 감소시켜 위험과 기회손실을 최소화한다는 점, 조직 및 프로세스 벽을 극복하는 판매 → 물류 → 제조 → 구매의 동기화 계획이 실현된다는 점, 글로벌 운영 최적화를 고려한 전략적 동시 공급 계획이 가능하다는 점이 있다.[19]

지속적 기술 경쟁우위의 창출

2009년까지 스마트폰의 강자는 크게 노키아, 애플, RIM, HTC의 4개 기업으로 나타났다. 삼성전자는 스마트폰 시장에서 이들을 추격하려고 애썼지만 기대에 미치지 못하는 점유율을 기록했다. 이에 스마트폰의 콘텐츠 경쟁력 강화를 위해 2008년 6월 정보통신총괄 산하에 미디어 솔루션 센터MSC, Media Solution Center를 신설했다. 미디어 솔루션 센터MSC는 콘텐츠 개발팀과 모바일용 콘텐츠 사이트팀인 삼성 펀 클럽SFC, Samsung Fun Club팀으로 운영되었다.

미디어 솔루션 센터는 외부의 앱 업체들을 끌어들일 수 있는 개방형 플랫폼을 만들었고 2009년 9월 앱스토어를 오픈해 고객들의 자유로운 콘텐츠 구입을 가능하게 했다. 또한 할리우드 스튜디오와 인터넷 기업들과 모바일 콘텐츠 계약을 체결하는 등 프리미엄 콘텐츠 확보에 나섰다. 삼성전자의 이러한 추격 노력의 성과는 2008년 4분기 실적을 통해 증명되었다. 스마트폰 시장에서 HTC 다음으로 5위를 차지했으며 높은 성장을 보여주었다. 비록 스마트폰 시장에서는 경쟁사보다 혁신에서 뒤처졌고 고전을 치르고 있었지만, 그래도 삼성전자의 기술적 우수성이 삼성 모바일을 지킬 것이라고 믿었다.

삼성전자는 2009년 약 20개의 스마트폰 모델을 출시하며 시장의 강자들을 추격하기 위해 힘썼다. 2009년 2월 모바일 월드 콩그레스MWC에서 HDMI 포트를 내장한 휴대폰을 통해 디지털TV를 비롯한 영상기기와 연결하는 등 가전과 휴대폰의 융복합화Cross-Device 기술을 선보이기도 했고 9월 시카고에서 열린 4G 월드 2009 콘퍼런스 앤 엑스포에서 몬디폰Mondi Phone으로 베스트 4G 상을 받으며 다가오는 4G에 대한 준비가 잘되어 있음을 증명했다. 이동통신 3세대의 스마트폰 시장 다음의 4세대에는 '손안의 PC'에서 한 층 더 나아간 소비자의 모든 전자제품을 '손안의 단말기'를 통해 연동시키는 시대가 올 것이다.

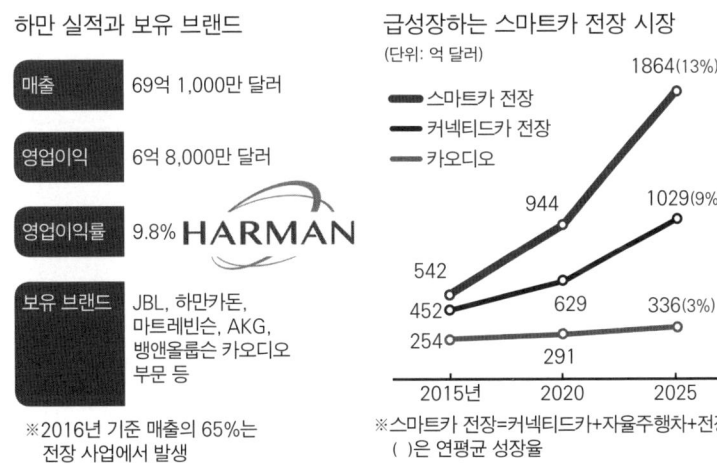

삼성전자는 지금도 매출의 약 7~8%를 연구개발에 투자하며 그 시대를 이끌 준비를 하고 있다. 최근 삼성전자의 가장 핵심이 되는 스마트폰 사업에서 경쟁에 뒤처지지 않기 위한 기술 개발 또한 계속해서 이루어지고 있다. 삼성전자가 자동차 전장그룹 하만Harman을 인수하며 전장 기술을 스마트폰에 탑재했고 매번 새로운 기술력이 반영된 스마트폰을 출시하고 있다. 또한 이러한 기술들을 연계해 스마트폰뿐만 아니라 새로운 시장으로의 진출 의지 또한 내비치고 있다.

해외직접투자를 통한 경쟁력 강화

삼성전자는 해외직접투자를 통해 제조비용을 절감시켜 가격경쟁력을 강화시켰다. 국제 분업 시스템을 확립해 국내 본사의 혁신기능을 강화했고 국내에서의 연구개발 인력과 같은 고부가가치 일자리 창출을 확대시켰다.[20] 삼성전자는 2009년 베트남에 대규모 휴대폰 공장을 설립해서 전체 휴대폰 생산의 50%를 이전시켰다.

삼성전자의 휴대폰 부문 베트남 사업장은 상용상품 생산에서 최적의 요건을 갖추고 있다. 먼저 베트남 사업장에서의 휴대전화 한 대당 인건비는 한국의 구미사업장의 6분의 1 수준이다. 또한 베트남은 근로형태와 근로시간에서 높은 유연성을 보이고 있다. 한국과 달리 베트남에서는 3회에 걸쳐 총 5년까지 기간제 활용이 가능하다. 연간 근무일수를 비교하면 베트남은 302일이고 한국은 249일이다. 연간 법정근무시간은 베트남이 2,416시간이고 한국은 1,992시간이다. 이로 짐작해보면 삼성은 해외직접투자를 이용할 때 저렴한 인건비를 최대로 사용 가능한 것이다.

또한 베트남은 매력적인 세제혜택 및 기타 인센티브까지 제공했다. 삼성전자 휴대폰 부문 베트남사업장은 베트남 정부에게 수출가공기업EPE, Export Processing Enterprise으로 선정되어 매년 1,600만 달러 이상의 제세 비용 절감이 가능했다. 특히 베트남사업장은 법인세 50년간 최우대(4년 면제, 12년간 5%, 34년간 10%), 관세 및 부가가치세 영구 면제 등의 파격적 세제 혜택을 적용받고 있어 해외 진출로 인한 효과가 상당했다.

6
세계 전자산업을 주도하는 리더로서의 도전

    삼성전자는 2011년에 세계경제포럼에서 발표하는 지속가능경영 우수 100대 기업에 국내에서는 유일하게 선정되었다. 또한 온실가스 감축 등 우수한 녹색경영 성과 및 지속가능 경영보고서에서 높은 평가를 받았다. 2011년 삼성전자는 반도체사업에서 굳건한 시장 리더십을 더욱 강화했다. 20년 연속 반도체 D램 부분에서 1위 자리를 지키고 있는 등 휴대폰 갤럭시S는 글로벌 스마트폰 시장에서 선도기업으로 위상을 강화했다.

    하지만 2012년 글로벌 경기 위축이 예상되어 이러한 경영 환경의 불확실성을 대비하면서 기존 사업 부문의 시장경쟁력을 강화하는 동시에 성장해나갔다. 또한 글로벌 IT업체들과의 크로스 라이센스 협력을 확대해 특허 동맹을 지속적으로 강화하고 있으며 미국 특허 등록 2위 등 파트너십을 통해 특허 역량을 확보해 다양한 시너지 효과를 창출했다. 이렇게 발전한 삼성전자는 2014년 사업부

2016년 전세계 매출별 상위 10대 반도체 공급업체

(단위: 백만 달러)

2015년 순위	2016년 순위	공급업체	2016년 매출	2016년 시장 점유율(%)	2015년 매출	2015~2016년 성장율(%)
1	1	인텔	54,091	15.7	51,690	4.6
2	2	삼성전자	40,104	11.7	37,852	5.9
4	3	셀컴	15,415	4.5	16,079	-4.1
3	4	SK 하이닉스	14,700	4.3	16,374	-10.2
17	5	브로드컴	13,223	3.8	4,543	191.1
5	6	마이크론 테크놀로지	12,950	3.8	13,816	-6.3
6	7	텍사스 인스트루먼트	11,901	3.5	11,635	2.3
7	8	도시바	9,918	2.9	9,162	8.3
12	9	NXP	9,306	2.7	6,517	42.8
10	10	미디어텍	8,725	2.5	6,704	30.1
		기타	153,181	44.6	160,562	-4.6
		총계	343,514	100.0	334,934	2.6

출처: 가트너(2017년 5월)

문별로 주요제품이 나뉜다.

 IM 부문에서는 프리미엄 스마트폰 시장 리더십을 기반으로 글로벌 스마트폰 1위 위상을 꾸준히 지키고 있다. 고객들을 만족시켜 주기 위해 연구개발을 중점적으로 끊임없이 노력하는 중이다. CE 부문에서는 2014년까지 FPTV LCD TV, 전체TV 시장에서 세계 1위를 유지하고 있으며 냉장고와 세탁기 등 생활가전사업 역시 혁신적인 신제품 출시와 차별화된 디자인으로 프리미엄 시장에서 큰 영향을 미치고 있다. DS 부문에서는 세계 최초로 D램 20나노 제품의 개발과 양산 안정화를 완료해 기술과 원가 경쟁력을 바탕으로 초격차 전략을 실현하고 있다. 첨단공정을 기반으로 차별화된 제품 라인업을 확대하고 최적화된 제품을 공급함으로써 반도체업계의 시장 리더로서 선도적인 지위를 지속적으로 강화해 가고 있다.

  삼성전자는 2015년까지 지속적으로 추구하던 친환경 제품, 동반 성장을 통한 생태계 구축, 제품을 통한 사회 공헌, 글로벌 네트워크 등을 강화시키면서 성장을 거듭하고 있다. 2016년에는 지역총괄, 글로벌 생산거점, 글로벌 연구개발, 글로벌 디자인센터, 판매 거점 등을 보유한 글로벌 기업이 되었다. 생활가전부문, 프린팅솔루션, 의료기기, 무선사업, 네트워크사업, 메모리사업, 시스템사업을 중심으로 글로벌하게 나아가고 있으며 조직 부문별 체계적인 리스크 대응과 리스크 관리에 대한 감독을 강화하고 있다. 특히 네트워크사업부에서는 글로벌 시장 입지를 확대하고 있고 새로운 통신기술과 표준 분야에서 리더십 확보를 추진하고 있다. LTE 선도 시장인 한국, 미국, 일본에서 주요 사업자와 3밴드 주파수집성, 가상화 기술 등 최신 기술을 제공해 고품질 통신서비스를 가능하게 하고 차세대 통신기술 개발에도 앞장서고 있다.

  또한 글로벌 경쟁력 강화와 연구개발 전문가를 육성하기 위해 2009년부터 마스터제도를 운영해왔다. 연구개발 전문가를 일종의 기술 부문 리더로 간주해 해당 분야에만 전념할 수 있게 함으로써 지속적으로 성장할 수 있도록 한 것이다. 마스터가 되면 본인의 전문 분야 연구에 전념하며 다양한 활동을 하게 된다. 세계로 뻗어나가는 데 마스터들이 큰 활약을 하고 있다. 이러한 마스터 제도를 통해 기술 한계를 돌파하고 업계 리더십과 미래 사업 경쟁력을 글로벌하게 더욱 강화해나가고 있다. 또한 프로세스 혁신 관리를 적극 추진하고 있다. 사업 운영 최적화를 위해 프로세스의 가시성, 속도, 유연성을 강화하고 있다. 또한 전 세계 사업장의 판매 및 공급 계획 수립과 실행을 신속하게 수행하고 있다. 그뿐만 아니라 사내 여러 조직 간의 정보 공유뿐만 아니라 시장변화에 신속하게 대응하며 성장하고 있다. 이러한 제도와 프로세스 관리를 통해 삼성전자는 치열한 글로벌 경쟁 환경하에서 시스템 구축 시간을 단축하는 등 스피드 경영의 기반을 보다 더 확고히 했다. 삼성전자는 제품 개발, 부분 시장 1위를 통해 초일류 글로벌 기업이 되었으며 지금은 비전 2020 목표를 향해 나아가고 있다.

3장

다각화의 삼성이 정상에 오르기까지

1
삼성 반도체 사업 40년
도전과 창조의 역사

　삼성전자 반도체 사업의 역사는 1974년 12월 한국반도체 인수로 시작되었다. 미국과 일본은 1950년대에 이미 반도체산업을 시작했으니 늦은 출발이었다. 당시 미국과 일본에서는 컴퓨터와 반도체가 화두였다. 미국은 1947년 윌리엄 쇼클레이에 의해 세계 최초로 트랜지스터TR를 개발했고 1959년에 페어차일드가 집적회로 IC 개발을 하면서 세계 반도체산업의 문을 열었다. 반면, 한국의 반도체산업은 1965년 미국 코미그룹의 투자로 설립된 코미반도체로 시작했다. 그리고 1974년 1월에는 켐코KEMCO와 미국 현지법인인 IC Ⅱ가 합작해 선진국형 고부가가치를 창출하는 웨이퍼 가공생산을 위해 한국반도체가 설립되었다.
　당시 삼성전자는 세계 오일 파동으로 경영난을 겪게 되었고 이를 계기로 부가가치가 높은 첨단 하이테크 산업에 진출해야 한다고 확신했다. 전자부문을 살릴 수 있는 길은 오직 핵심부품인 '반도체의 자급'이라 판단해 1974년 12월 한국반도체를 인수했다. 이건희 회장은 반도체 투자에 대한 내부 반대 의견이 많았지만 반도체야말로 삼성전자의 미래 씨앗이 될 것이라 확신하며 과감한 선행투자를 했다. 한국반도체를 반도체사업부로 흡수 개편을 단행하며 내실을 기했으나 자체 기술이 없는 반도체사업은 나날이 고전을 겪게 되었다. 이러한 반도체사업의 부진을 경험 부족이라 판단한 고 이병철 선대회장은 삼성보다 훨씬 앞서 반도체사업을 해온 반도체 선진기업들에게 자문을 구하지만 일언지하에 거절당했다. 그런데 이러한 거절은 오히려 삼성전자가 반도체사업에 진출하는 원동력으로 작용했고 고 이병철 선대회장은 반도체에 관심을 갖고 본격적으로 연구하기 시작했다.

 1983년 2월에는 창업주인 이병철 회장이 D램 사업에 진출한다는 '도쿄 선언'을 발표했다. 반도체사업은 인구 1억 이상, GNP 1만 달러 이상, 국내 소비 50% 이상이 되어야 가능한 사업이다. 그런데 당시 한국은 이 중 어느 하나도 만족시키지 못하고 있었기 때문에 "3년 안에 실패할 것이다." "TV도 제대로 못 만드는데 최첨단으로 가는 것은 위험하다." 등 재계의 반대 여론과 업계의 냉소가 뒤따랐다. 하지만 삼성은 반도체사업이 사업보국을 실현시킬 수 있는 산업이라 확신했고 정면 돌파에 나섰다. 더욱 놀라운 것은 선언과 동시에 64K D램 기술 개발에 착수한다는 발표였다. 당시 국내 반도체사업은 반제품을 들여다 가공 조립하는 수준이었다. 삼성의 경우 가전제품용 고밀도 집적회로LSI를 간신히 생산하는 단계에 불과했다. 누가 봐도 선진국형 고부가가치를 창출하는 D램 생산은 무모한 도전으로 느껴졌다. 하지만 삼성전자는 64K D램 개발을 발표하기까지 수차례의 시장조사, 사업구상, 인재영입과 육성을 통해 반

메모리반도체와 비메모리반도체의 특징

구분	메모리반도체	비메모리반도체
사진		
용도	정보 저장	정보 처리
종류	D램, S램, 플래쉬 메모리	중앙처리장치CPU, 아식ASIC
특징	소품종 대량생산 높은 수요 기능 단순 단기 집중투자 가능(자본집약적)	다품종 소량생산(주문형 생산) 세계 반도체시장의 80% 차지 고부가가치형 기술 소투자 고수익 가능

도체사업의 미래를 그려나가기 시작했다.

1983년 반도체사업 진출 선언과 함께 첫 번째 메모리 제품 사업으로 대량생산이 가능한 D램을 선택했고 당시 세계 D램 시장의 주력 제품인 64K D램 개발을 그 해 5월부터 착수했다. 그리고 불과 6개월 만인 1983년 12월 1일에 국내 최초로 64K D램 개발에 성공하며 미국이나 일본보다 10년 이상 격차가 났던 반도체 기술을 4년 정도로 단축시켰다. 또한 기흥 지역을 공장 부지로 최종적으로 확정하고 일반적으로 2~3년이 소요되는 공사를 착공 6개월 만에 완공하며 국내 반도체산업의 메카 '기흥밸리'를 탄생시키는 기적을 이뤄냈다. 64K D램의 호황이 끝나기 전에 시장에 진입해야 한다는 일념하에 설계와 시공 등 모든 작업을 동시에 추진하는 '동기화同期化 전략'을 펼치며 전 임직원이 일심동체가 되어 착공에 힘을 모은 결과였다.

그 후 1992년 삼성전자는 64M D램을 세계 최초로 개발해 메모리 강국인 일본을 처음으로 추월하며 선두 반열에 올라섰다. 1994년 256M D램, 1996년 1Gb D램을 세계 최초로 연달아 개발하면서 차세대 반도체 시장을 주도하게 된다. 2002년에는 손가락 마디만한 USB 메모리의 대중화, 원낸드(OneNANDTM 낸드플래시+노어플래시) 개발, 2006년 차세대 메모리 사업 육성을 위한 원D램OneDRAMTM 개발, 2007년 대용량 초고속의 플렉스 원낸드Flex-OneNANDTM 개발로 고성능 스마트폰에서 퓨전 메모리 시대를 열었다.

1990년대 중반부터 비메모리(시스템LSI) 분야를 반도체 신성장 동력으로 삼기 시작했다. 1994년 멀티미디어용 정지화상과 동화상을 압축하고 재현할 수 있는 세계 최고 디지털 신호 처리기DSP, Digital Signal Processor의 국내 최초 개발을 시작으로 1GHz 차세대 듀얼코어 모바일 스마트폰 중앙처리장치AP, Application Processor 출시와 모바일 AP 브랜드 '엑시노스Exynos' 론칭으로 시스템LSI 사업의 글로벌 위상을 높이고 있다. 또한 CMOS 이미지 센서는 2년 연속 휴대폰용 센서 분야에서 시장점유율 1위를 차지하고 있으며 감도를 획기적으로 향상시키는 이면조사형 센서 기술에서도 앞서 가고 있다.

2

TV 시장에서의 세계 1위 재패

삼성전자는 흑백 TV에서는 60여 년, 컬러 TV에서는 30여 년이나 뒤늦게 시작해 스마트, 3D, LCD, LED에 이어 이젠 QLED까지 세상에 없던 새로운 TV를 만들어냈다. 그리고 대부분의 평가에서 부동의 1위를 지키며 세계 TV 시장을 장악하고 있다. 각각의 TV들은 다양한 전략들을 싣고 세상에 나온다. 이러한 전략들을 살펴본다면 늦깎이 삼성이 소니를 꺾은 것은 물론 현재의 TV 1등으로 성장할 수 있었던 이유를 알 수 있을 것이다.

디지털 TV는 과감한 투자 전략을 싣고 시장에 나오게 되었다. 삼성전자는 현재의 최신 기술을 탑재한 TV가 나오기 한참 전부터 디지털에 많은 관심을 보였고 TV 시장의 판도가 디지털로 옮겨가는 시기를 놓치지 않고 잘 파악했다. 그 당시 500억 원의 개발비와 10년의 기간 수백 명의 연구원을 투입하는 등 필사적으로 매진했다. 그 과정에서 수많은 특허를 등록하고 핵심 기술을 축적해

삼성전자 TV의 역사

1972	국내용 흑백 TV 생산
1976	컬러 TV 자체 개발 및 생산
1994	명품 TV (월드베스트 최초 제품)
1996	명품플러스원 TV
1998	세계 최초 디지털 TV 출시 (미국)
2000	LCD, PDP TV 출시
2001	63인치 PCP TV 출시
2002	세계 최대 40인치 LCD TV 출시
2006	보르도 LCD TV 출시 (세계1위 등극-TV사업 34년 만)
2007	2007년형 보르도 LCD TV 출시
2008	크리스털로즈 TV 출시
2009	빛의 TV- LED TV 출시
2010	풀HD 3D LED TV 출시
2012	음성, 동작 인식 3D 스마트 TV 출시
2017	QLED TV 출시 (TV 11년 연속 1위)

나아갔다. 그 결과로 1998년 미국 세계무역센터에서 세계 최초의 디지털 TV를 출시해 기존의 거대 기업들과 견줄 만한 글로벌 기업으로 성장하게 되었다.

LCD TV는 현지화와 글로벌 전략을 싣고 세계시장에서 입지를 다졌다. 삼성은 특히 세계 시장 장악의 가장 우선순위인 미국 현지 시장에 공을 들였다. 고객 반품이 많은 미국 시장을 파악한 후 콜센터를 구축하고 품질관리 프로그램을 만들어 현지 고객에게 초점을 맞추었으며 현지인으로 구성된 심사단들을 뽑아 평가하고 그 의견들을 반영해 디자인 안을 수정했다. 또한 미식축구리그NFL에 2006년부터 후원하게 됐는데 이후로부터 삼성에 대한 미국 시장의 좋은 인식이 생겼다. 이 전략은 보르도 LCD TV와 함께 2006년 미국 내 점유율 20%와 세계 TV 1위 타이틀을 얻는 영광을 안겨주었다.

미국 무대를 휩쓴 후 삼성은 유럽으로 향했다. 미국 시장 1위는 사실상 세계시장 1위를 뜻했고 세계적 패션 회사인 아르마니와 전략적 마케팅 제휴를 맺을 만큼 성장하게 되었다. 두 글로벌 기업이 공동으로 기획 제작한 '아르마니 삼성 LCD TV'는 TV가 단순히 뉴스나 드라마를 보는 디스플레이만이 아니라 오랫동안 간직할 수 있는 명품 가구 역할까지 하며 기존 TV 이외에 프리미엄 TV를 생산하는 기업의 역량까지 보여주었다.

LED TV는 기술 결합 전략을 싣고 꾸준히 출시되고 있다. 이제는 스마트 패러다임을 반영한 스마트 미디어 시대이고 소비자들은 프리미엄과 다양한 서비스, 즉 즐기는 TV를 원했다. 삼성전자는 이러한 니즈를 파악해 2010년 하반기에 다양한 기술들이 더해 진화된 '스마트' LED TV를 선보였다. 스마트 TV는 기존 인터넷 기능은 물론 삼성이 자체적으로 개발한 '삼성 앱스'의 앱을 다운로드해서 사용할 수 있으며 국내와 미국을 시작으로 유럽지역까지 국가별로 특화된 프리미엄 로컬 콘텐츠 서비스를 제공했다. 스마트에 이어서 증강현실에 눈을 돌려 LED와 스마트를 넘어 3D 기술까지 TV에 탑재했다. TV 개발을 멈추지 않고 꾸준히 개발에 힘써 3D TV를 출시했고 끝까지 놓지 않은 전략은 현재까지 부동의 TV 1위로 만들어주었다.

우리는 현재 삼성이 세계적 기업이 되어 있는 시대를 맞이했으며 전세계 TV 5대 중 1대에서 삼성 로고 SAMSUNG을 볼 수 있는 삼성전자의 파워를 체감하며 살아가고 있다. 그래서 삼성 TV가 국내 최초의 TV가 아니었다는 사실을 들었을 때 다소 놀란다. 한국 최초의 흑백 TV는 금성사에서 출시한 TV였고 그 후 1972년에 삼성전자에서 흑백 TV를 생산하게 되었다. 시간이 흘러 컬러 TV 시대가 오면서 1976년 삼성은 컬러 TV 개발에 성공하게 된다. 2009년에는 LED TV, 2011년 3D TV, 2012년 스마트 TV, 2013

년 UHD TV, 가장 최근에는 QLED TV까지 선보이며 11년째 세계 TV 1위 자리를 놓치지 않고 있다. 해마다 새로운 기술을 더한 제품들을 꾸준히 출시해 '세계급'이라는 수식어를 단 기업이 되었다.

 삼성전자가 세계 '최초' '최고'라는 수식어를 붙일 수 있었던 이유는 계속 앞으로 나아가는 추진력과 진보된 기술과 혁신적인 제품으로 세간의 이슈를 주도하는 힘에 있다. 그럼 삼성전자가 세계 거대 기업 소니를 제친 방법은 무엇이었을까? 소니는 디지털 시대를 향해 달리지 않았고 그러면서 몰락이 시작되었다. 과거에 머물러 새로운 시대를 잡지 못하다 보니 기존의 방식들만 강조하거나 디지털 평판 TV 시장에 들어가는 시기가 늦어지고 직접 LCD 패널을 만들지 못해 경쟁사인 삼성이나 샤프에서 패널을 사서 만들기까지 했다.

 반면 꾸준히 앞으로 나가는 삼성전자는 소니가 단꿈에 취해 있을 때 다가온 시대를 향해 나아갔다. 삼성전자의 전략은 경쟁사가 뒤쫓아오는 사이 더 빨리 업그레이드된 제품을 개발해 한 발 더 앞서가는 방식이었다. 삼성은 하드웨어뿐만 아니라 평면 패널 TV와 스마트폰 등 새로운 사업 분야에 집중하게 되었다. 그 결과 미국 특허상표국 특허출원의 경우 2004년 삼성전자가 1,604건으로 6위를 기록했다. 반면 소니는 1,305건으로 10위에 머물렀다. 시가총액에서는 2005년 9월 기준 삼성전자 100조 900억 원, 소니 36조 9,257억 원으로 약 3배의 차이를 냈다. 2006년 상반기 20.2%의 미국 시장 디지털 TV 시장점유율을 기록하며 19.6%를 기록한 소니를 추월했다. 2006년에 삼성전자가 브랜드 가치 161억 달러로 20위를 기록했는데 소니는 116억 달러로 26위에 머물렀다.

3

스마트폰으로 추격자에서 선도자로 부상

　스마트폰은 휴대전화에 인터넷 통신과 정보검색 등 컴퓨터 지원 기능을 추가한 지능형 단말기이다. 1992년 최초의 스마트폰이 개발되었지만 비싼 가격과 호환 등의 문제로 대중화되기까지 많은 시간이 걸렸다. 해외에서는 스마트폰의 보편화가 시작되고 있었지만 국내에서는 2008년이 되어서야 뒤늦게 삼성전자의 '옴니아I' 출시로 스마트폰 시대가 도래했다. 하지만 단점이 많아서 시장에서 철저히 외면당했다. 2009년 3G 기능이 도입된 애플의 '아이폰3G·3GS'가 출시되며 스마트폰 전성기가 시작되었고 삼성은 아이폰 대항마로서 이전의 단점들을 보완해 '옴니아II'를 선보였지만 옴레기(옴니아 쓰레기)라는 별명을 얻으며 국내외 소비자들로부터 강한 비난을 받았다. 하지만 여기서 포기할 삼성전자가 아니었고 안드로이드 운영체제를 채택한 갤럭시S 시리즈를 2010년 선보이며 극적인 반전 드라마를 연출했다. '스마트폰=아이폰'으로 굳어진

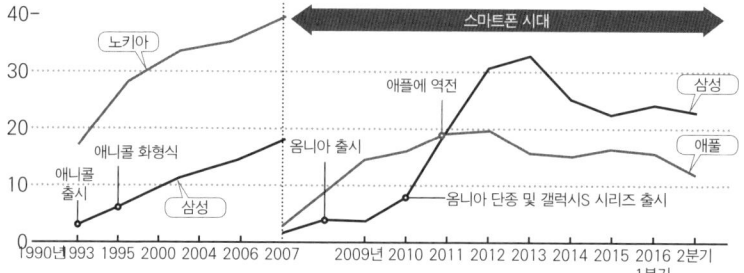

2007년 이전은 휴대전화 전체 점유율, 2007년 이후는 스마트폰 점유율 기준.
(자료: 한국국제경영관리학회·SA)

시장 구조에서 확실한 대항마로 자리잡은 것이다. '아이폰 카피'에 불과했던 추격자 삼성전자는 시장 진입 4년 만에 애플을 역전하고 선도자로 자리매김하게 되었다.

2008년~2009년 삼성이 '옴니아 Ⅰ, Ⅱ'에 적용한 운영체제는 마이크로소프트의 윈도 모바일 운영체제였다. 독자적인 운영체제인 iOS로 높은 호환성과 품질을 자랑하는 애플과 달리 옴니아 시리즈는 윈도 운영체제와의 최적화에 실패하며 느린 속도, 잦은 고장, 아이폰처럼 쓸 만한 앱을 사용할 수 없다는 한계점으로 소비자들에게 큰 외면을 받았다. 애플과 같이 독자적인 운영체제인 바다 OS를 개발해 웨이브폰을 출시했지만 기술력의 부족으로 큰 성과를 얻지 못했고 개발을 종료했다.

구글은 애플의 iOS에 대항하기 위해 소프트웨어 업체인 안드로이드를 인수해 완전 개방형 모바일 플랫폼 개발을 위한 단체인 오픈 핸드셋Open Handset Alliance을 구축했고 윈도 운영체제의 단점을 보완하기 위해 삼성전자도 이에 참여했다. 윈도 운영체제에서 안드로이드 운영체제로 변경하며 브랜드명을 애니콜에서 갤럭시로 바꾸었고 안드로이드 운영체제를 도입한 첫 스마트폰 '갤럭시S'를

2011년 출시했다. 같은 해 세계 4대 전자제품 박람회인 모바일 월드 콩그레스MWC 2011에서 보급 라인부터 프리미엄 라인까지 다양한 스마트폰 라인업을 공개하며 단일 모델에만 주력하는 애플에 다각화 전략으로 승부를 걸었다.

삼성전자는 다각화 전략으로 누적판매량을 높여 2011년 4분기에 부동의 1위일 것 같았던 애플의 시장점유율을 역전하며 세계 1위에 등극했다. 업계 1위에 빛나는 애플을 역전하기 위해서는 다양한 전략이 필요했다. 삼성은 현지화와 가격전략을 이용했다. 현지 사정에 맞도록 미국과 유럽 시장에서는 프리미엄 스마트폰에 집중했으며 인도, 중국, 인도네시아, 베트남 등 신흥시장에서는 중저가의 보급형 스마트폰으로 시장점유율을 높였다. 표면적으로 삼성이 애플을 이긴 듯 보이지만 오직 판매량에 한정된 결과이다. 이익 기준으로 본다면 아직 삼성은 애플의 적수가 되지 못했다. 2012년 4분기 기준으로 애플은 130억 7,800만 달러(약 14조 2,158억 원)이며 삼성전자 IM 부문은 5조 4,400억 원의 영업이익을 기록했다.

삼성의 판매량이 더 높지만 애플의 이익이 배 이상으로 높은 이유는 무엇일까? 이는 첫째, 삼성전자가 저가로 승부했기 때문이다. 애플의 평균 판매단가는 620달러인 것에 반해 삼성전자는 260달러이다. 저렴하게 판매하니 판매량이 많았던 것이고 저렴하게 판매하는 만큼 순이익은 적은 것이다. 둘째, 삼성의 프리미엄 스마트폰 매출은 애플의 절반에 미치지 못했다. 이는 고가폰 시장에서는 아직 애플에게 상당히 밀리고 있음을 의미했다. 글로벌 스마트폰 시장에서 계속 우위를 차지하기 위해서는 고가폰 시장을 공략해야 하지만 후발주자인 삼성전자가 들어가기에 북미와 유럽의 스마트폰 보급률이 50%가 넘은 것으로 보아 이미 시장은 포화 상태로 진입해버렸다. 또한 애플과 삼성 두 기업 간의 경쟁시대는 지났으며 하드웨어 평준화로 새로운 진입자들이 생겨나 경쟁이 치열해진 상황이다. 삼성이 애플뿐 아니라 스마트폰 시장에서 세계 1위의 자리를 유지하기 위해서는 하드웨어뿐 아니라 소프트웨어에서도 혁신에 혁신을 거듭해야 할 것이다.

애플은 2011년에 자사의 디자인권과 기술 특허를 침해했다며 삼성전자를 상대로 대한민국, 네덜란드, 독일, 미국, 일본에서 소송을 제기했다. 독일 법원은 애플의 가처분 신청에 따라 '삼성 갤럭시 탭 10.1'의 유럽 지역 판매와 마케팅 활동의 중지를 명령했다. 이에 대해 삼성전자는 애플이 법원에 제출한 '갤럭시 탭 10.1'의 비율이 '아이패드2'와 가깝도록 증거사진을 조작했다고 이의를 제기했고 법원은 이를 받아들여 다시 판매와 마케팅 활동을 허용했다. 미국 법원에서도 유사하게 '갤럭시S'의 크기와 비율을 조작해 제출한 것이 확인되어 해명을 요구했으나 애플은 답변을 거절했다. 애플이 소송을 제기했을 뿐만 아니라 왜곡된 증거사진까지 제출한 것을 보면 무서운 기세로 상승하는 삼성이 상당히 견제되었던 것으로 보인다.

2012년 미국에서의 소송전은 격렬한 공방이 있었지만 애플의 일방적인 승리로 끝났다. 배심원들은 애플이 삼성 때문에 입은 피해액을 10억 달러 이상으로 판결했다. 반면 삼성이 주장한 특허는 단 한 건도 인정되지 않았다. 최악의 결과가 된 것이다. 이날 삼성전자의 주가는 7.45% 하락해 역대 주가 하락 리스트에 기록되었다. 하지만 2016년 12월 미국 대법원은 삼성과 애플의 상고심 판결에서 대법관 8명 전원일치로 삼성전자의 손을 들어주었다. 디자인 특허 침해로 삼성이 부과받은 배상금 3억 9,900만 달러가 재산정되어야 한다는 최종 판결이 나온 것이다. 소송 결과를 보면 삼성전자는 확실히 애플 디자인을 모방했다. 하지만 이 길고 뜨거웠던 공방에서 최종 승소함에 따라 단순 카피캣이 아닌 모방을 통해 혁신한 기업이 되었음에 큰 의미가 있다. 또한 두 기업의 격렬한 다툼은 애플 일변도의 스마트폰 시장에서 '애플 대 삼성'의 양강 구도가 형성되었다는 점을 역설적으로 보여주기도 했다.

갤럭시 노트 시리즈는 유독 국내에서만 인기가 높은 라인업이었다. 해외에서는 국내만큼의 성과를 거두지 못했으나 2016년 갤럭시 노트7의 출시를 앞두고 외신들은 "현 세대 가장 강력한 스마트폰이다." "아이폰에서는 찾을 수 없는 환상적인 기능들이 담겨 있다."라고 하며 유례없는 긍정적 평가를 했고 아이폰7보다도 갤럭시 노트7에 대한 관심도가 더 높은 상황이었다. 항상 경쟁자를 의식하는 패스트 팔로워에 머물렀던 삼성이 퍼스트 무버First Mover로 앞서 나갈 기회였다. 그렇게 2016년 8월 갤럭시 노트7이 정식 출시되었다. 하지만 출시한 지 얼마 지나지 않아 국내외에서 배터리 과열로 폭발 사고가 상당수 발생했다. 일부 국가의 항공사들은 기내 반입 금지 조처를 했다.

미국은 사용 중단을 촉구하고 삼성전자에 공식 리콜을 신청했다. 2016년 9월 삼성전자는 배터리 설계 결함으로 판단해 판매된 갤럭시 노트7 전량을 리콜하고 배터리 전량 교체 작업 후 소비자들에게 돌려보냈다. 하지만 교체 후에도 폭발 사고가 계속적으로 일어나 결국 10월 갤럭시 노트7은 단종 소식을 전했다. 이후에도 토크쇼에서 비아냥의 소재로 쓰일 정도로 이미지가 크게 실추되었고 주가 역시 장중 5%까지 급락할 정도로 창사 이래 최대의 난관에 부딪혔다. 하지만 삼성전자는 최하위로 떨어진 것에 머무르지 않고 전화위복의 기회로 삼았다.

삼성 SDI는 안정성을 확대하기 위해 역대 최대 규모로 임직원들을 투입해 '제품 안정성 혁신 TF'를 설치했고 제조와 기술 부문에서 전수 엑스레이 검사 프로세스를 추가하며 100만 분의 1의 확률도 놓치지 않는 '제로 디펙트Zero defect' 시스템을 구축했다. 갤럭시노트7 발화 원인을 조사하는 과정에서 쌓인 기술적인 경험과 노하우로 보다 철저한 검증 환경을 갖춰 완제품에 대한 검증을 크게 강화하도록 테스트를 진행하였다. 소비자들은 지난 사건으로 삼성전자를 외면하지 않았다. 갤럭시 S8 출시를 두고 전세계의 이목이 집중되었고 삼성전자 역시 명예회복을 위해 전에 없던 혁신적인 디자인과 기능을 도입했고 마케팅 부문 임원을 전진 배치하며 적극 마케팅에 힘썼다.

그 결과 삼성전자 스마트폰 사업은 갤럭시S8의 예상을 뛰어넘는 활약에 힘입어 재도약에 성공했다. 갤럭시S8는 전작 갤럭시S7 성과를 뛰어넘으며 2016년 불명예 단종된 갤럭시노트7의 그림자를 말끔히 지웠다. 갤럭시S8는 한국에서 선개통된 지 약 한 달, 글로벌 출시 약 3주 만에 1,000만 대를 넘었다. 갤럭시S8는 갤럭시 시리즈의 글로벌 1,000만 출하량 돌파도 더욱 앞당겼다. 갤럭시S4와 갤럭시S5는 1,000만 대 돌파에 각각 28일, 25일 걸렸다. 갤럭시S6의 경우 공식 발표되지 않았지만 25일 이내로 추정된다. 갤럭시S7은 24~25일이 소요됐다. 이와 같은 갤럭시S8의 흥행은 신뢰도 회복을 위한 노력과 함께 인공지능AI 비서 '빅스비' 등에 담긴 혁신, 대대적 사전 예약판매와 체험존 중심의 마케팅, 충성도 높은 고객의 기다림 등 4박자가 맞아떨어진 결과로 풀이된다.

4
차세대 시장인 전장 사업에 대한 도전

전장overall length은 매우 중요한 차세대의 시장으로 떠오르고 있다. 과거에는 전장이라고 해봐야 발전기나 배선이나 등화류 그리고 기초적인 자동차 전자제어장치ECU 정도였다. 하지만 지금은 여러 안전장치들이 전장화됐고 자동차 전자제어장치는 그만큼 복잡해졌다. 완전한 전기차가 되면 아예 엔진이나 구동축이 필요 없이 다 모터로 대체된다. 즉 뼈대를 빼면 전부 전장의 영역이 된다. 자동차 산업이 기계산업에서 전기전자산업으로 바뀌고 있다는 뜻이 여기에 있다. 자동차 전장 사업에 대한 각국의 경쟁이 갈수록 치열해지고 있다. 이미 자동차 전장 사업이 미래의 먹거리 사업으로 대두되는 것은 기존의 자동차가 엔진과 관련한 기계장치 중심이었던 것에서 배터리로 움직이는 스마트 카로 바뀌고 있기 때문이다. 로봇 운전 무인자동차로 대변되는 스마트 카는 인공지능을 포함한 각종 첨단기술과 시스템의 집약체가 될 가능성이 높다. 전자 관련 기업

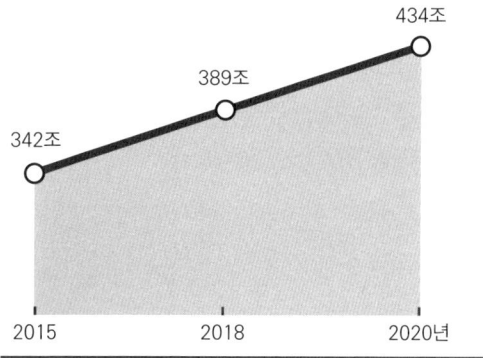

자동차 전장부품 시장 규모 추이 (단위: 원, 전망치)

342조 (2015) → 389조 (2018) → 434조 (2020년)

(자료: 보스턴컨설팅그룹)

들이 전장 사업을 미래 먹거리로 생각하는 이유도 여기에 있다.

  국내시장에서 전장부품을 두고 LG전자와 치열한 경쟁을 하고 있다. LG전자는 차 프레임을 만들기만 하면 바로 자체 생산을 할 수 있을 정도의 전장부품 생산 능력을 갖추고 있다. 또한 이러한 부품들은 쉐보레의 하이브리드카에 이미 들어가고 있다. LG전자는 심지어 자동차 관련 경력 직원들을 모집했으며 적극 부품 개발 투자를 하고 있다. 앞으로 2020년에는 전장시장이 434조 원의 세계적인 시장으로 성장할 것이고 시장 선점에 앞다투어 새로운 제품을 개발 및 양산하게 될 것이다. 앞으로의 미래 먹거리를 찾기 위해 삼성전자는 가장 높은 금액으로 미국 전장 전문 기업인 하만 인수합병에 도전장을 던졌다. 삼성전자가 커넥티드 카와 오디오 분야 전문 미국 기업 하만 카돈Harman Kardon 인수를 완료했다. 이번 인수합병은 주주, 고객, 임직원 모두에게 새로운 가치와 기회를 제공하고 자동차 전장과 오디오 등의 분야에서 성장을 가속화해 글로벌 리더십을 강화해나갈 수 있을 것이다.

  음향 분야에 관심 있는 사람이라면 하만(하만 카돈)이라는 이름

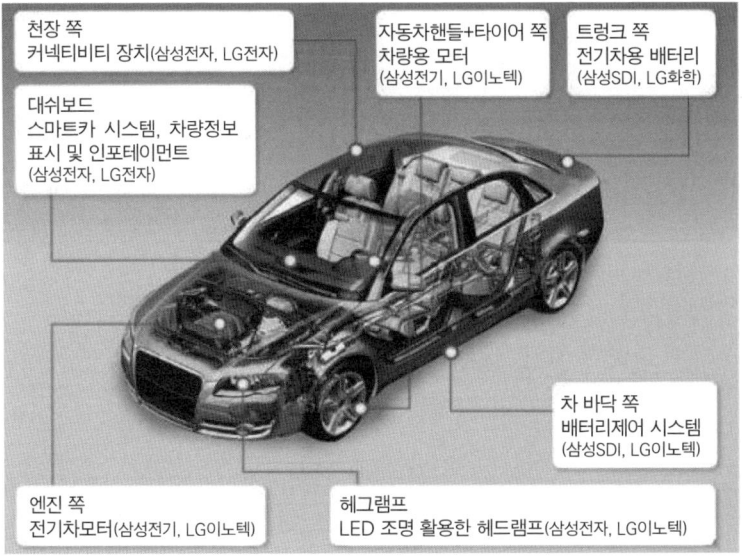

을 한 번쯤은 들어봤을 것이다. 하만의 산하에 속한 하만 카돈은 대형 오디오 시스템 시장에서 손꼽히는 브랜드이다. 1953년 음향 기기 전문 제조사로 설립되었다. 회사 이름은 공동 설립자인 시드니 하만과 버나드 카돈의 성을 따와 하만 카돈이라고 정했다. 그러다 1956년 버나드 카돈이 회사를 떠나면서 사명을 지금의 하만 인터내셔널로 바꾸었다. 다만, 하만 카돈의 브랜드는 그대로 유지했다. 하만의 두 설립자는 모두 엔지니어 출신이었는데 자신들의 노하우와 기술력으로 하이-파이Hi-Fi 오디오 시장에서 두각을 나타냈다.

하만은 점차 시장의 인정을 받으며 성장을 거듭했고 1969년 JBL을 인수하며 본격적인 몸집 불리기를 시작했다. 이후 하만은 인피니티Infinity, AKG, 사운드 크래프트Soundcraft, 마크 레빈슨Mark Levinson, 마틴 프로페셔널Martin Professional, AMX LCC 등을 흡수하며 거대한 공룡 기업으로 군림하기 시작했다. 그리고 가장 최근에는 뱅앤올룹슨Bang & Olufsen의 카오디오 부문까지 흡수했다. 하만은 카오디오를 중심으로 최근에는 오디오, 비디오, 인터넷을 내비게이션 등과 통합한 인포테인먼트 시스템, 텔레매틱스, 보안 분야에 이르기까지 전 세계 전장 시장의 41%를 점유하고 있다. 하만은 이런 시장점유율을 바탕으로 2016년 한 해 동안 매출 70억 달러에 영업이익 7억 달러를 달성했다.

하만 인터내셔널의 홈페이지에는 산하 브랜드와 파트너사가 나열되어 있다. 파트너사로는 BMW, 메르세데스 벤츠, 아우디, 도요타, 폭스바겐 등이 있다. 이런 고급 자동차 브랜드들이 앞다투어 하만의 카오디오 시스템을 장착하고 있다. 하나씩 따져보면 각 자동차 제조사마다 다른 브랜드의 오디오 시스템을 장착하기는 하지만 그 브랜드들이 전부 하만의 산하에 있는 형태이다. 국내에서는 현대자동차의 에쿠스가 렉시콘을, 제네시스가 JBL의 카오디오 시스템을 채택하기도 했다.

삼성전자는 하만을 인수하면서 9조 3,900억 원(80억 달러)이 넘는 큰돈을 냈다. 미래를 바라본 투자임을 증명하듯 하만 인수 뉴스가 전해진 이후 삼성전자와 하만의 주가는 20% 이상의 폭등세를 기록했다. LG전자처럼 삼성전자도 스마트폰에 고성능의 오디오 시스템을 장착할 수도 있지만 하만 인수의 주요 목적은 모바일 사업이 아닌 전장 사업이었다. 자동차사업은 현재 커넥티드 카, 자율주행차, 전기자동차 등 미래 시장을 향해 달려가고 있으며 이와 함께 전장시장도 커지고 있다. 그동안 삼성전자는 반도체와 디스플레이를 중심으로 전장 사업을 준비했다. 그런데 여기에 하만이 더해지면서 인포테인먼트와 텔레매틱스 등 전장 사업의 전 분야를 아우르는 기술력을 확보하게 됐다.

  현재 전기차부터 시작해서 자율주행차 등 자동차 분야에 많은 혁신이 일어나고 있다. 글로벌 전장의 규모는 2016년 2,390억 달러에서 2020년이 되면 3,303억 달러까지 성장할 것으로 예측된다. 제품 하나를 새로이 만드는 것이 아니라 새로운 분야에 뛰어드는 것이다 보니 그 파장은 국내기업뿐 아니라 해외 관련 기업들까지도 수혜를 보고 있다. 하만은 JBL, AKG, 인피니티, 뱅앤올룹슨 등 유수의 프리미엄 브랜드들을 보유하고 있다. 머지않은 미래에 삼성전자가 생산한 스마트 카가 국내뿐만 아니라 세계 여러 나라의 도로를 달릴 수 있을 것으로 예측된다.

4장

현대자동차:
기술과 품질의 지속적 향상을 통한 추격

1
서문

현대자동차는 한국이 낳은 세계적인 자동차 제조회사이다. 1967년 현대그룹의 계열사인 현대모타(주)로 설립된 이후 독자적인 자동차 기술확보 및 한국 고유모델의 자동차 개발을 통해 1980년대 초에 캐나다와 미국 시장에 수출을 시작해 큰 성공을 거두었다. 그 후 지속적인 혁신과 해외시장 개척을 통해 2010년에 현대자동차는 계열사인 기아자동차의 판매량 합계 기준으로 세계 5위 자동차 메이커로 등극했다. 2015년에 현대기아차는 국내 및 해외시장에서 801만 5,665대(현대차 496만 4,837대, 기아차 305만 908대)를 판매해 창사 이래 최대의 판매실적을 기록했다. 2016년과 2017년에는 내수 침체, 해외시장에서 경쟁 격화, 파업에 따른 조업 차질 등으로 판매량이 800만 대 밑으로 감소했다. 하지만 지속해서 700만 대 이상을 판매해 최근 연도인 2017년까지 세계 5위의 자리를 지키고 있다.

2017년도 현대기아차의 매출은 149조 9,118억 원(현대차 96조 3,761억 원, 기아차 53조 5,357억 원), 영업이익은 5조 2,369억 원(현대차 4조 5,747억, 기아차 6,622억 원)을 기록했다. 이는 전년도인 2016년과 비교해 매출액은 2.4%로 소폭 증가했고(현대차 2.9%, 기아차 1.6% 증가), 영업이익은 31.6%로 많이 감소한 것이다(현대차 11.9%, 기아차 73.1% 감소). 현대기아차는 2016년도 말 기준 국내에서 10만 1,619명(현대차 6만 7,517명, 기아차 3만 4,102명)의 직원을 고용하고 있다. 국내에 300여 개의 1차 부품 공급업체와 5,000여 개의 2, 3차를 거느리고 있다. 해외 공장 운영을 위해 동반 진출한 부품업체 수도 700여 개에 달한다.[1]

현대기아차는 직접적인 자동차 생산과 수출에 따른 고용 창출 이외에도 자동차 부품 조달과 협력사 지원 등을 통해 국가경제에 큰 기여를 하고 있다. 예컨대 우리나라 자동차 수출액은 2015년에 713억 달러로 전 산업 내에서 13.5%를 차지했고 무역수지 흑자 규모도 559억 달러에 달했다. 국내 자동차산업에 직간접적으로 관련된 종사자 수는 183만 명을 차지해 우리나라 총 고용인원 2,507만 명의 7.3%에 해당한다. 자동차 관련 세금은 37조 3,000억 원으로 추정되는데 우리나라 전체 세수의 약 14.7%를 차지한다. 또한 2014년 기준 우리나라 전체 제조업 가운데 자동차산업이 차지하는 생산액과 부가가치액 비중은 각각 12.7%, 12.0%에 달했다.[2] 이와 같은 여러 가지 차원의 공헌에서 국내 자동차 시장점유율이 60~70%에 달하는 현대기아차가 가장 주도적인 역할을 하고 있다는 사실은 분명하다.

현대기아차의 주력 제품은 승용차와 SUV(스포츠 유틸리티 차량)이다. 승용차 분야에서는 1975년에 현대자동차가 우리나라 최초의 고유모델인 포니를 출시한 이후 엑센트, 쏘나타, 그랜저 등과 같은 인기모델들을 지속적으로 출시해 한국과 해외에서 성공을 거두었다. 최근에는 선진국의 고급 승용차시장에 진입하기 위한 전략 모델인 제네시스를 판매하는 데 많은 노력을 기울이고 있다. SUV는 현대기아차의 전체 자동차 판매대수에서 약 30%(2016년 기준 현대차 26.8%, 기아차 37.8%)를 차지한다. 2000년대에 들어와 SUV에 대한 국제적 수요가 미국을 중심으로 빠르게 성장했다. 현대자동차는 북미디자인센터 주도로 미국인 구매자들의 요구를 최대한 반영해 개발한 SUV 모델인 싼타페를 2001년에 출시해 시장 변화에 신속히 대응했다. 그 후 계속해서 현대차의 투싼, 기아차의 쏘렌토, 카니발, 스포티지 등과 같은 새로운 SUV 모델들을 출시해 국내외에서 높은 판매실적을 올렸다.

현대기아차의 자동차 판매 중 80% 이상은 해외에서 이루어지고 있다. 이는 세계 주요 선진국시장과 개도국시장에 성공적으로 진입했기 때문이다. 예컨대 미국의 경우 1986년대 엑셀을 처음 수출해 큰 성공을 거두었지만 몇 년 후부터 품질 문제가 불거지면서 미국 자동차시장에서 매출이 급격히 하락하는 어려움을 겪었다. 하지만 그에 굴하지 않고 지속적인 품질향상 노력, 현지 수요에 맞는 차종 출시, 혁신적 마케팅 전략 등을 통해 2016년 8.1%의 시장점유율 기록했다(2017년에는 7.4%로 소폭 감소). 또한 폭스바겐, 아우디, 벤츠, BMW 등과 같은 선진 자동차 메이커의 텃밭인 유럽(EU 28개 회원국과 EFTA 4개 회원국 기준)에서도 현지 구매자들의 요구에 맞는 SUV의 출시에 주력하는 전략으로 2017년에 100만 대에 가까운 자동차를 판매해 6.3%의 시장점유율을 기록했다.

가장 큰 신흥시장인 중국에서는 자동차산업에 대한 규제 때문에 현대는 2002년에 북경기차와 합작 투자를 통해 진입했고 기아는 2002년에 동풍기차와 열달기차와 합작 투자를 하며 진입했다. 현대기아차는 중국의 지역적 특성에 따라 주력 판매하는 차종을 차별화하고 중국 구매자들의 기호에 맡도록 차량을 재설계하는 현지화 전략을 추구했다. 그 결과 2011년에 폭스바겐, GM, 닛산에 이어 판매 순위 4위(시장점유율 9.8%)를 기록했다. 2012년에는 닛산을 제치고 3위로 올라섰다. 그러한 순위는 2017년 중국 정부의 사드 보복으로 매출에 타격을 입기 전까지 유지되었다.

또 다른 주요 신흥시장인 인도에서도 초기에 국내 아토즈 모델을 도입해 현지 상황 및 인도인 취향에 맞도록 설계한 상트로를 주력 상품으로 내세워 큰 성공을 거두었다. 그 후 현지화 모델인 세단 베르나(국내 모델명 엑센트), SUV 크레다 등과 같은 인기 모델들을 출시하여 2017년에는 2016년보다 16%가 많은 52만 7,320대를 판매해 인도 내수 시장 2위(점유율 16.4%)와 수출 1위를 기록했다.

현대자동차의 국제적 성공은 그동안 창업자의 리더십, 헌신적인 기술개발 노력, 산업정책을 통한 정부 지원, 성공적 글로벌 경영 전략 등 여러 가지 관점에서 연구되었다. 하지만 이러한 연구들은 여러 가지 성공 요인 중 특정한 측면에만 주로 초점을 두는 한계를 가진다. 1970년대 말이 돼서야 본격적으로 글로벌 시장에 뛰어든 현대자동차의 성공에는 경영진의 우수한 전략과 운영 이외에도 여러 다른 기술적, 환경적 요인들이 복합적으로 작용했기 때문이다. 이 장에서는 현대자동차의 국제적 성공 요인을 보다 종합적이고 체계적으로 규명하기 위해 경영사적인 관점에서 그 발전과정을 설립으로부터 최근까지 주요 시기와 사건별로 구분해 분석한다.

한국 자동차산업의 국제적 성공에는 비단 현대자동차만 기여했던 것은 아니다. 신진자동차와 아세아자동차는 초창기에 외국기업과의 제휴를 통해 선진적 자동차 제조기술을 도입하는 데 공헌했다. 또한 신흥시장을 중심으로 세계경영을 펼친 대우는 한국자동차산업의 지평을 동유럽 시장까지 확대했다. 하지만 현대자동차는 다른 경쟁 자동차업체들과 달리 초창기부터 독자적인 자동차 모델 개발과 기술 자립에 대한 확고한 의지를 가지고 한국시장을 넘어 글로벌 메이커로 성장하겠다는 분명한 목표를 추구했다. 이미 선진 자동차업체들이 기술과 시장을 독점한 글로벌 자동차 산업에서 그러한 독자 노선 전략은 무모하고 실현 불가능해 보였다. 하지만 현대자동차는 줄기차게 그러한 전략을 추구하면서 대내외적으로 유리한 환경 변화를 잘 활용하여 오늘날의 성공을 일구어냈다.

그러한 점에서 현대자동차의 성장과 국제화 과정을 경영사적인 관점에서 통사적으로 분석하는 것은 무엇보다도 한국 자동차산업의 국제적 성공 원인을 보다 체계적으로 규명하는 데 기여할 것이다. 구체적으로 본 장에서는 현대자동차의 성공에 기여한 세 가지 요인에 주목한다. 첫째는 창립 이후부터 일관성 있게 기술 자립과 글로벌 시장을 지향해온 현대자동차의 전략이다. 둘째는 자동차 제조기술의 국산화를 촉진시키고 국내업체들이 해외시장에서 후발주자로서의 불리함을 극복하는 데 기여한 정부의 정책이다. 셋째는 선진국 기업들이 장악하던 글로벌 시장에 현대자동차가 진입 가능하도록 기회를 제공한 경영 환경과 기술의 변화이다. 특히 이러한 요인들이 어떻게 상호작용을 통해 현대자동차의 발전과 글로벌화에 공헌했는가를 파악한다. 또한 우리나라 자동차산업의 발전과정을 보다 종합적으로 이해하기 위해 현대자동차 이외에 자동차산업의 발전에 기여했던 중요한 기업들과 사건들도 함께 살펴본다.

2
현대자동차의 설립과 시장 진입

자동차산업의 태동

우리나라 자동차산업은 일본강점기에 수입 자동차의 수리용 부품을 생산하면서 시작되었다. 특히 제2차 세계대전의 발발로 미국 자동차와 부품의 수입이 어려워지자 국내에서 부품들을 생산하거나 수리하고 재생하는 다수 업체가 설립되었다. 해방 후에는 민간에게 매각된 미군 군용차를 버스나 다른 운반용 차량으로 개조하는 자동차 수리재생업이 발전해 수작업으로 자동차를 수리하고 재생하는 업체들이 등장했다. 1955년 9월에는 국제차량제작(주)에서 미국 지프를 개조해 제작한 우리나라 최초의 국산자동차인 시발始發을 출시해 대통령상을 받기도 했다.

하지만 정부가 본격적으로 자동차산업을 육성하기 시작한 것은 5·16 쿠데타로 박정희 정권이 집권하면서부터였다. 새로운 정부는

1962년부터 경제개발 5개년 계획을 추진하면서 '자동차공업 5개년 계획'을 마련했고 이를 추진하기 위한 자동차공업보호법과 시행령을 공표했다. 우리나라 최초로 자동차산업 육성을 위해 제정된 이 한시법은 향후 5년간 외국 자동차와 부품의 수입을 금지시켰고 자동차 생산에 필요한 장비와 부품에 대한 관세를 면제했다. 또한 자동차공업 5개년 계획은 자동차생산의 국산화를 촉진하기 위해 연간 3,000대 생산 규모로 소형차 조립공장, 대·중형자동차 조립공장, 그리고 대·중형자동차 디젤엔진공장을 설립하기로 했다. 그리고 이들 공장의 실수요자로 새나라자동차, 시발자동차, 조선기계제작소(후에 한국기계공업주식회사로 회사명 변경)를 각각 선정했다.

소형차 조립공장의 실수요자로 선정된 새나라자동차는 제일교포에 의해서 1962년에 설립되었는데 일본 닛산 자동차 모델의 부품들을 들여와 그대로 조립 생산하는 사업방식을 채택해 빠르게 국내시장을 잠식했다. 하지만 한국의 외환 사정 악화로 부품 수입이 곤란해지면서 1년 만에 조업을 중단했다. 한편 대·중형자동차 조립공장의 실수요이었던 시발자동차는 대·중형자동차 생산 경험이 전무했을 뿐만 아니라 외자 도입이 난항을 겪으면서 공장 건설을 추진하지 못했다. 더욱이 시발자동차는 새나라자동차의 일제자동차 조립판매로 품질 경쟁에 밀리면서 급격히 매출이 줄어들어 결국 1964년에 폐업하게 됐다.

정부는 이러한 상황들로 자동차 생산공장의 건설이 계획대로 추진되지 못하자 1963년 말에 다시 '자동차공업 일원화 방안'을 발표했다. 주요 내용은 그나마 계획대로 진행되던 디젤엔진 공장의 실수요자인 한국기계공업(주)을 중심으로 자동차생산공장을 일원화한다는 것이었다. 하지만 이 계획은 기존에 선정된 조립공장들의 허가취소 및 통합 문제가 난항을 겪으면서 폐기되었다. 정부는 그 대안으로 1964년에 '자동차공업 육성 종합계획'을 발표했다. 그 주요 내용은 이미 가동 중인 자동차 제조공장을 중심으로 기존의 부품생산 업체들을 계열화해 한 개의 공장에서 국내 자동차 수요를 전량 공급하는 것이었다.[3] 정부는 이러한 정책에 따라 국내 자동차 생산을 담당할 사업자로서 신진공업을 선정했다. 버스 재생 전문업체였던 신진공업은 1962년 덕수궁에서 개최된 박람회에서 25인승 마이크로 버스를 출품해 상공부 장관을 수상한 후 국내 버스 생산을 주도했고 미군 지프의 엔진, 변속기, 차체 등을 이용해 국산 자동차 신성호新星號를 개발했다. 그러한 공로를 인정받아 신진공업은 이미 1964년 5월에 정부로부터 자동차공업보호법에 따라 소형자동차 제조공장의 건설을 허가받은 상태였다. 그 후 신진공업은 파산 상태이던 새나라자동차를 1965년에 인수하고 일본의 도요타 자동차와 기술제휴를 통한 자동차 생산을 추진하면서 명실상부한 국내 유일의 종합 자동차 생산업체로 등장하게 된다.

자동차공업육성 기본계획과 현대자동차의 설립

국내의 독점적 자동차 생산자가 된 신진공업은 회사명을 신진자동차로 바꾸고 제휴한 일본 도요타의 자동차 모델을 도입해 반조립제품CKD 방식으로 생산한 코로나를 1966년 7월에 출시했다. 이렇게 출시한 자동차가 크게 성공을 거두자 외산 자동차의 조립생산에 치중하면서 많은 투자와 위험이 따르는 국산 자동차 생산에는 별다른 열의를 보이지 않았다. 그로 인해 자동차 생산의 국산화가 진전을 이루지 못하자 정부는 독점적인 사업자로는 자동차산업의 육성이 어렵다는 것을 깨닫고 경쟁 체제를 도입하기 위해 자동차 생산업체를 삼원화한다는 방침을 1967년 1월에 수립하여 '자동차공업육성 기본계획'을 1969년 2월에 발표하게 된다.

'자동차공업육성 기본계획'은 이전에 추진한 정책들이 자동차 생산 국산화에 실패했다는 인식에 기반을 두고 만들어졌기 때문에 더욱 획기적인 내용들이 포함되어 있었다. 궁극적 목표는 1972년까지 소형 승용차를 완전 국산화하고 1974년까지 버스와 트럭을 완전 국산화하고 1976년까지는 부품을 포함한 자립적인 자동차산업을 구축한다는 것이었다. 이를 위해 완성체 업체들에게는 조립 공장의 건설과 함께 핵심 부품인 엔진의 국산화를 담당하는 임무를 부여했고 부품업체들에 대해서는 1품목당 1개의 공장을 건설해서 주요 부품의 생산과 국산화를 담당하는 전문 공장으로 육성하는 정책을 추진했다. 이러한 구도에서 완성차 업체는 엔진 생산과 차체 조립만 담당해 대부분의 부품을 독립적인 부품업체들로부터 조달해야 했다. 따라서 자연스럽게 완성차-부품업체 간 발전적인 수평적 계열화가 구축될 것이라고 기대되었다.[4]

또한 자동차 생산의 국산화를 앞당기기 위해 완성차와 부품에 대한 구체적 국산화 목표를 설정하고 3단계로 추진했다. 1단계인 1967~1969년에는 자동차 조립공장의 건설을 완료한다. 2단계인 1970~1973년에는 부품 공장의 건설 및 양산을 추진하고 엔진 공장과 차체 프레스 공장을 건설한다. 마지막으로 3단계인 1973~1976년에는 완전히 국산화된 표준차 양산체제 확립한다. 정부는 또한 자동차 제조업체의 난립을 방지하기 위해 1967년 4월에 더욱 강화된 자동차 제조공장 허가기준을 마련했는데 새로운 기준에서는 공장 부지와 설비 투자 등이 크게 상향 조정되었다. 특히 '선진적인 외국 자동차회사와 기술 제휴한 업체'라는 새로운 조건을 추가했다. 국내에서 이러한 조건을 만족시킬 자금과 능력이 있는 기존 업체는 신진자동차와 1966년 12월에 정부로부터 외자도입을 승인받아 광주공장의 건설을 시작한 아세아자동차밖에 없었다. 이는 정부가 제3의 자동차 제조업체로 현대자동차의 진입을 승인하는 계기가 되었다.

현대자동차의 설립과 국제기술 제휴

현대그룹은 정부의 삼원화 방침이 공표되자 자동차산업 진입을 추진하였다. 1967년 1월 새로운 계열사로 현대모타(주)를 설립하고 그룹회장인 정주영의 동생 정세영을 사장으로 임명했다. 정주영 회장은 해방 전에 자동차 정비회사를 운영한 적이 있었고 해방 후에는 중소업체를 설립해 자동차 정비와 조립사업에 참여한 바도 있었다. 그는 이처럼 자동차산업에 남다른 경험과 관심이 있었기 때문에 정부의 삼원화 정책을 큰 기회로 보고 주변의 만류와 극심한 반대에도 자동차산업 참여를 전격 결정했던 것이다.[5]

자동차산업 참여를 결정한 현대에게 가장 시급한 것은 해외의 선진 자동차 회사와 기술제휴를 맺는 것이었다. 1967년 4월에 발표된 자동차 제조공장 허가기준에 '선진적인 외국 자동차회사와 기술 제휴한 업체'라는 조건이 있었기 때문이다. 마침 그 당시 미국의 GM과 포드는 한국 시장 진출을 검토 중이어서 현대모타는

1968년 현대자동차가 최초로 출시한 승용차 코티나

양사를 접촉해 기술제휴를 위한 협상을 개시했다. 그런데 GM은 해외법인에 대해서는 자본과 경영에 직접 참여한다는 원칙을 고수했기 때문에 상대적으로 더 유연한 태도를 보인 포드와 기술제휴를 추진하게 된다.[6] 마침내 1967년 말에 협상이 타결되어 현대모타는 포드와의 기술제휴 내용이 포함된 자동차 조립공장 건설 신청서를 그 해 12월에 정부에 제출했다. 정부는 1968년 5월까지 포드와 제휴로 자동차 제조공장의 시설 기준을 갖춘다는 조건으로 일주일 만에 허가했다. 그에 따라 현대모타는 1968년에 기업명을 현대자동차로 변경하고 울산에 자동차 공장 건설을 시작했다.

현대자동차는 포드의 소형 1,600cc급 코티나 모델과 버스 및 트럭을 반조립제품 방식으로 들여와 국내에서 조립 생산하기로 했다. 그리고 이를 위해 포드의 기술 지원을 받아 자동차 부품들을 부품생산 업체들과 협력해 국산화해 나갔다. 그 결과 1968년 11월 드디어 중형 승용차인 코티나를 출시했으며 이듬해인 1969년 1월에는 디젤엔진을 탑재한 7.5톤급 트럭 D-750을 생산 개시했다. 한편 경쟁업체인 신진자동차는 이미 1966년부터 반조립제품 방식으로 도요타의 모델을 도입한 소형 1,500cc급 코로나를 판매 중이었고 1968년에 이르러서는 중형급 승용차인 크라운뿐만 아니라 산업용 트럭과 버스도 생산하였다. 아세아자동차는 1967년 이탈리아 자동차회사 피아트와 차관 도입 및 기술제휴에 대한 계약을 체결하고 1968년 2월에 정부로부터 자동차 제조에 대한 허가를 받았다. 그 후 피아트의 모델을 도입한 소형 1,200급 승용차 피아트 124를 반조립제품 방식으로 조립해 1970년 3월에 국내 판매에 들어갔다. 국내 승용차 시장에서 기존의 선두업체인 신진자동차와 후발업체인 현대자동차와 아세아자동차가 3파전을 벌이는 경쟁구도가 형성된 것이었다.

도요타의 철수와 정부의 엔진공장 건설 계획

국내 자동차산업은 1970년대에 들어서며 대내외적으로 두 가지 큰 사건에 직면하게 된다. 첫째는 신진자동차와 기술제휴를 했던 일본 도요타의 갑작스러운 한국 철수이다. 둘째는 정부가 통합된 단일 엔진공장의 추진계획을 발표한 것이었다. 이 두 사건은 자동차산업의 경쟁구도를 크게 변화시키면서 향후 한국 자동차산업의 발전에 지대한 영향을 미쳤다.

중국정부는 1970년 4월에 대외통상 4원칙을 발표했는데 한국과 대만을 돕거나 투자하는 회사와는 교역하지 않는다는 내용이 포함되어 있었다. 이에 도요타는 새로운 거대 시장인 중국 진출을 염두에 두고 1970년 12월에 한국에서 철수하겠다는 방침을 공식적으로 한국정부에 통고한다. 이러한 결정은 도요타 승용차는 물론 트럭과 버스까지 조립 생산해 국내 자동차시장에서 선두를 달리던 신진자동차에게 큰 타격을 주었다.

이에 맞물려 우리나라 정부는 1970년 2월 자동차 엔진 공장 건설 계획을 발표했다. 그 주요 내용은 월 2,000톤 정도 규모의 단일 엔진공장을 건설해 국내 모든 자동차업체들에게 엔진을 공급한다는 것이었다. 이를 위해 공장을 건설할 사업자를 그 해 6월까지 선정하고 1971년 말까지 공장을 완공해 엔진 생산을 시작할 예정이었다. 초기에는 부분조립제품SKD과 반조립제품CKD 방식으로 선진 자동차 메이커의 엔진을 도입해 조립하다가 점차 주요 부품들을 국산화한다는 방침이었다. 정부의 엔진공장 건설 계획이 발표되자 기존 3사인 신진자동차, 아세아자동차, 현대자동차는 지원서를 준비했다. 하지만 아세아 자동차는 자금 부족으로 조기에 지원을 포기해 최종적으로는 신진자동차와 현대자동차가 경쟁했다.

신진자동차는 이미 기술제휴를 맺고 있던 일본 도요타와 20 : 80 지분비율로 합작회사를 설립하기로 합의하고 지원서를 정부에 제출했다. 하지만 정부는 당시 합작투자에서 외국인 주주의 지분비율이 50%를 넘을 수 없다는 가이드라인을 가지고 있었다. 그래서 신진자동차에게 합작비율의 수정을 요구했다. 이에 신진자동차는 협상을 통해 그 비율을 30:70로 조정했지만 여전히 정부의 방침에 어긋나는 것이었다. 더욱이 도요타는 이미 중국 진출을 염두에 두고 한국에서 철수를 고려하고 있었기 때문에 엔진공장에 적극적이지 않았다. 결국 도요타는 1972년 2월 신진자동차와의 합작계약을 파기하고서 한국시장에서 완전히 철수했다.

현대자동차 역시 기존의 제휴사인 미국 포드와 50:50 합작회사의 설립에 합의하고 정부에 지원서를 제출했다. 하지만 정부 인가를 받은 후 양사는 합작회사 설립을 추진하는 과정에서 포드의 무리한 요구와 견제로 많은 갈등을 겪게 되었다. 포드는 현대에게 자동차 판매에 드는 막대한 자금을 확보할 수 있다는 것을 증명하도록 요구했을 뿐만 아니라 자사의 국제적 판매망을 통해 현대가 생산한 소형차를 해외에 수출하는 데 부정적이었다. 반면 현대자동차는 종합 자동차 메이커로 도약한다는 야심이 있었기 때문에 포드와의 합작관계를 지렛대로 활용해 해외시장에 진출하기를 희망했다. 양사는 이러한 입장 차이로 갈등이 깊어지면서 공장 건설이 진척을 이루지 못했다. 결국 정부는 1973년 1월 현대와 포드의 합작투자에 대한 인가를 취소했다.

    신진자동차와 현대자동차가 추진했던 기존 제휴 파트너와의 합작투자가 실패한 것은 한국시장 진출을 노리고 있던 GM에게 기회를 제공했다. 도요타의 갑작스러운 한국 철수로 곤경에 처한 신진자동차가 새로운 파트너로서 GM을 선택했던 것이다. 두 회사는 50:50의 지분비율로 합작회사인 GM코리아를 설립하는 계획을 정부에 제출했고 1972년 3월 승인을 받았다. 그 후 계획에 따라 GM코리아는 부평에 엔진공장을 착공해 1974년 5월에 완공했다.

3

현대자동차의 독자 모델 개발 및 해외 수출 개시

정부의 본격적 국산화 정책: 장기 자동차공업 진흥계획

자동차산업의 경쟁체제를 삼원화하고 엔진공장을 완공했음에도 불구하고 국내에 판매되는 자동차는 대부분 외국 모델을 도입해 반조립제품CKD 방식으로 조립 생산한 것이었다. 또한 정부의 기대와는 달리 부품의 국산화도 낮은 수준에 머물러 있었다. 정부는 그러한 상황을 타개하고 자동차산업을 고도화하기 위해 1974년에 '장기 자동차공업 진흥계획'을 발표한다. 중화학공업의 육성에 중점을 둔 제3차 경제개발 5개년 계획의 하나로 수립된 이 방안은 1975년까지 소형차 국산화율 95%를 달성하고 1981년까지 자동차를 수출산업으로 육성한다는 야심 찬 내용을 담고 있어서 우리나라 자동차산업의 발전에 결정적인 영향을 미쳤다.

보다 구체적으로 이 계획은 1980년대까지 국산 자동차 50만 대

생산 및 1억 5,000만 달러 수출을 통한 자동차산업 기반 확립을 목표로 했다. 이를 실천하기 위해 다음과 같이 국산차 개발과 공장 생산 규모에 대한 지침을 설정했다.[7]

1. 1975년에 1,500cc 이하 소형차 국산화율 95% 달성
2. 1981년까지 1억 5,000만 달러 수출
3. 각사는 연간 생산 5만 대 이상의 엔진과 차체 공장 건설
4. 엔진과 차체 생산은 조립공장이 맡고 다른 부품은 1부품 1공장의 전문화
5. 자본도입을 포함하는 기술도입의 촉진
6. 신규 공장은 창원기계공업단지에 집중시켜 인프라스트럭처를 절약

이러한 계획이 순조롭게 달성될 수 있도록 정부는 7개의 지원 원칙을 제시했다. 그 주요 내용은 신규 진입을 허락하지 않고 기존 공장들을 중심으로 자동차산업을 육성한다. 새로운 외제차종의 도입을 금지해 국내 시장을 보호한다. 한국형 승용차에 대해 각종 세금을 감면해 양산화를 촉진한다. 부품 생산에 필요한 원자재의 면세범위 확대 및 녹다운Knock-Down 수입 면세 제도의 폐지를 통해 부품 산업을 육성한다. 또한 소형차 생산지침을 충족시킨 경제적인 소형차를 '국민차'로 지정하고 각종 금융, 세제, 행정상의 혜택을 제공해 국내 승용차 총 수요의 80% 이상을 공급하게 한다는 원칙도 포함되었다. 따라서 진흥계획에 들어맞는 국산 소형차를 먼저 개발한 자동차업체는 정부의 강력한 지원을 받으면서 국내 시장에서 절대적으로 유리한 위치를 점할 것이 예상되었다.

장기 자동차 진흥계획의 주요 내용

가. 고유형 소형차의 생산 필요성	① 우리 실정에 적합한 소형차의 국산화로, 증대될 자동차 수급 원활화 ② 유류 소비 절약을 위해 소형차 사용 장려는 필수적
나. 고유형 소형차 생산의 이점	① 차종 단순화와 모델 안정 ② 부품 표준화 및 규격통일 용이 ③ 양산체계 확립으로 품질향상 촉진 ④ 기술 축적 가속으로 국제경쟁력 강화 ⑤ 독자적 모델로써 수출시장 개척 용이
다. 고유형 소형차 생산 지침	① 차형: 장기간 모델 변경 없는 경제적 차량으로 외국에서 생산 시판된 일이 없는 새로운 설계의 차형 ② 규격: 엔진 기통 용적 1,500cc 이하 ③ 국산화: 95% 이상 ④ 생산 개시: 1975년 ⑤ 규모: 연간 5만 대 이상 ⑥ 생산가격: 2,000달러 내외
라. 자동차공업 육성 7개 기본 지침	① 완성차 생산공장 육성 - 기존 공장을 중점적으로 육성 확장 - 신규설계 및 외자합작 불허 ② 신 승용차종 도입 - 기도입 계열 이외의 신규 외제차종 도입 불가 - 한국형 승용차의 생산체제 확립을 적극 지원 ③ 한국형 승용차의 양산화 촉진 - 한국형 승용차 1종에 대해 현행 물품세 1/2, 자동차세 2/3 감면 - 1975년 말 이내에 연 5만 대 이상의 양산시설 완비 ④ 중추부품 공장 건설의 의무화 - 기존 자동차공장의 차체, 엔진 생산시설 구비 의무화 - 중추부품의 생산능력 확충으로 국산차 수출기반 확립 ⑤ 부품공장의 국제규모화 - 일반부품 양산을 위한 외자도입 및 합작투자 장려 - 원자재 면세범위 확대 및 3년 후 KD수입 면세제도 폐지 ⑥ 생산업체 - 상기 항목에 부합되며 연차별 수요 추정, 차형 결정, 적정자금 조달계획 및 기술도입 계약이 확정된 사업계획서와 적시투자를 확인하는 각서 제출업체 ⑦ 『국민차』의 지정 - 소형차 생산지침을 완전 충족시키는 경제적 소형차를『국민차』로 지정하고 금융, 세제 및 행정시책 면의 제반 지원을 우선 공여해 승용차 총수요의 80% 이상을 공급하도록 한다.

(출처: 한국자동차공업협회, (2005), 한국자동차산업 50년사, p. 199)

아울러 정부는 더욱 다양한 차종의 생산을 촉진하기 위해 차종별 전문 생산체제를 추진했다. 진흥계획에는 기존 3사인 아세아자동차, GM코리아, 현대자동차와 더불어 국내 삼륜화물차 시장을 장악하고 있던 기아산업이 사업계획서를 제출했다. 정부는 이들의 사업계획서를 검토한 결과 아세아자동차는 투자 규모가 타사보나 현저히 작아 부적합 판정하고 다른 회사에 합병되도록 했다(추후에 기아산업에 합병됨). 그리고 기아산업은 1,000cc급, 현대자동차는 1,300cc급, GM코리아는 1,400cc급의 승용차를 각각 1종씩 양산하도록 전문업체로서 선정했다. 그 결과 국산차 개발 경쟁에는 기아산업, GM코리아, 현대자동차 3사가 참가하게 되었다.

현대자동차의 독자 모델 개발

정부 정책에 부응하기 위해 기아산업과 GM코리아는 제휴 외국 회사의 승용차 모델을 도입해 국산화하는 비교적 손쉬운 전략을 선택했다. 반면 현대자동차는 독자 모델의 개발이라는 상대적으로 위험이 크고 험난한 전략을 선택했다.

기아산업은 예전부터 소형트럭 생산을 위해 기술제휴를 맺고 있던 일본 도요고교(현재 마쓰다)의 985cc 모델 패밀리아Familia를 도입해 국산화했다. 정부로부터 1975년 말까지 진흥계획에 따른 국산화 목표를 달성한다는 조건하에 외국 모델의 도입을 승인받은 것이다. 그 결과 1975년 10월 기아는 자체 개발한 엔진을 탑재한 브리사Brisa를 출시하게 된다. 기아가 신축한 소하리공장에서 최초로 생산된 이 승용차는 국내 시장에서 친근한 디자인과 우수한 성능으로 큰 성공을 거두었다.

신진자동차와 GM의 합작회사인 GM코리아는 엔진공장에 많은 자금을 투자했고 GM의 모델을 도입해 출시한 시보레1700의 판매가 저조해 자금 사정이 좋지 않았다. 그로 인해 사업계약서를 정

1975년 기아산업이 출시한 승용차 브리사

(출처: https://commons.wikimedia.org/wiki/File:20141005_Kia_Brisa_01.jpg)

부로부터 승인받은 후 국산차 개발을 위한 투자를 지연시키다가 1977년 12월에 이르러서야 일본 이스즈의 제미니 모델을 도입해 제미니라는 같은 차명으로 신차가 출시했다. 제미니에 탑재한 엔진은 시보레1700에서 사용한 엔진을 개조한 것이다. 그로 인해 연비가 좋지 않다는 인식이 널리 퍼지면서 판매가 부진했다. 결국 자금 부족으로 GM코리아는 부도 위기에 빠지면서 산업은행의 관리를 받게 되었다. 산업은행은 신진자동차 측의 지분을 인수하고 회사명을 새한자동차(주)로 변경했다.

이들과 달리 현대자동차가 독자 모델을 개발하기로 한 배경에는 여러 가지 요인이 있었다. 우선 포드의 판매자금 보증 요구와 국산 자동차의 수출 제한 등에 대한 갈등으로 포드와의 합작투자가 결렬되면서 해외 거대 자동차 메이커와의 제휴가 반드시 유리하지는 않다는 것을 깨달았다. 선진 자동차 메이커들은 흔히 기술적, 시장적 우위를 내세워 합작투자에서 경영 간섭과 불평등한 계약조건을 요구하기 때문이다. 현대그룹 회장인 정주영은 현대자동차를 GM

이나 도요타와 같은 종합 자동차 메이커로 육성한다는 원대한 목표가 있었다. 그런 목표를 달성하는 데 외국 합작 파트너의 경영 간섭과 수출시장 제한 요구를 수용하는 것은 장기적으로 큰 제약이 될 우려가 있었다. 더욱이 당시 한국정부는 자동차를 수출 산업으로 육성한다는 정책적 의지가 있었기 때문에 현대자동차의 독자 모델 개발은 정부로부터 더 호의적인 지원을 받을 수 있다는 이점이 있었다. 현대그룹 정주영 회장은 이러한 점들을 고려해 주변의 거센 반대에도 불구하고 독자 모델 개발이라는 결단을 내렸던 것이다.[8]

하지만 창립한 지 10년도 안 된 신생업체가 단기간에 자동차 생산기술을 독자적으로 확보한다는 것은 거의 불가능해 보였다. 그러나 현대자동차는 현대그룹 특유의 도전정신을 발휘하면서 자동차 생산에 필요한 기본적인 디자인, 엔진, 변속기, 섀시 등의 기술을 획득하기 위해 전세계적으로 기술제휴를 맺을 파트너들을 찾아 나섰다. 그 결과 1973년 봄에 현대자동차의 정세영 사장이 이탈리아로 직접 찾아가 세계적인 자동차 디자이너 조르제토 주지아로Giorgetto Giugiaro와 신차 디자인 설계 용역 계약을 맺었다. 또한 영국의 자동차회사 BLMCBritish Leyland Motors Corporation에 부사장으로 근무했던 유명 엔지니어 조지 턴불George Turnbull이 사장 승진 경쟁에 밀려 회사를 떠나게 되자 그를 영입해 새로운 공장건설 및 운영에 대한 자문을 맡겼다. 동시에 이 영국회사로부터 6명의 고급 기술자들을 영입했다. 아울러 일본 미쓰비시와는 엔진, 트랜스미션, 액셀 등의 기술제휴를 맺었고 소형 디젤엔진 제조기술은 영국의 엔진회사 퍼킨스Perkins에서 도입하기로 계약을 체결했다.

현대자동차는 이들 제휴사로 직원과 엔지니어들을 적극적으로

현대가 개발한 한국 최초의 고유 자동차 모델 포니

(출처: https://commons.wikimedia.org/wiki/File:Hyundai_Pony_4_door_first_generation.jpg)

파견해 자동차 디자인 및 차체 설계 기술을 습득해 나갔다. 디자인을 배우기 위해 이탈리아에 파견된 직원들은 조르제토 주지아로가 운영하는 회사 이탈디자인Italdesign에서 현지 디자이너들이 그린 설계도를 어깨너머로 모방하며 학습을 했다. 현대자동차는 또한 미쓰비시를 어렵게 설득해 새턴 엔진 기술을 도입했다. 이를 위해 엔지니어들을 파견해 4개월 동안 연수를 했다. 연수를 마치고 돌아온 엔지니어들에게는 당장 엔진 제작을 시작하라는 지시가 떨어졌다. 이러한 각고의 노력 끝에 현대자동차는 빠른 시일 내에 자동차 생산기술을 축적할 수 있었다.

그 결과는 1975년 1월 우리나라 최초의 독자 모델 승용차인 배기량 1,238cc의 포니가 출시되었다. 현대자동차가 독자 모델을 개발하겠다고 선언한 지 불과 3년에 이루어진 기적이었다. 포니는 국내에서 개발된 최초의 고유 자동차 모델이었을 뿐만 아니라 세계에서 열여섯 번째이자 아시아에서는 두 번째로 개발된 고유 자동차 모델이 되었다. 현대자동차는 1975년 12월 울산에 5만 6,000대 규모의 생산 공장을 완공하고 다음 해부터 본격적인 생산에 돌입했다. 1976년에 포니는 1만 726대가 판매되어 국내 승용차 시장의 43.5%를 점유하는 놀라운 성공을 거두었다.

현대자동차의 해외 수출 개시

현대자동차는 수출 시장을 타진하기 위해 포니를 공식적으로 출시하기 이전인 1974년 10월에 이탈리아에서 개최된 토리노 모터쇼에 출품했다. 포니는 개발도상국인 한국에서 출품한 고유 자동차 모델이란 점에서 그리고 당시 기준으로 상당히 디자인이 세련됐다는 점에서 국제적으로 많은 관심을 끌었다.

1976년 7월 남미 에콰도르에 5대의 포니가 대형버스 1대와 함께 최초로 수출되었고 그 해에 13개국에 1,042대의 자동차가 판매되었다. 그 뒤로 해외시장이 확대되면서 현대의 해외 자동차 판매 대수는 빠르게 증가해 1978년에는 1만 8,339대, 1982년에는 1만 7,543대를 수출했다. 초기에 수출 지역은 중동, 남미, 아프리카 등에 소재한 개도국이었다. 아직 제품의 품질이 높지 않고 수출 경험도 부족해서 선진국 진출에는 무리가 있었기 때문이다. 당시 주요 수출국으로는 이집트, 사우디아라비아, 리비아, 카나리아 제도, 칠레, 그리스 등이 있었다. 그리고 수출 경험이 쌓이면서 자동차 규제가 상대적으로 덜 심한 서유럽 국가들로 진출을 모색하여 1978년부터는 벨기에와 네덜란드 등으로 시장을 확대했다.

국산 자동차의 수출에는 현대자동차뿐만 아니라 다른 자동차업

한국 자동차업체들의 수출 실적: 1978~1986년　　　　　　　(단위: 대, %)

		1978	1980	1982	1984	1986
승용차	기아	1,657	1,170	380	–	26
	대우	2,488	1,119	114	444	712
	현대	12,195	12,357	13,573	48,186	297,964
	(비중)	(74.5)	(84.3)	(96.0)	(99.0)	(99.7)
	쌍용	31	9	66	47	177
	계	16,371	14,655	14,133	48,677	298,879
자동차	기아	5,104	4,735	868	1,072	1,476
	대우	2,859	4,164	514	650	859
	현대	18,339	16,255	17,543	50,376	302,134
	(비중)	(69.6)	(84.3)	(86.5)	(96.2)	(98.6)
	기타	35	109	1,359	228	1,900
	계	26,337	25,252	20,284	52,326	306,369

(출처: 한국자동차공업협회. (2005). 한국자동차산업 50년사, p. 241)
주: ( )는 차종 중 현대의 수출 구성비율

체들도 참여했다. 기아는 1975년 9월 10대의 브리사 픽업을 카타르에 최초로 수출하면서 해외 진출을 시작했다. 비록 미미하지만 새한자동차도 수출을 했으며 상용차 생산에 특화된 아세아자동차는 트럭을 해외로 수출했다. 하지만 고유 자동차 모델을 개발한 현대자동차가 해외시장 개척에 가장 적극적이었다. 현대자동차가 1976~1983년 기간에 승용차 수출에서 차지하는 비율은 74~97%로 평균 86%에 이르렀다. 상용차를 포함한 전체 자동차 수출에서는 비중이 평균 70%에 달했다.

4
북미 시장 진출 성공과 좌절

성공적인 캐나다 시장 진출

개도국에서 수출 경험을 쌓은 현대자동차는 글로벌 자동차 메이커로 도약하기 위한 본격적 시도로서 1983년부터 캐나다 시장 진출을 시작했다. 북미에서 캐나다를 먼저 선택한 것은 미국 시장을 공략하기 전에 경험을 쌓기 위해서였다. 캐나다는 미국과 지리적으로 인접하고 같은 언어를 사용하는 문화권이기 때문에 자동차 시장의 특성이 매우 유사했다. 반면 세계에서 가장 큰 자동차 시장인 미국에 비해 시장 규모가 10분의 1에 불과해 상대적으로 경쟁이 심하지 않고 자동차 관련 규제도 덜 심한 편이었다.

1983년에 캐나다 진출 준비를 마쳤고 1984년 1월부터 한국에서 수입된 해치백 모델인 '포니2'의 현지 판매를 개시했다. 출시에 앞서 현대자동차는 캐나다 주요 도시의 오토쇼에 참석하고 '어매

이징 포니를 소개합니다Introducing the amazing Pony'라는 캐치프레이즈로 포니의 우수성과 기술력에 초점을 둔 대대적인 홍보를 했다. 그 결과 진출 첫해에 2만 5,123대의 포니2를 판매하는 데 성공했다. 이는 당해 캐나다 수입차의 10.1%를 차지하는 판매량이었다. 현대자동차는 일본의 혼다, 도요타, 닛산에 뒤를 이어 수입차 판매 순위 4위에 올랐다. 이듬해인 1985년에는 배기량 1,600cc의 스텔라까지 투입되면서 판매가 대폭 증가해 총 7만 9,000대(포니2 5만 1,000대와 스텔라 2만 8,000대)의 판매를 달성했고 그 결과 일본 자동차업체들을 제치고 캐나다 시장점유율 7%, 수입차 시장점유율 21%를 차지하면서 수입 자동차 메이커 1위의 자리에 올랐다.

새로운 역사를 쓴 미국 시장 진출

캐나다에서 성공을 거둔 현대자동차는 1986년 드디어 대망의 미국 시장 진출을 시작했다. 이를 위해 많은 준비를 했다. 캐나다 현지법인을 통해 1984년부터 미국 시장에 대한 조사에 착수했고 수집된 정보를 분석해 미국 사업을 위한 몇 가지 전략적 방향을 설정했다. 미국에 독립적인 현지법인을 설립하고, 자사 자동차만 판매하고 서비스하는 전문 딜러망을 구축하며, 가격은 경쟁 차종에 대비 70~80%로 설정하는 가격우위 정책을 추구하고, 부품의 안정적 공급을 통해 현지 A/S 서비스망을 조기에 가동한다는 것 등이었다.[9]

그에 따라 현대자동차는 1985년 4월 미국 LA에 현지법인 HMA Hyundai Motor America를 설립했고 미국 북동부 지역을 위해 뉴욕 주

뉴저지에, 남동부 지역을 위해 조지아 주 애틀랜타에 지사를 설치했다. 아울러 현지 딜러들을 모집하기 위해 자동차 전문잡지인 『오토모티브 뉴스』에 광고를 게재하고 미국 자동차 딜러협회인 NADA National Automobile Dealer Association가 매년 개최하는 콘퍼런스에서 적극적인 홍보를 전개했다. 그 결과 1985년에 목표로 했던 200개의 딜러를 모집할 수 있었다. 또한 백커앤스필버그Backer & Spielvoger라는 현지 광고회사와 계약을 맺고 1단계로 현대의 기술력과 신뢰성을 홍보하는 데 주력했다. 2단계에서는 '합리적인 차Cars that make sense'라는 슬로건을 내세워 가격 대비 성능의 우수성을 강조했다. 한편 현대자동차는 캐나다보다 엄격한 미국의 자동차 안전 및 배출가스 규정을 통과하기 위해 1985년 초부터 현지실험을 시작했다. 안전 규정에서는 브레이크 성능, 내구성, 부식성 등 무려 8개 항목에 달하는 기준을 충족시켜야 했다. 배출 가스의 경우 연방정부는 일산화탄소에 대한 기준이 매우 엄격했고 캘리포니아 주의 경우 질소산화물에 대한 기준이 높아서 양자를 모두 만족시킬 필요가 있었다. 현대자동차는 미국 현지에서의 많은 테스트와 부단한 개선노력을 통해 1985년 말에 미국 시장 진출을 위해 필요한 모든 안전성 및 배출가스 테스트를 통과했다.

미국 자동차 수출은 울산 항구에서 선적된 엑셀 1,050대가 1986년 2월 중순 미국 플로리다 주 잭슨빌 항구에 도착하면서 시작되었다. 미국 시장에서 엑셀에 대한 반응은 폭발적이었다. 미국 언론들에 의해 앞서 진출한 캐나다 시장에서 엑셀의 인기가 높았다는 것이 크게 보도되면서 이미 긍정적인 이미지가 형성되어 있었다. 거기에 현대자동차의 치밀한 사전 준비가 효과를 발휘하면서 엑셀은 불과 4개월 만에 5만 2,396대가 판매되어 1958년 프랑

1986년 미국 수출을 위해 하역되는 엑셀 승용차

(출처: http://www.koreatimes.com/article/20110527/664386)

스 르노사가 세운 수출 개시 첫 해의 최대 판매기록을 갈아치우는 신기록을 세웠다.

수출 첫해인 1986년 판매량은 총 16만 8,000대로서 애초 목표 10만 대를 훨씬 초과하는 것이었다. 그 결과 미국 경제전문지인 『포천』은 엑셀을 1986년 미국에서 성공한 10대 상품의 하나로 선정했다. 『뉴욕타임스』는 당시 현대자동차 사장이었던 정세영을 미국에서 선풍을 인기를 끈 히트상품을 발명한 산업계 영웅 여섯 명 중 한 명으로 선정했다. 또한 엑셀의 성공은 미국 자동차전문지 『오토모티브 뉴스』가 연말에 발표하는 세계 자동차 11대 뉴스에서 6위에 올랐다. 엑셀은 다음 해인 1987년에 26만 3,000여 대가 판매되어 수입 소형 승용차의 연간 판매 1위를 기록했고 전체 소형 승용차 시장에서도 포드의 에스코트$_{Escort}$의 뒤를 이어 2위에 올랐다.

미국 시장에서 성공 요인

현대자동차가 미국에서 단기간에 큰 성공을 거둔 데는 여러 가지 대내외적인 요인들이 복합적으로 작용했다. 우선 미국에 출시된 엑셀의 우수한 가격 대비 성능이었다. 모델명은 정확히 포니엑셀이었는데 미쓰비시의 섀시기술, 자동차 디자인 거장 조르제토 주지아로가 설계한 스타일링, 영국 CKN의 CV조인트 기술에 기반을 둔 전륜구동 방식을 채택해 1985년 2월에 개발되었다. 특히 현대는 엑셀에 전륜구동 시스템을 도입하기 위해 미쓰비시와 기술제휴를 하고 그에 대한 대가로 자사 지분 10%를 제공하는 파격적인 계약을 맺었다. 당시 우수한 연비와 제동력으로 전륜구동이 일반화되고 있었기 때문에 큰 매력 포인트가 되었다.

엑셀의 미국 판매가격은 4,995달러로 설정되었다. 이는 일본의 경쟁 차종들보다 1,000달러 이상 저렴했다. 이를 강조하기 위해 현대는 '같은 값으로 신차 두 대를 살 수 있다.'라는 내용의 광고를 전면에 내세웠다. 이와 더불어 캐나다에 먼저 진출해서 문화와 제도가 다른 북미시장에 대한 직접적 경험을 축적하고 미국 시장 진출을 위해 마케팅 전략을 세우고 판매와 서비스 조직 등에 대해 철저히 사전 준비를 한 것도 성공의 요인이었다.

하지만 현대자동차의 놀라운 성공에는 외부적인 요인도 큰 기여를 했다. 1980년대 중반에는 두 차례의 오일쇼크로 국제적으로 유가가 가파르게 오르고 있었다. 따라서 대형차보다는 연비가 저렴한 소형차 수요가 많이 증가했다. 하지만 미국 자동차 메이커들은 전통적으로 대형 승용차 생산에 주력하고 있었기 때문에 새로운 수요를 만족할 만한 소형차 모델을 가지고 있지 못했다. 따라서 당

1988년 미국에서의 엑셀 광고

시 미국 시장에서는 엑셀과 같이 연비가 우수한 소형차에 대한 공급이 크게 부족한 상태였다.

더욱이 이러한 공급 부족을 메울 수 있는 일본 소형차들의 수입은 미-일 간 체결된 자동차 수출자율규제voluntary export restraint에 의

해 제한되었다. 즉 소형차 수요 증가로 일본 자동차 수입이 급증하자 미국정부는 일본정부에 압력에 넣어 1981년부터 매년 일본 자동차 수입 대수를 165만 대로 제한하는 자율적 수출규제를 실시토록 하였다. 일본 자동차 메이커들은 수출 가능 물량이 제한되자 미국 시장에서의 더 많은 매출과 수익을 올리기 위해 저렴한 소형차보다는 판매 가격이 상대적으로 높은 중대형 고급 승용차의 판매에 주력했다. 그 결과 1980년대 중반에 이르러서는 소형차의 공급 부족으로 5,000달러 수준의 저렴한 소형 신차를 시장에서 찾기가 어려웠다. 이러한 상황에서 현대 엑셀의 미국 출시는 자동차 구매자들에게 반가운 소식일 수밖에 없었다. 미국 구매자들은 현대자동차의 엑셀을 일본 승용차와 품질이 비슷하지만 가격이 훨씬 저렴한 새로운 소형 승용차로 인식했던 것이다.

북미시장에서의 매출 하락

미국에서의 판매 호조는 1988년도 말부터 둔화하기 시작하더니 1989년부터는 판매량이 크게 하락했다. 미국보다 먼저 진출한 캐나다에서는 1987년부터 이미 판매량 감소가 나타났다. 1988년에 미국에서 현대자동차는 26만 대의 승용차를 판매했는데 1989년과 1990년에는 판매대수가 18만 대와 14만 대로 감소했다. 미국 시장에서 금융불안과 중동사태 등으로 자동차 수요가 두 해에 각각 7.3%와 4.9%가 감소했다는 점을 고려하더라도 현저하게 큰 하락이었다. 가장 큰 원인은 품질이었다. 북미에서 자동차 판매를 시작한 지 2~3년이 지나면서 고장이 자주 발생했고 그로 인해 현대

업체별 자동차 수출 실적: 1986~1990년 (단위: 대, %)

		1986	1987	1988	1989	1990
승용차	기아	26	60,336	73,813	89,981	79,758
	대우	712	71,082	85,284	43,215	33,947
	현대	297,964	403,419	404,881	213,639	225,263
	기타	177	394	533	438	704
	계	298,879	535,231	584,511	437,273	339,662
사용차		7,490	11,079	11,623	8,767	7,438
합 계		306,369	546,310	576,134	356,040	347,100
(증가율)		148.9	78.3	5.5	-48.2	-2.5

(출처: 한국자동차공업협회, 「한국의 자동차산업」, 1996. 7.)

차 구매자들의 불만이 고조되었다. 더욱이 미국에서는 중고차 시장이 활발하기 때문에 중고차 가격이 얼마나 유지되는가가 신차 구매에서 중요한 하나의 기준이 됐다. 현대자동차는 품질 문제로 중고차 가격이 크게 하락했기 때문에 신차 구매를 꺼리는 경향이 나타났다.

현대자동차는 판매 부진에서 벗어나기 위해 미국에 5개의 신규 부품센터를 설치해 전국적인 부품 서비스 체제를 강화하고 딜러의 수를 1988년 278개에서 1991년 562개로 늘리는 등 판매망 확충에 힘을 기울였다. 특히 초기에 딜러 수가 부족했던 중서부 지역에 129개의 신규 딜러를 선정했다. 또한 1990년에는 중서부 딜러들에게 제품을 신속히 배송하기 위해 오레곤 주 포틀랜드 항에 현대자동차 전용 하역장을 준공했다.[10] 하지만 미국 소비자들은 경험을 통해 이미 현대자동차가 내구성과 품질에서 일본산 자동차들과는 현격한 차이가 있다는 것을 명확히 인식하게 되었다. 심지어 현대자동차의 품질 문제는 미국의 언론과 방송에서 빈번히 조롱거리가 되어 브랜드 이미지를 더욱 추락시켰다. 이러한 상황은 1980년대 후반부터 일본 자동차업체들의 미국 내 현지생산 증가로 공급과잉

발생하면서 더욱 나빠졌다. 현대자동차의 판매 부진은 1990년대에도 계속되었다.

캐나다 투자 실패: 브루몽의 악몽

북미시장에서의 시련은 판매 감소에서 끝난 것이 아니라 야심차게 추진했던 캐나다 생산공장의 실패로 이어졌다. 미국과 캐나다에서 엑셀이 폭발적인 인기를 얻으면서 판매되자 현대자동차는 1986년 캐나다 퀘벡 주 브루몽Bromont에 약 4,000억 달러를 투자해 연간 10만 대의 자동차 생산공장을 착공했다. 창사 이래 최초로 해외 공장의 건설을 결정한 것이었다.

공장 건설의 목적은 북미시장을 공략하기 위한 현지 생산기지의 구축이었다. 현대자동차는 북미에서 판매가 확대되면서 일본 자동차업체들의 경우와 같이 한국정부가 미국정부로부터 압력에 굴복해 자동차 수출을 자발적으로 제한하는 수출자율규제를 실시할 것을 우려했다. 캐나다는 미국과 자유무역협정이 체결되어 있었기 때문에 캐나다에서 자동차를 생산하면 그러한 무역장벽을 회피할 수 있었다. 아울러 미국과 근접한 캐나다에서 자동차를 생산하면 물류비를 절감하고 빠른 현지 대응이 가능해 경쟁력 강화에 기여할 것으로 기대되었다. 캐나다 브루몽은 몬트리올과 미국 국경에서 자동차로 1시간 남짓한 거리에 있었다. 현대자동차의 캐나다 매출의 약 40%가 퀘벡 주에서 발생하고 있었기 때문에 브루몽은 매력적인 생산거점으로 판단되었다. 더욱이 퀘벡 주 정부는 현대자동차의 투자를 유치하기 위해 토지의 무상 공여, 공장에서 사용

하는 전기요금 인하, 무이자 대출 등을 통해 총 1억 3,100만 달러의 보조금을 지급했다.[11]

브루몽 공장은 완공되어 1989년부터 현대가 수출 전략형 중형차로 개발된 전륜구동의 2,400cc급 쏘나타 Y2를 생산하기 시작했다. 하지만 곧 캐나다 공장은 큰 전략적 실수였다는 것이 드러났다. 공장이 생산을 시작한 시기에 이미 현대자동차의 북미 매출은 곤두박질을 치고 있었고 그로 인해 생산 능력 대비 공장 가동률은 20% 수준에 머물렀다. 공장 착공 당시 한국의 국내 승용차 총 판매대수가 16만 대에 미치지 못했던 점을 고려할 때 연간 10만 대 규모의 해외 공장 건설은 지나친 자만이었다.

더욱이 문화가 현저히 다른 캐나다에서 처음 대단위 공장을 운영하다 보니 한국 공장으로부터의 기술 이전 및 현지 채용인력의 교육과 관리 등이 잘 이루어지지 않아 현지 생산 승용차의 품질이 수입차에 미치지 못하는 문제가 발생했다. 품질 문제는 부품 조달의 어려움과도 연관되어 있었다. 자동차는 특성상 많은 부품을 외부업체로부터 공급받아야 한다는 사실을 사전에 충분히 고려하지 못했던 것이다. 즉 현대자동차의 경영자들은 투자 결정 당시 캐나다 공장에서 필요한 부품들은 현지 부품업체들로부터 조달하고 핵심 부품은 한국에서 수입하면 될 것으로 안일하게 생각했다. 하지만 공장이 가동되면서 현지업체들로부터의 부품 공급이 원활히 이루어지지 않았다. 한국으로부터의 부품 수입은 관세와 복잡한 통관절차로 비용 상승 및 공급 지연이 발생했다. 결국 현대자동차는 1993년에 브루몽 공장의 가동을 중단했고 1996년에 공장 매각을 통해 완전히 철수했다.

5
자립적 자동차 개발 능력 확보

자동차 설계 기술

현대자동차는 비록 북미시장에 성공적으로 진입했지만 독자적인 자동차 설계기술이 확보되지 않아 선진적인 종합 자동차 메이커로 성장하는 데 한계가 있었다. 그래서 1980년대부터 독자적인 자동차 설계 기술을 개발하기 위해 많은 노력을 기울였다.

자동차의 구조는 차체$_{body}$와 섀시$_{chassis}$로 구성되어 있다. 차체란 자동차의 외형에 해당되는 부분을 의미하고 섀시는 차체를 제외한 나머지 부분을 일컫는다. 최초의 한국 고유 모델인 포니는 자동차 차체 디자인을 해외 업체인 이탈디자인에 외주했다. 현대자동차는 그때 협업 경험을 바탕으로 후속 신차를 출시할 때마다 꾸준히 독자적인 자동차 디자인 및 차체 설계 능력을 개발해 나갔다. 그 결과 1988년에 출시된 쏘나타 Y2에서는 외부의 도움 없이 독자 기술로 외형 디자인, 차체 구조설계, 상세 부속설계에 이르기까지 컴퓨터 CAD·CAE 프로그램을 활용해 완료할 수 있었다.

하지만 자동차 섀시는 동력전달장치, 서스펜션, 스티어링 장치, 브레이크 장치, 주행장치 기술 등 여러 부분으로 구성되어 있어 기술이 복잡하고, 이들 부분을 설계하고 통합하는 데 많은 노하우가 필요하기 때문에 개발이 더디게 진행되었다. 그로 인해 초기 승용차 모델들은 대부분 일본 미쓰비시가 개발한 섀시 기술을 도입해 제작되었다. 하지만 현대자동차는 많은 투자와 노력을 들여 독자적인 섀시 기술을 개발했다. 이를 신차에 최초로 적용한 것은 1994년 4월에 출시된 엑센트 모델이었다. 시기적으로 보면 1991년 자체 개발한 알파 엔진과 변속기보다 훨씬 뒤처진 것이다. 현대자동차가 알파 엔진과 변속기 개발에 절대적 우선순위를 두었기 때문에 상대적으로 섀시기술의 개발이 늦추어졌다고 볼 수 있다.

알파 엔진 및 변속기 개발

현대자동차는 국제적인 종합자동차 메이커로 성장하기 위해서 핵심부품인 엔진과 변속기의 자체 개발 능력이 필수적이라고 판단했다. 따라서 1984년 7월에 마북리 연구소를 설립하고 1,000억 원의 연구개발비를 투입해 독자적인 엔진과 변속기 개발에 착수했다.

엔진 개발

엔진 개발은 영국의 기술용역회사인 리카르도Ricardo PLC와 제휴

현대자동차의 독자기술로 개발한 알파 엔진

(출처: http://www.edaily.co.kr/news/news_detail.asp?newsId=01685926592932184&mediaCodeNo=257&OutLnkChk=Y)

를 통해 진행되었다. 현대자동차는 이전까지 일본 미쓰비시의 새턴과 오리온 엔진을 공급받아 승용차에 장착했다. 미쓰비시가 독자적 엔진 개발계획에 반대하고 비협조적이었기 때문에 영국업체와 제휴를 선택한 것이다.[12]

리카르도는 자동차 관련 전문 설계 및 제작사로서 100년 이상의 전통을 가지고 있었고 수많은 자동차용 엔진은 물론 전차용 엔진을 설계한 경험도 있었다. 리카르도는 배기량 1.5리터 알파 엔진을 기초 설계했다. 마북리 연구소는 이를 바탕으로 시제품을 만들어 시험하고 개량하는 작업을 했다. 하지만 영국에 파견된 현대자동차 엔지니어들의 경험 부족과 기술 유출을 우려한 리카르도 직원들의 비협조적 태도로 개발 초기에 많은 어려움을 겪었다. 그에 굴하지 않고 현대자동차 엔지니어들은 성능, 내구성, 진동, 소음 등의 문제를 하나씩 해결해 나갔으며 드디어 엔진 개발을 시작한 지 6년 반 만인 1991년에 알파 엔진 개발에 성공했다(그 과정에 대한 상세한 설명은 '5장 1. 현대자동차의 알파 엔진의 개발' 참고).

변속기 개발

변속기의 경우 수동변속기는 현대의 독자 기술로 자동변속기는 미쓰비시와 공동설계로 개발을 추진했다. 수동변속기의 경우 상대적으로 기술이 쉬운 편이어서 알파 엔진 개발과 거의 동시에 개발을 완료할 수 있었다. 하지만 자동변속기의 개발에는 더 많은 시간이 소요되었다. 자동변속기는 수동변속기보다 훨씬 복잡해 더 고도의 기술이 요구되었기 때문에 설계와 시험을 기술제휴사인 미쓰비시에 의존할 수밖에 없었다. 하지만 기술 유출을 우려한 미쓰비시의 비협조적 태도로 인해 어려움을 겪었다.

드디어 현대자동차는 1998년에 도면설계에서부터 생산과 조립까지 독자 기술로 개발한 전륜 5단 자동변속기를 생산할 수 있었다. 하지만 이 변속기는 미쓰비시 변속기를 기반으로 성능을 향상시킨 것으로서 여전히 일본제나 독일제 변속기와 비교해 성능이 떨어진다는 평가를 받았다. 현대자동차는 더욱 우수한 자동변속기 개발의 필요성을 느꼈고 2001년 세계 최초로 6단 변속기 개발에 성공한 독일의 자동차 부품 전문업체 ZF와 공동 개발을 추진했다. 그러나 ZF가 과도한 라이센스 비용 요구 등 여러 가지 난관에 부딪히자 공동개발 계획을 전면 수정했고 2004년부터는 독자적으로 자동변속기 개발에 착수했다. 오랜 연구 끝에 결국 2009년에 세계에서 세 번째로 6단 자동변속기를 개발하는 성과를 올렸다.

현대자동차의 해외 연구개발 네트워크

	연구소 명	국명	설립일	주요연구
현대	미국기술연구소	미국	1985	-배기, 연비, 안전도 엔지니어링 연구
	현대디자인센터	미국	1990	-디자인 연구
	유럽기술연구소	독일	1994	-유럽시장에 적합한 기술·제품 연구
	일본기술연구소	일본	1994	-일본시장에 적합한 기술·제품 연구
	인도기술연구소	인도	2006	-인도시장에 적합한 기술·제품 연구
	중국기술연구소	중국	2013	-중국시장에 적합한 기술·제품 연구

(출처: 현대자동차 홈페이지)

해외 연구개발 네트워크 구축

현대자동차는 1980년대부터 해외 연구소들을 설립해 외국의 우수한 기술과 인력을 자동차 개발에 활용했다. 미국 시장 진출 전년도인 1985년에는 미국 디트로이트의 앤 아버Ann Arbor에 한국 자동차업체로서는 최초로 기술연구소Hyundai America Technical Center를 설립해 배기가스, 연비, 안전도 등에 대한 연구를 시작했다. 1990년에는 세련된 자동차 디자인 기술을 개발하기 위해 캘리포니아 주 어바인에 현대디자인센터Hyundai Design Center America를 설립했다. 1994년에는 독일과 일본에도 기술연구소를 설치해 주요 자동차 생산국에서 중요한 기술 개발과 동향을 파악하도록 했다. 2005년에는 미국에서 대규모 생산공장이 앨라배마 주에 건립됨에 따라 당해 미국기술연구소를 디트로이트 앤아버 인근의 슈페리어타운십Superior Township으로 확장 이전했다. 그곳에서 미국 현지에서의 차량설계, 파워트레인, 전자개발, 충돌 안전, 제품기획 및 법규인증 등 업무를 총괄토록 했다.

이처럼 현대자동차는 주요 선진국에 연구소를 설치해 첨단 자동차 기술을 감지하고 획득하는 데 주력했다. 동시에 양대 신흥시장인 인도와 중국에 각각 연구소를 설립해 현지 상황에 맞는 자동차 개발에 심혈을 기울였다. 2006년에는 인도 중남부에 위치한 하이데라바드Hyderabad에 기술연구소를 설립했고 철저한 현지시장 분석을 바탕으로 2015년에는 소형 SUV 크레타를 개발하여 선풍적인 인기를 끌었다. 중국에는 2013년 산동성 연태시에 기술연구소를 설립해 현지화된 자동차 개발뿐만 아니라 친환경 자동차 개발을 지원하는 중국 정부의 정책에 발맞추어 전기자동차 개발에도 노력하고 있다.

자동차 생산의 완전 국산화 실현

자동차 설계 및 핵심 부품 개발 능력이 축적됨에 따라서 자동차의 국산화 비율은 점차 높아졌다. 앞서 언급한 바와 같이 현대가 1988년에 출시된 쏘나타 Y2의 디자인과 차체는 완전히 독자적인 기술로 개발되었다. 1991년에 개발된 알파 엔진과 수동변속기는 당해에 출시된 스쿠프Scoupe에 처음 장착되었다. 하지만 자동차 섀시는 관련 기술이 복잡하고 알파 엔진 개발로 우선 수위가 밀렸기 때문에 1994년 4월에 출시된 엑센트 모델에서야 비로소 완전한 독자적 기술이 적용되었다.

핵심 부품 중 가장 국산화가 늦었던 것은 자동변속기였다. 현대는 미쓰비시의 기술 도입을 통해 1998년부터 자체 생산한 전륜 5단 자동변속기를 출시하는 승용차들에 장착했고 2009년에 이르러서야 완전히 독자 개발한 6단 자동변속기를 '그랜저 럭셔리' 모델

완전히 국산화된 자동차 기술로 최초 생산된 모델인 엑센트

(출처: https://blog.naver.com/elimcar8200/220492689899)

에 적용할 수 있었다. 그 뒤를 이어 2010년에는 8단 후륜 자동변속기의 개발을 완료하여 2012년형 제네시스 모델에 최초 적용됐다.

현대자동차는 이상과 같이 차근차근 독자적인 자동차 생산기술을 축적해 나갔다. 그 과정에서 중요한 이정표가 된 것은 1994년 엑센트의 출시였다. 이 모델은 엔진, 변속기, 차체, 섀시에 이르기까지 완전히 독자기술로 개발된 최초의 승용차였기 때문이다. 독자기술로 개발되었기 때문에 엑센트는 소형급임에도 개발 비용이 다른 모델보다 두 배 이상 소요되었고 개발 기간도 훨씬 길었다.

엑센트는 1.3리터와 1.5리터 알파 엔진을 장착한 2개의 모델로 출시되었고 곡선 위주로 디자인된 올라운드 클린바디를 채택한 세련된 외형을 가지고 있어서 국내외 시장에서 큰 인기를 끌었다. 엑센트 중 자동변속기를 설치한 모델 이외에는 독자기술로 개발되었기 때문에 미쓰비시를 비롯한 외국업체에 로열티를 지급할 필요가 없었다. 그런 점에서 엑센트의 개발은 현대자동차가 완전한 자동차 생산기술을 확보했다는 것을 상징하는 중요한 이정표가 되었다.

6
수출시장 다변화 전략과 수출 증가

현대자동차의 수출시장 다변화

현대자동차는 미국 시장에서 품질 문제로 급격한 매출 하락을 경험한 후 특정 해외시장에 지나치게 의존하는 것이 위험하다는 것을 인식하게 되었다. 예컨대 1986년부터 1988년 기간에 현대자동차의 수출에서 북미시장이 차지하는 비율은 85~89%에 달했고 미국 시장이 차지하는 비율도 67~81%에 이르렀다. 현대는 북미시장에 대한 의존도를 낮추기 위해 수출시장 다변화를 새로운 전략으로 설정하고 1987년 초에 수출본부 내 시장조사팀을 설치해 유럽, 중남미, 아시아, 오세아니아 등 새로운 해외시장의 개척에 주력했다. 그러한 노력은 성공을 거두어 아시아에서는 대만, 태국, 몽고 등 유럽에서는 스위스, 아일랜드, 포르투갈, 덴마크, 노르웨이, 아이슬란드 등 오세아니아에서는 호주, 카나리아 제도, 괌 등이 새로운 시장으로 추가되었다.

특히 호주에서는 1988년에 엑셀이 4,710대가 판매되어 수입 소형차 중 최고 판매실적을 올렸고 1989년에 새로 중형급인 쏘나타가 출시되며 판매대수가 7,641대로 급증했다. 아시아에서는 대만이 주요 수출시장으로 부상하면서 아시아와 오세아니아 지역이 전체 판매에서 차지하는 비중이 1988년에 7.6%로 그 이전에 비해 두 배 이상 증가했다. 아울러 현대자동차는 각국의 수입 장벽을 회피하기 위해 부품을 수출해서 현지에서 조립 판매하는 방식knocked down의 수출도 추진했다. 캐나다 브루몽 공장의 실패에 따른 충격으로 해외에 대규모 생산공장을 짓기보다는 개발도상국 중심으로 부품을 수출해서 현지에서 조립 판매하는 방식의 소규모 조립공장을 설립해 점차 생산을 현지화하는 방향으로 전략을 선회한 것이다. 그에 따라 브루몽 공장 이후 최초로 1993년 태국에 연산 1만 대 규모의 조립공장이 설립되어 엑셀과 엘란트라를 생산했다. 다음으로 무역장벽이 높았던 남아프리카 지역의 보츠와나와 짐바브웨에서 현지생산을 했으며 필리핀, 인도네시아, 베트남 등에도 1~2만 대의 소규모 현지 조립생산이 이루어졌다.

한편 1995년에 터키에서 아싼Assan의 지주회사인 키바 홀딩Kibar Holding과 50:50 합작법인 현대 아싼Hyundai Assan을 설립해 1997년부터 연산 6만 대 규모로 엑센트, 아반테, 그레이스 등의 현지생산을 시작했다. 현대자동차가 터키에 상대적으로 큰 규모의 조립공장을 설립한 것은 터키 내수시장 공략은 물론 터키를 앞으로 유럽, 중동, 아프리카 등의 지역에 수출할 자동차의 생산거점으로 육성하겠다는 전략적 고려가 있었기 때문이다.

1997년 현재 자동차 3사의 해외 생산공장 현황

	기아	대우	현대
북미	-	-	캐나다(10/1989년): 철수
남미	베네수엘라(0.8/1992년)	-	베네수엘라(2/1996년)
서유럽	독일(3/1995년)	-	네덜란드(0.2/1995년)
동유럽	-	루마니아(10/1996년) 폴란드(29/1996년) 우즈벡(20/1996년) 체코(2.3/1996년)	헝가리(0.1/1996년)
아시아	대만(3/1989년) 필리핀(1/1989년) 이란(5/1993년) 베트남(0.5/1994년) 파키스탄(1.5/1995년) 말레이시아(1/1996년)	중국(0.5/1995년) 인도(16/1995년) 인도네시아(1/1995년) 베트남(2.2/1996년) 필리핀(1.5/1996년) 이란(0.6/1996년)	태국(1/1993년) 필리핀(1.2/1995년) 인도네시아(1/1995년) 베트남(2/1997년) 터키(5/1997년)
아프리카	-	-	보츠와나(2/1993년) 짐바브웨(0.5/1994년) 이집트(2/1994년)
합계	8개국 15.8만 대	10개국 83.1만 대	11개국 17만 대

(출처: 기아연구소, 『한국 자동차산업』, 1997. 2.)
주: ( )내는 생산능력(단위 만 대), 생산개시 연도.

기아산업의 수출시장 다변화

자동차 수출은 1980년대 후반부터 높은 증가율을 보였다. 이는 현대자동차의 수출다변화 전략이 주요한 원인이었지만 우리나라의 다른 자동차 메이커들도 본격적인 해외 진출을 시작했기 때문이다.

기아산업은 1983년부터 미국 포드자동차가 주도하는 월드카 계획에 참여하면서 마쓰다가 개발 중이던 소형차 모델을 도입해 1,100cc급 프라이드를 생산하게 되었다. 본래 포드-마쓰다-기아의 제휴에서 마쓰다가 소형 승용차 개발은 물론 생산까지 담당할 예정이었다. 그런데 미국-일본 간 자동차 수출자율규제가 시행되면서 일본으로부터 미국으로 자동차 수출이 어려워지자 포드가 전략을 전면 수정해 기아를 생산업체로 선정한 것이다. 기아는 마쓰다로부터 기술 지원을 받아 1987년 소형급 승용차 프라이드를 출시했다. 이 모델은 포드의 판매망을 통해 미국에서 1987년에 6만 대가 판매되었고 1988년에는 7만 3,000대가 판매되었다. 중국, 터키, 이란, 베네수엘라, 브라질, 영국, 일본 등으로도 수출되었다. 기아는 그 뒤를 이어 고유 자동차 모델로 개발한 세피아$_{Sephia}$와 스포티지$_{Sportage}$를 독일, 이탈리아, 벨기에 등 서유럽 국가에 수출하는 성과를 올렸다.

　기아는 부품을 수출해서 현지에서 조립 판매하는 방식$_{KD}$을 통한 수출에도 적극적이었다. 가장 먼저 진출한 곳은 대만으로 포드 자동차 현지 자회사인 포드 리호$_{Ford\ Lio\ Ho}$와 프라이드의 현지생산 계약을 맺고 1989년 1월에 우리나라 자동차업체로서는 최초로 반조립 제품$_{CKD}$ 방식으로 수출해 3월에 현지 조립생산이 시작되었다. 또한 같은 해 6월 필리핀에서 기아가 개발한 농촌용 1톤 트럭 세레스$_{Ceres}$를 조립 생산하기로 현지기업 CMC와 계약을 맺고 부품을 수출해서 현지에서 조립 판매하는 방식$_{KD}$으로 1,000대를 수출했다. 1990년 8월에는 필리핀에서 아키노 정부가 주도하는 국민차 계획의 7개 참여업체 중 하나로 선정되어 당해에 1차분으로 4,000대의 프라이드를 반조립 제품$_{CKD}$ 방식으로 수출하는 성과를 올렸다.

　1992년에는 베네수엘라, 1993년에는 이란에 각각 프라이드 부품을 수출해서 현지에서 조립 판매하는 방식$_{KD}$으로 수출 개시했다. 특히 이란에는 현지 최대 자동차업체인 사이파$_{SAIPA}$가 프라이드를 현지공장에서 조립 생산하는 방식으로 진출했다. 판매액의 4%를 로열티로 받기로 해 국내 자동차산업에서 최초로 기술 수출이 이루어졌다. 그 뒤를 이어 기아는 프라이드와 세레스(1톤 트럭)의 부품을 수출해서 현지에서 조립 판매하는 방식KD로 1994년에 파키스탄과 베트남에 진출했다. 1993년에는 세피아가 인도네시아 정부에 의해 국민차 모델로 선정되는 쾌거를 올리기도 했다. 하지만 후속적인 인도네시아 진출은 일본 자동차회사들에 의한 WTO 제소 및 아시아 경제 위기로 인한 수하르토 정부의 몰락으로 끝내 실현되지 못했다.

대우자동차의 합작 종결 및 독자적 해외 진출

GM코리아의 부도로 산업은행이 인수했던 신진자동차의 지분은 1978년에 대우그룹에 의해 인수되었다. 대우그룹은 회사명을 기존의 새한자동차에서 대우자동차로 변경했다. 현대그룹의 정주영 회장과 비슷하게 대우그룹 김우중 회장도 대우자동차를 글로벌 자동차 메이커로 키우겠다는 큰 야망을 품고 있었다. 하지만 현대와 달리 대우자동차는 미국 GM과 50:50 합작법인이었기 때문에 해외시장 개척에 많은 지장이 있었다. 이미 세계 각국에 진출해 있던 GM에게 대우자동차는 당시 진입 장벽이 높은 한국시장에서 자동차를 팔기 위한 수단에 불과했다. 따라서 대우가 생산한 자동차를 한국 이외의 지역에서 판매하는 것을 반대했다.

하지만 GM이 포드와 비슷한 월드카 전략을 추진하면서 대우에도 기회가 찾아왔다. 즉 GM은 가격 경쟁력 확보를 위해 인건비가 저렴한 아시아에서 소형차를 생산해 전세계에 판매한다는 계획을 세웠다. 대우는 GM을 적극적으로 설득해 소형차 생산자로 선정되었다. 그에 따라 GM의 독일자회사인 오펠Opel이 수출을 위해 전략적으로 개발한 카데트Kadett 모델을 도입하고 공장건설 및 엔지니어링 기술지원을 받아 1986년에 중형급 르망Lemans을 출시했다. 르망은 GM을 통해 미국에 수출되어 1987년에 6만 8,000대, 1988년에는 7만 6,000대가 판매되었다.

하지만 대우는 GM의 판매지역 제한으로 수출시장을 다변화하기가 어려웠다. 이에 대우는 그룹 차원에서 1980년대 말부터 개발도상국 수출을 위한 경차 개발을 독자적으로 추진하기 시작했다. 이 사실을 안 GM은 대우의 타 계열사에 의한 경차 개발은 합작계약 위반이라고 극구 반대했다. 하지만 대우는 대형차 생산 위주인 GM은 경차를 생산할 기술을 보유하고 있지 않음을 강조하며 설득했다. 결국 경차 생산은 GM과 합작관계가 없는 계열사 대우조선이 담당하게 되어 일본 스즈키와 기술제휴로 1991년 5월에 796cc급 경승용차 티코Tico를 출시했고 11월에는 경차 밴 다마스Damas와 경차 트럭 라보Labo를 출시했다.

그 후 대우와 GM 간의 갈등이 더욱 깊어졌다. 대우는 독자 경영을 위해 1992년 12월 GM과의 합작 관계를 종결했다. 하지만 1994년까지는 기존 계약에 따라 서유럽 시장에 자동차를 수출하는 것이 제한되었기 때문에 동유럽, 중남미, 아시아 지역의 개도국들을 중심으로 수출을 본격화했다. 반면 대우중공업(1994년에 대우조선과 합병됨)이 생산하던 경승용차는 그러한 수출 제한으로부터 자유로웠기 때문에 서유럽 시장에 대한 적극적인 수출을 추진했다. 1990년대 중반부터는 대우그룹 김우중 회장이 추진한 세계 경영의 일환으로 동유럽 진출 전략을 기존의 수출 위주에서 현지 기업의 인수 및 합작투자를 통한 현지생산으로 전환하면서 동유럽 시장 개척에 큰 성공을 거두었다(그에 대한 상세한 설명은 '5장 2. 대우 그룹의 세계경영과 대우자동차의 동유럽 진출' 참고).

자동차 수출 증가 및 지역 다변화

1980년대 말부터 수출지역이 다변화되고 현대자동차뿐만 아니라 기아산업과 대우자동차가 본격적으로 해외시장 개척에 나서면서 우리나라 자동차의 해외 수출은 빠른 속도로 증가했다. 1993년 자동차 수출은 63만 9,000대로 이전의 최고 고점을 넘어섰으며 1996년에는 121만 대를 수출해 최초로 100만 대를 돌파했다. 1993~1997년 기간 자동차 수출의 연평균 증가율은 20%를 넘었고 특히 전체 자동차 수출에서 승용차가 차지하는 비율이 90%에 가까웠다. 1995년에는 국내 승용차 총생산 253만 대를 달성함으로써 한국은 세계 5위의 자동차 생산국으로 발돋움했다.

업체별로는 현대자동차가 여전히 수출을 주도했지만 전체 수출에서 차지하는 비중은 1991년 65.4%에서 점차 낮아져 1997년에는 42.9%까지 하락했다. 하지만 현대자동차는 수출과 내수 판매 증가에 힘입어 1994년 11월 국내 최초로 자동차 생산 대수가 100만 대를 넘어섰고 그 해에 총 113만 4,611대를 생산해 생산 규모 기준 세계 13위의 자동차 메이커로 도약했다. 동 기간에 기아와 대우의 수출 비중은 상대적으로 높아졌다. 기아의 경우 1994년에 최고인 28.5%를 기록하고 그 후 20% 정도의 수준을 유지했다. 대우의 경우 1994년까지 10%대에 머물렀지만 김우중 회장이 추구한 세계경영이 본격화되면서 1995년부터 지속적으로 25% 이상을 기

자동차 업체별 수출 추이 1986~1997년 (단위: 대, %)

		1986	1991	1993	1995	1997
승용차	기아	–	72 (19.0)	121 (21.2)	164 (19.2)	228 (19.7)
	대우	1 (0.3)	51 (13.5)	102 (17.8)	247 (28.9)	333 (28.8)
	현대	298 (99.7)	254 (67.0)	337 (58.9)	415 (48.5)	495 (42.8)
	기타	–	2 (0.5)	6 (1.0)	16 (1.9)	101 (8.7)
	합계	299 (100.0)	379 (100.0)	572 (100.0)	856 (100.0)	1,156 (100.0)
자동차	기아	1 (0.3)	80 (20.5)	158 (24.7)	200 (20.4)	282 (21.4)
	대우	1 (0.3)	51 (13.1)	102 (16.0)	248 (25.3)	333 (25.3)
	현대	302 (98.7)	256 (66.4)	350 (54.8)	473 (48.3)	565 (42.9)
	기타	2 (0.7)	5 (1.3)	28 (4.4)	58 (5.9)	137 (10.4)
	합계	306 (100.0)	390 (100.0)	639 (100.0)	979 (100.0)	1,317 (100.0)

(출처: 한국자동차공업협회, (2005), 한국자동차산업 50년사, p. 346)
주: ( )는 구성비율. 1995년 이후는 KD 제외

록했다.

지역 다변화 노력의 결과 북미에 편중되었던 수출구조는 크게 개선되었다. 북미의 수출 비중은 1988년 89.1%로 매우 높았으나 1993년부터는 20% 내외로 크게 낮아졌다. 반면 1988년에 서유럽의 비중은 3.7%에 불과했는데 1995년에는 28.3%까지 상승해 북미를 제치고 우리나라 자동차의 가장 주요한 수출 시장이 되었다. 그밖에 1980년대 말에는 수출이 전무하던 동유럽에 대한 수출이 1995년부터 빠르게 증가해 1997년에는 이 지역에 대한 수출 비중이 14.2%를 기록했고 중동·아프리카, 아시아·태평양, 중남미 지역에 대한 수출 비중도 1990년대 이후부터는 10%대에 올라섰다.

이러한 통계는 한국이 1990년대에 들어와 북미 위주의 수출구

지역별 자동차 수출 추이 1988~1997년 (단위: 대, %)

	1988	1991	1993	1995	1997
북미	513,415 (89.1)	228,945 (58.6)	140,702 (22.0)	202,786 (20.7)	237,690 (18.0)
서유럽	21,104 (3.7)	55,833 (14.3)	131,329 (20.6)	276,549 (28.3)	362,590 (27.5)
동유럽	–	17,662 (4.5)	26,506 (4.2)	76,065 (7.8)	187,102 (14.2)
중동·아프리카	15,304 (2.7)	21,158 (5.4)	112,882 (17.7)	142,595 (14.6)	155,113 (11.8)
아시아·태평양	17,905 (3.1)	52,171 (13.4)	131,029 (20.7)	115,093 (11.8)	173,648 (13.2)
중남미	8,406 (1.5)	13,177 (3.4)	95,106 (14.9)	165,601 (16.9)	200,748 (15.2)
합계	576,134 (100.0)	390,362 (100.0)	638,557 (100.0)	978,688 (100.0)	1,316,891 (100.0)

(출처: 자동차공업협회, (2005), 한국자동차산업 50년사, p. 348)
주: ( )는 구성비율

조에서 벗어나 성공적으로 수출지역을 다변화했음을 보여준다. 이러한 지역 다변화에는 특히 자동차 3사가 추진한 개발도상국 중심의 신시장 개척과 동유럽에서 큰 성과를 올린 대우자동차의 세계 경영이 큰 기여를 했다.

7

글로벌 현지생산 및 판매 네트워크 구축

인도시장 진출 및 대규모 공장 설립

1989년 캐나다에 설립한 브루몽 공장의 실패 이후 현대자동차는 완성차 수출 및 부품 수출을 통해 현지 조립 판매하는 방식KD의 해외진출에 주력했다. 하지만 1996년 인도 진출과 함께 1998년 첸나이Chennai에 대규모 자동차 공장을 설립함으로써 본격적으로 현지생산에 기반을 둔 글로벌 판매 및 생산 네트워크 구축에 시동을 걸었다.

현대가 인도에 대단위 생산공장을 설립하기로 한 데는 여러 가지 전략적 이유가 있었다. 우선 인구가 10억 가까운 인도는 새로운 신흥시장으로 부상하면서 빠른 경제 성장을 이루고 있었다. 하지만 수입 자동차에 대한 높은 관세로 수출을 통해 인도시장을 개척하기는 거의 불가능했다. 아울러 인도 자동차시장의 높은 무역장벽과 낮은 국민소득(1996년 기준 396달러)으로 인해 세계적인 자동차 메이커들의 진입이 이루어지지 않은 상태였다. 그로 인해 국내 자동차 시장은 인도 정부와 일본 스즈키Suzuki 간의 합작회사인 마루티 우동Maruti Udong이 장악하고 있었다. 이 회사가 판매하는 승용차들은 시대에 뒤떨어진 낙후된 디자인과 기술을 채택하고 있었다.

한편 한국에서는 1980년대 후반부터 민주화의 영향으로 노동권이 강화되어 노무비가 빠르게 상승했고 1990년대 중반에 이르러서는 소형차 생산원가가 높아져 수출 채산성을 맞출 수 없었다. 결국 현대자동차는 한국에서 수출용 소형차 생산이 어렵다고 판단하고 생산기지를 해외로 옮기기로 결정했다. 후보지로서 중국, 동남아, 인도 등이 고려되었다. 중국은 현지 자동차회사와의 합작투자 및 기술이전 요구 등과 같은 경직된 규제로 내수와 더불어 수출을 겨냥한 대규모 공장을 건설하기가 부적합했다. 동남아는 인도보다 국민 소득이 높고 인프라가 잘 발달해 있지만 일본 자동차회사들이 1960년대부터 생산기지를 구축하고 있어서 경쟁에서 불리하다고 판단되었다. 따라서 현대는 큰 위험을 무릅쓰고 자동차산업이 아직 초기 단계인 인도라는 미지의 큰 시장에 진출을 결심했던 것이다.

현대자동차는 인도 진출을 위해 1996년 5월 단독투자로 현지법인을 설립하고 1998년 5월에 연산 12만 대의 공장을 타밀나두 주 첸나이 시에 완공해 소형 승용차인 쌍트로Santro와 엑센트를 생산했다. 인도 공장에는 캐나다 브루몽 공장에서 철수한 시설들이 다수 이전 배치되었고 처음부터 엔진까지 자체적으로 생산하는 자기 완결적 공장으로 건설되었다. 따라서 본사 공장과 비슷한 생산 및 조립 라인들이 설치되었다. 한국의 주요 부품업체들과 동반 진출

모델 별 인도의 자동차 수출 실적

제조사	모델명	출시년도	수출시작년도	수출차량수
현대	쌍트로	1998년	1999년	494,466
현대	i10	2007년 10월	2007년 10월	382,217
마루티 스즈키	A-스타	2008년 11월	2009년 1월	212,000
현대	i20	2008년 12월	2008년 12월	169,788
닛산	미크라	2010년 7월	2010년 10월	15,000
포드	피고	2010년 3월	2010년 7월	7,000

(출처: 코트라, (2010), 해외시장뉴스, 12월 28일)

도 이루어졌다. 본사의 적극적인 지원과 주재원들의 열정적인 현지화 노력 덕분에 공장은 조기에 정상화되었고 생산된 소형차들은 인도 내수 시장뿐만 아니라 유럽으로 수출되었다.

 인도 내수 시장에서 현대자동차는 국내 아토즈Atoz 모델을 도입해 현지화한 쌍트로를 주력 상품으로 내세워 큰 성공을 거두었다. 현대자동차는 시판이 처음 이루어진 1998년에 쌍트로를 포함해 8,447대의 승용차를 판매했고 다음 해인 1999년 6만 321대를 판매하며 11.6%의 점유율로 단숨에 내수시장 2위로 뛰어올랐다. 2000년 6월부터 쌍트로는 인도 소형차 시장에서 현지 경쟁사인 마루티 우동을 누르고 판매 1위를 고수했다. 1999년 11월부터 판매를 시작한 액센트는 중형차 부문에서 23%를 차지해 포드 아이콘과 치열한 1위 경쟁을 벌였다.

 현대자동차가 인도에서 성공을 거둔 이유는 무엇보다도 인도에 실정에 맞는 소형 모델을 적절히 선정해 적극적인 현지화를 추진했기 때문이다. 예컨대 쌍트로는 비포장도로가 많은 현지 사정을 고려해 차체를 높게 설계했으며 더운 날씨와 열악한 도로 사정에 맞추어 에어컨과 브레이크 성능을 강화하고 정적 소리를 높였

인도에서 큰 성공을 거둔 현대 소형차 쌍트로

(출처: http://blog.naver.com/whitedoldole/220812868789)

다. 또한 자동차 디자인에 대한 인도인들의 취향을 조사해 아토즈 차체 설계를 수정했다. 초기부터 인도의 국민배우 샤룩 칸Shah Rukh Khan을 상트로의 광고 모델로 발탁해 친근한 TV 광고를 펼친 것도 큰 효과를 거두었다.

합작투자를 통한 중국 진출

1997년 IMF 경제위기가 발생하면서 한국 자동차산업에서는 기존의 3사 체제에 엄청난 변화가 생겼다. 1990년대 중반부터 자동차 수출에 탁월한 성과를 보이던 대우자동차는 1999년 대우그룹이 부도가 나면서 워크아웃을 거쳐 2002년 미국 GM에 인수되었다. 기아자동차(사명을 1990년 '기아산업'에서 '기아자동차'로 변경) 역시 판매 부진으로 자금조달이 막혀 1997년에 부도가 났고 1999년 말에 현대자동차에 인수되었다. 기존의 3사 체제에서 외국자본 기업인 GM과 국내자본 기업인 현대자동차가 경쟁하는 양자 구도가 형성된 것이다. 인수 후 현대는 기아자동차와 구매 부문과 자동차 개발 부문을 통합시켰지만 생산과 판매에서는 기아를 독립된 현대자동차그룹의 계열사로 유지했다(이하 현대자동차와 기아자동차를 합하여 '현기차'로 칭함).

중국정부는 1985년 독일 폭스바겐에게 상하이자동차와 합작으로 상하이따중上海大衆을 설립하도록 허가함으로써 자동차시장을 대외적으로 개방했다. 그 후 1996년 GM이 상하이자동차와 합작으로 상하이통용上海通用을 설립했고 2000년대 초부터는 다른 글로벌 자동차 메이커들의 중국 진출이 본격화되었다. 그러한 추세에 따라 현대자동차는 2002년에 베이징기차와 50:50 비율로 합작법인 베이징현대北京現代를 설립했고 기아자동차는 2002년에 동풍기차 및 열달기차와 50:25:25 비율로 합작법인 동풍열달기아東風悅達起亞를 설립했다. 2002년부터 중국에서 본격적으로 자동차 생산을 시작한 현기차는 빠르게 중국 시장에서 성공을 거두었다.

베이징현대는 2003년에 5만 대에 불과했던 판매량은 설립 2년 만에 14만 대로 증가해 중국 승용차 판매 10위권에 진입했고 2006년에는 29만 대를 판매해 5위권에 진입했다. 기아자동차 역시 2002년에 국내 엑센트 모델을 현지화한 소형차 천리마千里馬를 출시해 판매 호조를 보였다. 기아자동차는 중국 진출 2년 만인 2004년에는 10만 대를 판매했고 그해 상반기에 소형차 판매 1위에 오르기도 했다. 현기차가 초기에 빠르게 판매를 증가시킬 수 있었던 한 요인은 베이징 시의 택시 시장을 장악한 것이었다. 당시 베이징 시내의 택시는 대부분 폭스바겐의 구형 모델인 산타나Santana였다. 그런데 마침 베이징 시는 2008년 올림픽 개최를 앞두고 도시 이미지 개선을 위해 시내 택시들을 최신형 모델로 교체하는 방안을 추진 중이었다. 이를 안 현기차는 베이징 시를 설득해 2002년에 엘란트라(Elantra, 한국 모델명은 아반떼XD)를 베이징 시 택시의 기본 모델로 채택되도록 하는 데 성공했다.

중국에서 잘 나가던 현기차는 2007년부터 판매 부진을 겪었다. 글로벌 금융위기가 중국경제에 부정적 영향을 미치면서 당해 베이징현대의 자동차 판매량은 20.3%나 급감했다. 더욱이 폭스바겐, 도요타 등과 같은 글로벌 자동차 메이커들이 시장점유율을 높이기 위해 더욱 다양하고 고급스러운 모델들을 연이어 출시했다. 기술력이 형상된 중국 업체들 역시 저가 공세를 펼쳤다. 글로벌 금융위기로 위축된 중국 승용차 시장에서 시장 선점을 위한 경쟁이 더욱 치열해진 것이었다.

큰 시련에 처한 현대자동차는 중국 전략을 전면적으로 재검토하게 되었고 결국 현지화라는 승부수를 던지게 된다. 즉 상세한 시장조사를 통해 중국은 넓은 영토로 인해 지역마다 승용차에 대한 수요와 기호가 다르다는 점을 발견했다. 따라서 신형 엘란트라는 유행과 스타일에 민감한 동남부 연안의 대도시를 주 타깃으로 삼고 구형 엘란트라는 지방 대도시와 중소도시에 주로 판매하는 마케팅 전략을 세웠다. 또한 시장조사 과정에서 중국에서 통하는 제품이 되려면 중국인들의 입맛에 맞게 차량을 재설계해야 한다는 결론에 도달했다. 이에 따라 기존 한국 모델과는 다른 중국형 모델인 위에둥悅动을 따로 기획하고 현지화했다.

그 결과 2008년에 출시된 '엘란트라 위에둥'은 한국 모델과는 다른 중국화된 디자인을 가지게 되었다. 국내 모델인 아반떼HD보다 차체 길이, 너비, 높이를 각각 17밀리미터, 50밀리미터, 60밀리

2008년 중국 현지화 모델로 개발된 엔란트라 위에둥

(출처: http://carsalesbase.com/china-car-sales-data/hyundai/hyundai-elantra-yuedong/)

미터 크게 설계했으며 고급제품이라는 느낌을 주기 위해 크롬 도금을 했다. 차체가 크고 번쩍이는 차를 좋아하는 중국인들의 기호에 따른 것이다. 이와 같은 자동차 설계의 현지화는 그 후 출시되는 모델들에서도 일관되게 적용되었다.

현기차는 또한 전국적인 자동차 판매 및 서비스 네트워크를 구축하기 위해 딜러망 확충에 많은 노력을 기울였다. 무엇보다도 딜러들이 상대적으로 부족한 중소도시 및 내륙 지역에 다수의 새로운 딜러들을 선정했다. 아울러 매년 우수한 중국 딜러들을 수백 명씩 선정해 현대차 그룹의 본사를 방문하도록 초청해 그룹의 문화와 자부심을 고취시키고 한국 문화와 사회를 직접 체험할 기회를 제공했다. 또한 현지 딜러들에게 등급별 맞춤형 관리제도를 도입해 우수 딜러들에게 대한 인센티브를 강화했고 각종 교육과 세미나를 통해 딜러들의 판매 및 서비스 역량을 강화했다.

이러한 일련의 노력에 힘입어 현기차는 중국에서 2011년에 117

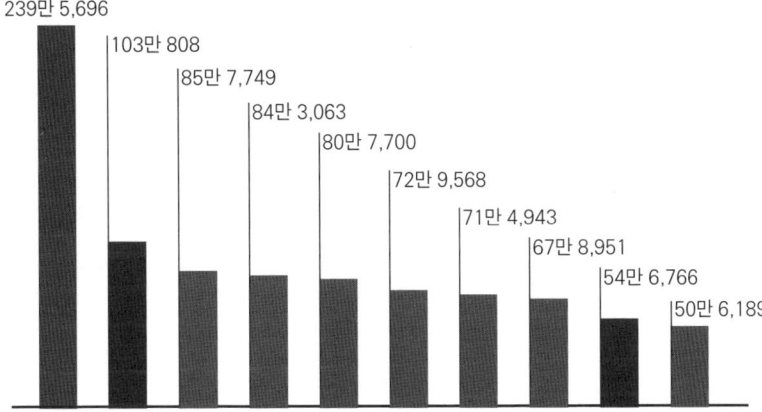

만 2,318대(현대차 73만 9,800대, 기아차 43만 2,518대)를 판매해 폭스바겐과 GM에 이어 판매순위 3위에 올랐다. 특히 그 해에 중국 국영방송 CCTV가 주관한 '올해의 차$_{\text{Car of the Year}}$'에서 현대차 쏘나타가 중형차 부문 1위를, 기아차 K2가 소형차 부문 1위를 차지했다. 쏘나타는 중형차 부문 1위와 더불어 전 차종을 통틀어 한 차종에만 수여하는 '올해의 차 대상'을 차지해 2관왕을 달성했다. 기아자동차가 중국에서만 판매하는 전략형 소형차 K2가 소형차 부문에서 1위를 차지한 점도 의미가 컸다. 2013년에는 중국시장에서 총 157만 7,574대를 판매했다. 비록 1위인 폭스바겐의 판매량(239만 5,696대)과는 상당한 차이가 있었지만 현대자동차는 103만 808대 판매로 중국 시장에서 2위, 기아자동차는 54만 6,766대 판매로 9위를 차지했다.

지속적인 글로벌 생산 네트워크의 확장

현대자동차는 캐나다 투자 실패 후 해외 공장 건설 구축에 소극적이었는데 인도와 중국에서의 큰 성공은 고무적이었다. 해외에서 직접 자동차를 생산해 판매할 수 있다는 자신감을 불어넣어 준 것이다. 특히 인도 공장의 성공은 해외 공장이 내수뿐만 아니라 타 국가로의 수출을 위한 생산기지로서 활용될 수 있다는 전략적 중요성을 일깨워주었다.

따라서 2000년대 중반부터 현기차는 세계 각국에 새로운 자동차 생산공장을 건설하고 기존의 공장들의 생산 능력을 확충하는 전략을 추구했다. 2005년에는 미국 앨라배마 주에 몽고메리 시에 연산 30만 대의 공장을 건설해 NF쏘나타와 SUV 차량 싼타페를 생산하기 시작했다. 2008년에는 유럽을 겨냥한 생산기지로서 체코 노소비체Nošovice 지역에 11만 대 규모의 공장을 지어 i30과 i30cw, 기아의 소형 다목적차량MPV 벤가Venga를 생산했다. 2011년에는 빠르게 성장하는 러시아 자동차 시장에 대응하기 위해 상트페테르부르크 시에 20만 대 규모의 공장을 건설해 쏠라리스와 기아 K2를 생산했다. 2012년에는 브라질 상파울루 주 파라시카바 시에 18만 대 규모의 공장을 지어 소형 전략 차종인 H20, 그리고 그 파생 모델인 SUV 형태의 'HB20X'와 세단형 HB 등을 양산함으로써 중남미 시장을 개척하기 위한 생산기지를 확보했다.

한편 계열사인 기아자동차는 2004년 슬로바키아 질리나Zilina 시에 30만 대 공장 건설을 시작해 2007년 준공 후 유럽디자인센터에서 설계한 유럽 전략 차종인 준중형 해치백 씨드Cee'd와 다목적차량MPV 벤가를 생산하기 시작했다. 뒤를 이어 미국 시장 공략을

현대자동차와 기아자동차의 해외 생산공장 현황

	국가	생산 개시 연도	완성차 생산능력(년)	직원수	생산차종
현대 자동차	터키	1997	230,000	2,467	i10, i20
	인도	1998	680,000	8,400	이온, i20, 크레타(소형 SUV), 엘란트라, 싼타페, i10, Grand i10, 엑센트
	중국	2002	1,250,000	15,768	엘란트라 링동, 베르나, ix25 엘란트라 링동,쏘나타(LF, LF HEV), ix35, 올 뉴 투싼, 엘란트라 위에둥, 미스트라, 싼타페, 셀레스타 , 위에나
	미국	2005	370,000	3,100	쏘나타, 엘란트라(아반떼)
	체코	2008	370,000	2,245	ix20, i30, i30 왜건, 투싼
	러시아	2011	530,000	3,248	크레타, 신형 쏠라리스
	브라질	2012	180,000	2,486	HB20, 크레타
기아자 동차	중국	2002	890,000	6,570	K2, K3, K4, K5, 포르테, 쎄라토, 쏘울, 스포티지, 스포티지R
	슬로바키아	2004	350,000	3,800	씨드, 스포티지, 벤가
	미국	2010	360,000	3,000	옵티마, 쏘렌토
	멕시코	2016	350,000	2,500	리오,포르테

(출처: 현대자동차, 기아자동차 홈페이지, 2018년 4월)

본격화하기 위해 2010년에 미국 조지아 주 웨스트포인트 시에 30만 대 규모의 공장을 준공해(착공 연도는 2006년) 현대의 SUV 싼타페, 기아의 SUV 모델 쏘렌토R와 승용차 옵티마를 생산했다. 끝으로 기아는 2016년에 멕시코 레온 시 페스코레아Pes-Corea 지역에 25만 대 규모의 공장을 준공해 K3(현지 모델명 포르테)와 프라이드(현지 모델명 리오) 등을 생산함으로써 북미와 남미 지역에서 판매 확대를 위한 소형차 생산거점을 구축했다.

현기차는 기존의 해외 공장들을 확장하고 역량을 강화하는 데도 노력을 기울였다. 1997년에 조립공장으로 설립되었던 터키 공장은 2007년에 기존의 6만 대 생산 규모에서 10만 대로 생산능력을 증설했고 다시 2012년 다시 20만 대로 증설하면서 자체적인 부품생산 및 개발역량을 갖춘 자립적 생산기지로 탈바꿈되었다. 인도 공장

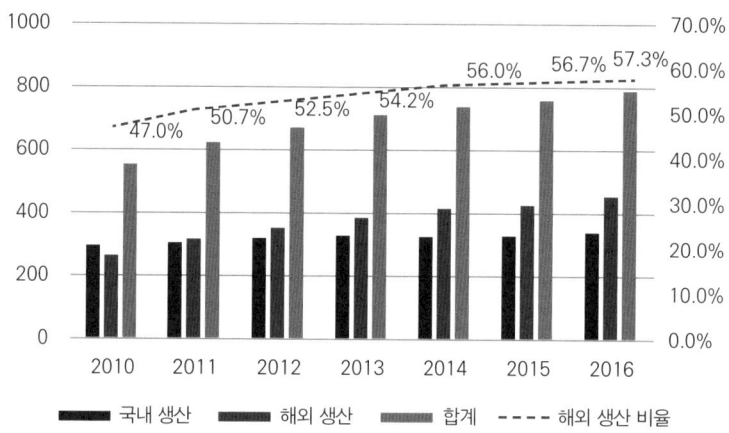

(출처: 한국자동차공업협회, 자동차공업 편람, 각호)

역시 2008년 제2공장을 건설해 생산능력을 기존의 31만 대에서 65만 대로 확대했다. 중국에서도 베이징현대가 제2, 3, 4공장을 건설했고 동풍열달기아가 제2, 3공장을 추가로 건설했다. 그 결과 중국 현지 생산능력을 현대는 125만 대, 기아는 89만 대로 확대했다.

이와 같은 지속적인 국제적 생산네트워크 구축 덕분에 현기차의 국제적인 자동차 생산 및 판매량은 빠르게 증가했다. 그 결과 2010년 574만 4,018대의 차량을 판매해 세계자동차 판매 순위에서 도요타, 폭스바겐, GM, 르노·니산의 뒤를 이어 5위에 등극하는 쾌거를 올렸다. 그 해에 총 554만 1,790대를 생산했으며 그 가운데 해외 생산은 총 260만 4,036대로서 47.0%에 이르렀다. 국제적 생산 네트워크를 구축함으로써 각국의 특성과 기호에 맞는 현지화된 차종을 신속히 개발하고 선진국의 우수한 자동차 디자인 및 제조기술을 획득할 수 있었으며 개발도상국의 저렴한 인건비를 활용하고 물류비용을 낮춤으로써 가격 경쟁력을 높일 수 있었다.

8

세계 최대 자동차 시장 미국에서의 재도약

미국 시장에서의 판매 부진

 시장 다변화 정책으로 현대자동차의 전체 매출에서 북미시장이 차지하는 비율은 20%로 낮아졌다. 세계에서 가장 크고 중요한 미국 시장에서 점유율이 낮다는 것은 글로벌 자동차 메이커로 도약하는 데 큰 걸림돌이 되었다. 1990년에 현대자동차는 미국의 공신력 있는 자동차 품질 평가기관인 J. D. 파워J. D. Power & Associates로부터 가장 낮은 점수를 받았고 1991년에는 『컨슈머 리포트Consumer Reports』로부터 5점 만점에 최하 점수인 1점을 획득했다.[14] 실제로 1980년대 말 엑셀을 구매한 미국 소비자들은 자동차가 엔진 고장으로 갑자기 멈추거나 차체가 녹슬고 더운 날에 에어컨 작동이 멈추는 등 여러 가지 품질 문제를 경험했다. 그로 인해 현대자동차가 품질이 열악한 저급 승용차란 인식을 하게 되었다. 결국 현대자동차는 1980년대 말부터 급격한 매출 하락을 경험했고 판매부진은 1990년대에도 지속되었다.

1990년대 초에 현대자동차는 이미지를 쇄신하고자 새로운 모델인 엘라트라를 투입하고 딜러망과 홍보를 강화했지만 별 효과가 없었다. 한국 본사와 현대자동차 미국 법인HMA 간의 갈등도 중요한 원인이었다. 한국 본사는 권위적이고 독단적인 태도로 현대자동차 미국 법인의 경영자들을 대했고 성과가 저조한 미국 시장에 많은 관심을 기울이지 않았다. 한국 본사는 현대자동차 미국 법인의 낮은 사업 성과를 문제 삼아 빈번히 현지인 경영자들을 교체했으며 임원급 경영자가 권위적인 본사의 태도에 불만을 느끼고 회사를 그만두는 일이 자주 발생했다.[15]

1995년과 1996년에 신형 엑센트와 앨란트라 모델을 출시한 덕분에 1997년에 J. D 파워와 1996~1997년에 『컨슈머 리포트』의 품질 지수가 상승했다. 하지만 1996년 현대자동차 미국 법인의 매출은 전년보다 20% 하락했고 급기야 1998년에는 미국 진출 이래 처음으로 판매대수가 연간 10만 대 미만이라는 최악의 실적을 기록했다. 더욱이 한국 본사도 아시아 경제위기의 충격으로 거의 처음으로 적자를 기록했다. 그러면서 현대자동차가 미국 시장에서 철수할 것이라는 소문이 빠르게 확산되었다.[16]

현대자동차 미국 법인이 주도한 혁신적 마케팅 전략과 매출 회복

1998년 한국 본사는 현대자동차 미국 법인의 법률담당 임원인

핀바 오닐Finbarr O'Neill을 CEO로 승진시키는 파격적인 인사 조처를 했다. 핀바는 1985년부터 현대자동차 미국 법인에 근무했지만 변호사로서 법률 담당 부서에만 근무했다. 자동차 판매 업무를 직접 해본 경험이 없었던 것이다. 하지만 매출 부진으로 미국 사업이 위기에 빠지면서 한국 본사는 미국 시장을 잘 아는 현지인 CEO를 임명할 필요성을 느꼈다. 그러나 자동차 판매에 경험이 있는 우수한 미국인 임원들이 줄줄이 회사를 그만두는 상황이었기 때문에 마땅한 대안이 없었다. 그래서 본사는 큰 위험을 무릅쓰고 나름대로 현대자동차 미국 법인에서 오래 근무 경험이 있는 핀바 오닐을 새로운 미국 법인의 대표로 임명한 것이다.

이로써 판바 오닐은 현대자동차 미국 법인의 최초 현지인 출신 CEO가 되었다. 그 이전까지 현지법인 CEO는 모두 한국인 주재원들이 맡았고 미국 임원은 부사장 역할을 담당했다. 한국인 주재원을 CEO로 임명하는 인사정책은 본사와 현대자동차 미국 법인 간에 원활한 커뮤니케이션 및 신속한 의사결정을 가능하게 했다. 하지만 주재원 출신 CEO가 미국 소비자들의 요구를 정확히 이해하고 현지 딜러들과 협력관계를 구축하는 데 한계가 있었다. 미국 사업이 존폐의 기로에 서 있는 시점에서 현대자동차는 한국인이 아닌 현지 미국인을 미국 법인의 CEO로 임명하는 과감한 선택을 한 것이다. 다행히도 핀바 오닐은 현대자동차가 미국에서 가진 문제점들을 정확히 파악하고 있었고 해결하기 위한 혁신적 마케팅 전략을 추진했다.

현대자동차의 꾸준한 연구개발과 품질 향상 노력을 통해 1990년대 중반부터 미국에서 판매되는 자동차들의 내구성과 품질이 크게 향상되고 있었다. 1995년대 중반 뉴엑센트와 엘란트라 모델

현대자동차 미국 법인의 최초 미국인 CEO 핀바 오닐

이 출시되면서 1997년 J. D. 파워의 평가 점수가 반등하기 시작했고 1996~1997년 『컨슈머 리포트』 평가 점수가 크게 향상되었다. 2001년에 출시된 SUV 싼타페는 미국 고속도로 안전보험협회IIHS, Insurance Institute for Highway Safety에서 실시한 전면충돌 테스트에서 최고 점수를 획득했고 2002~2003년에 쏘나타도 미국 도로교통안전국NHTSA, National Highway Traffic Safety Administration으로부터 최고 점수인 5점 만점을 받았다. 또한 2002년과 2003년에 시판된 쏘나타와 싼타페 모델은 J. D. 파워와 『컨슈머 리포트』의 품질 평가에서 높은 점수를 받았다.[17]

현대자동차가 생산하는 자동차의 품질이 이처럼 꾸준히 향상되고 있었지만 미국 소비자들은 여전히 현대자동차의 품질이 경쟁 일본산 차종과 비교해 뒤떨어진다는 인식을 가지고 있었다. 그로 인해 경쟁 관계에 있는 일본 자동차에 비해 높게 가격을 책정할 수 없었고 미국 소비자들이 자동차 구매에서 중요한 기준으로 여기는 중고차 가격도 낮을 수밖에 없었다. 핀바 오닐은 미국 소비자들의 그러한 인식을 깨뜨릴 파격적인 홍보 전략이 필요함을 느꼈다.

10년·10만 마일 워런티

많은 숙고를 거쳐 핀바 오닐은 1998년 11월 신차를 구매한 고객에게 구입 후 10년 또는 차량 운행 10만 마일까지 문제가 생긴 파워트레인powertrain 부품들(예를 들어 엔진, 트랜스미션, 트랜스액슬 등)을 무상으로 교체해주는 '10년·10만 마일 워런티' 정책을 전격적으로 실시했다. 이 정책은 당시 미국 자동차 업계에서 최상의 품질보증제도로서 최대 10년에 거친 보증 기간에 발생할 수 있는 막대한 잠재적 비용과 위험으로 인해 미국 법인은 물론 본사에서도 반대가 심했다.

하지만 핀바 오닐은 본사를 방문해 정몽구 회장을 직접 설득했고 뜻밖에 신속하게 전격적인 승인을 받았다. 정몽구 회장의 권위적 리더십이 '10년·10만 마일 워런티' 정책을 시행하는 데 오히려 도움을 준 것이었다.

패키지 판매 전략

또 하나 해결해야 할 문제는 현대자동차가 판매하는 자동차가 경쟁 차종과 비교해 가격이 낮다는 것이었다. 소비자들은 일반적으로 가격이 낮으면 품질도 낮다고 생각했다. 현대자동차의 가격을 경쟁

차종들과 비슷한 수준으로 올릴 필요가 있었다. 하지만 아직 브랜드 인지도가 낮기 때문에 가격을 올리면 판매에 악영향을 미칠 것이 확실했다. 그에 대한 대책으로 현대자동차 미국 법인은 경쟁 차종에서는 옵션인 사양들(예를 들어 파워 윈도우, 크루즈 컨트롤, CD 플레이어 등)을 기본 장착해 패키지로 판매하는 방안을 채택했다.[18] 가격은 경쟁 차종과 비슷하지만 실제로는 각종 옵션이 기본 장착되어 소비자가 느끼는 가격 대비 가치가 훨씬 높아지는 것이다.

현대자동차가 신차에 대해 10년간 또는 10만 마일에 거쳐 고장난 엔진과 관련 부품들을 무료로 교체해주는 파격적인 서비스 정책을 도입한 것은 미국 소비자들에게 자사의 자동차 품질에 자신이 있다는 것을 나타내는 상징으로 받아들여졌다. 미국 소비자들이 현대자동차의 품질이 우수하다는 것을 새롭게 인식하는 중요한 계기가 된 것이다. 또한 패키지 판매 전략은 일본 자동차에 비해 저가·저품질 브랜드라는 이미지를 벗어나는 데 기여했다.

이러한 혁신적 마케팅 전략들에 힘입어 미국 시장에서 1998년 9만 대에 불과하던 판매량은 1999년에는 16만 대, 2000년에는 24만 대, 2002년에는 38만 대로 증가했고 시장점유율은 1998년 0.6%에서 2002년 2.2%로 대폭 상승했다. 현대자동차와 기아자동차가 하나의 그룹으로 통합되면서 두 개의 브랜드를 통해 시장을 차별화하는 전략도 매출 확대에 기여했다. 즉 현대자동차는 고소득층과 중산층 구매자들을 대상으로 우아하고 세련된 이미지를 심어주었고 기아자동차는 젊은 고객층을 겨냥해 역동적이고 스포티한 이미지를 심어주었다.

새롭게 성장하는 SUV 시장을 잘 공략한 것도 판매 증가에 중요한 기여를 했다. 미국에서는 2000년대부터 기존의 승용차보다 차체가 크고 화물 운반에 편리한 SUV 차량에 대한 수요가 빠르게 증가했다. 현대자동차는 미국 캘리포니아 주에 위치한 북미디자인센터의 주도로 미국인 구매자들의 요구를 최대한 반영해 새로운 SUV 모델인 싼타페를 독자기술로 2000년에 개발했고 2001년에 미국에 출시했다. 싼타페는 미국 구매자들에게 어필할 수 있는 세련된 디자인, 편안한 승차감, 우수한 품질 등을 갖추고 있었다. 현대자동차 미국 법인의 혁신적 마케팅 전략에 힘입어 미국을 포함한 북미 시장에서 빠른 판매증가를 기록했다. 2003년에는 미국에서 40만 221대를 판매해 독일 폭스바겐을 누르고 판매순위 7위를 차지했다. 차종별로는 싼타페와 쏘나타가 10만 1,278대와 8만 2,330대로 전년도보다 각각 29.4%와 20.9% 증가했고 엘란트라는 12만 858대로 판매대수는 가장 많았지만 전년 대비 증가율은 0.2%에 그쳤다. 당해 현기차의 미국 시장점유율은 기아자동차 판매대수 23만 9,396대를 합해 3.8%를 기록했다.

그 후 현기차는 2010년 중반까지 미국 시장에서 빠른 매출 증가와 시장점유율 향상을 달성하게 된다. 1998년부터 시도된 혁신적인 마케팅 전략은 미국 자동차 구매자들의 인식을 바꾸어놓았고 2000년대 말 글로벌 금융위기 발발 후 고객이 신차를 구매한 후 1년 내 실직하면 현대자동차가 차를 되사주는 바이백buy-back 프로그램을 2009년에 실시한 것도 시장에서 호응을 얻었다. 이와 더불어 2010년대에 들어와 현기차의 품질은 일본과 유럽 자동차들과 대등한 수준으로 올라섰다(현기차의 품질개선 노력에 대해서는 '5장 3. 정몽구 회장의 품질 제일주의' 참고). 좋은 예로서 2016년 J. D. 파워의 신차 품질 조사에서 기아자동차와 현대자동차는 각각 1위와 3위

J.D. 파워 2016년 신차 품질조사 평가 순위

순위	브랜드	점수
1	기아차	83
2	포르셰	84
3	현대차	92
4	도요타	93
5	BMW	94
6	쉐보레	95
7	뷰익	96
8	렉서스	96
9	링컨	96
10	닛산	101

(출처: J.D. 파워)

를 차지해(참고로 2위는 포르셰), 도요타(4위), BMW(5위) 등보다도 높은 점수를 받았다.

또한 현대자동차 브랜드로는 중고급 자동차 시장을 공략하고 기아자동차 브랜드로는 저렴한 경제적 자동차 시장을 공략하는 듀얼 브랜드 전략은 더욱 다양한 계층의 소비자들로 시장을 넓히는 데 기여했다. 아울러 북미디자인센터의 운영과 앨라배마 공장의 준공을 통해 미국 고객들의 요구에 맞는 현지화된 승용차를 적시에 출시했다. 특히 성장하는 미국 SUV 시장을 공략하기 위해서 현대자동차의 싼타페에 이어 투싼을 시판했고 기아자동차가 쏘렌토, 카니발, 스포티지 등을 출시한 것도 주효했다.

그 결과 현기차의 미국 시장점유율은 2009년에 드디어 7%를 돌파했고 2011년에는 최고치인 8.9%에 도달했다. 그 이후에도 미국 시장점유율은 2010년대 중반까지 지속해서 8%의 수준을 유지했고 2016년에는 미국 시장에서 142만 2,603대(현대차 77만 5,005대와 기아차는 64만 7,598대)의 자동차를 판매해 8.1%(현대차 4.4%와 기아차 3.7%)의 시장점유율을 기록했다.

미국 앨라배마 공장 준공

1998년부터 회복된 현기차의 미국 판매는 본사 및 미국 법인 경영자들에게 자신감을 가져다주었다. 이에 현대자동차는 2002년에 10억 달러를 투자해 미국 남동부 앨라배마 주 몽고메리 시 근교에 연간 30만 대 규모의 미국 현지공장을 건설하기 시작했다. 이 공장은 부품을 수출해서 현지에서 조립 판매하는 방식KD, Knock Down이나 반조립제품 방식CKD, Completely Knock Down의 단순 조립공장이 아니라 엔진, 프레스, 차체, 도장, 의장 등에 거친 자동차 제작 및 조립의 전 과정과 각종 시험 테스트를 독자적으로 수행할 수 있는 종합 자동차 생산기지로 건설되었으며 안정적인 부품 조달을 위해 13개의 한국 부품업체가 동반 진출했다. 현대자동차는 공장 건설에서 앨라배마 주 정부와 몽고메리 시로부터 많은 지원을 받았다. 앨라배마 주 정부와 몽고메리 시는 약 2억 5,000만 달러에 달하는 직간접적인 지원을 제공했고 채용된 2,000여 명의 생산직 근로자들에게 제공되는 6주간의 채용 전 기초교육 비용도 주 정부에서 부담했다. 2005년에 공장은 완공되어 중형 승용차 EF쏘나타와 SUV 싼타페를 생산하기 시작했다. 이 공장의 설립으로 현대자동차는 독일과 일본 이외의 자동차업체 중 미국 내 현지 자동차 생산공장을 보유하는 첫 번째 자동차 메이커가 되었다.

앨라배마 공장이 처음 제안되었을 때 회사 내부적으로 반대 의견이 많았다. 1989년 캐나다에 설립했던 브루몽 공장의 실패 이후 상당 기간 해외에 소규모의 단순 조립 공장들만을 설립하는 소극적인 정책을 추구했다. 그 후에 처음으로 추진한 대규모 해외 생산기지 건설이 바로 1998년에 완공된 인도 첸나이 공장이었다. 인도에서 큰 성공을 거둔 후 계속 개발도상국들을 중심으로 생산 판매 네트워크를 확대할 것인가, 아니면 미국이나 유럽 같은 선진 시장에 다시 주력할 것인가를 숙고해야 했다. 인도에서의 성공이 알려주듯이 개발도상국 자동차 시장은 빠르게 성장하고 있었고 아직 경쟁이 치열하지 않아서 위험도 낮은 편이었다. 반면 선진국에서 자동차를 생산 판매하기 위해서는 높은 생산비와 엄격한 안전기준 등을 감당해야 했다. 그 어려운 선택에서 1998년 현대자동차그룹의 대표로 취임한 정몽구 회장은 글로벌 자동차 메이커로 도약하기 위해서는 세계 최대의 자동차 시장인 미국에서 직접 자동차를 생산해야만 한다는 중요한 결단을 내렸던 것이다.

미국 앨라배마 공장의 인건비는 한국보다 높았지만 로봇 등과 같은 공장 자동화를 통해서 생산원가를 낮추고 자동차 품질을 높일 수 있었다. 예를 들어 255대의 로봇을 가동해 용접 라인을 100% 무인 자동화하면서 그러한 생산라인을 컴퓨터를 통해 실시간 검사하는 제도를 도입해 품질을 확보했고 자체 개발한 업그레이드된 글로벌 바디라인global body line은 승용차와 SUV 차량을 동시에 생산할 수 있는 다차종 생산라인으로 설비투자비를 감소시키는 데 기여했다. 로보트 48대에 의해 가동되는 도장라인은 100% 무인자동화 라인으로 건설되어 생산성을 높였으며 최첨단 회전식 전착방식 Ro-Dip3을 도입 차체 내외부 균일한 도막 유지로 방청효과 대폭 향상은 물론 불량률 제로에 가까운 도장 품질 달성이 가능하다. 그 결과 세계적 경영컨설팅 업체인 올리버와이만Oliver Wyman이 발표한 『2009 하버리포트Harbour Report』에서 미국 앨라배마 공장은 2008년도 기준으로 북미 전체 35개 프레스 공장 중 생산성 1위를 차지했다. 한편 공장을 세계에서 가장 큰 시장에 위치시킴으로써 한국 공장에서 생산한 자동차를 미국으로 운송하는 데 소요되었던 4주의 배송 시간이 크게 단축되었다. 앨라배마 공장은 캘리포니아에 있는 북미디자인센터와 협력해 미국 소비자들의 요구에 맞게 현지화된 승용차들을 보다 신속하게 개발 생산할 수 있었다.

현대자동차의 미국 내 시장점유율은 앨라배마 공장 건설 후 급속히 상승했다. 미국 소비자들에게 메이드 인 USA 자동차라는 점을 부각시킨 것이 현대자동차의 브랜드 이미지를 개선하는 데 기여했기 때문이다. 미국 소비자들은 수입 자동차보다 자국에서 생산된 자동차의 품질과 성능을 더욱 신뢰했다. 현대자동차는 앨라배마 공장 설립과 더불어 660개였던 딜러 수를 700개로 늘렸고 장기적으로 1,000개 이상의 딜러를 확보하며 단독 딜러 비율도 현재 39%에서 50%대로 높인다는 전략을 추진했다. 결과적으로 앨라배마 공장은 성공을 거두어 북미 시장에서의 경쟁력을 크게 향상시켜 주었다. 그리고 그러한 성공에 힘입어 계열사인 기아자동차도 총 12억 달러를 투자해 미국 조지아 주 웨스트포인트 시에 연산 30만 대 규모의 공장을 2010년에 준공했다.

9

글로벌 자동차 메이커로의 도약과 새로운 도전

세계 자동차 판매량 5위 달성

현기차는 미국에서 시장점유율이 상승하고 유럽, 중국 및 다른 개도국들에서도 매출이 빠르게 증가하면서 2010년 전세계 시장에서 574만 4,018대 판매해 판매대수 기준으로 세계 5위의 자동차 메이커로 등극했다. 현대자동차가 설립된 지 43년 만에 세계시장 점유율 8.1%를 차지하는 글로벌 자동차업체가 된 것이다. 이러한 성과는 세계 주요 자동차시장에서 우수한 판매 실적을 올렸기 때문이다.

2010년 미국 시장에서는 쏘나타가 20만 대가 팔리는 등 애초 목표를 넘어서는 실적을 올리며 시장점유율 8.1%로 자동차 판매 순위 5위를 기록했고 중국에서도 2010년 119만 대의 자동차를 판매해 시장점유율 10%로 전년도에 이어 계속 2위를 유지했으며 유럽에서는 시장점유율이 2009년 4.1%, 2010년 4.5% 및 2011년 5.1%로 3년간 지속해서 높아졌다. 인도에서는 2010년에 처음으로 60만 대 판매를 돌파하면서 소형차 시장 1위, 전체 자동차 시장 2위의 위치를 굳건히 지켰다. 터키에서는 2009년 오랜 기간 선두업체였던 르노를 제치고 승용차 판매량 1위로 올라섰고 그밖에 러시아, 브라질, 동남아 등 다른 주요 신흥시장에서 판매가 많이 증가했다.

현대자동차가 이처럼 글로벌 자동차 메이커로 단기간에 도약하는 데는 1998년에 이루어진 기아자동차의 인수도 중요한 역할을 했다. 현대자동차는 국내 2위 자동차업체인 기아를 인수함으로써 단숨에 생산 규모 기준 세계 8위, 판매량 기준 세계 10위의 기업이 되었다. 경영 효율성에서도 양사는 연구개발 부문 통합, 구매 부문 통합, 부품 공용화 등을 통해 부품 조달, 자동차 개발과 생산 등에서 규모의 경제를 달성하고 현대와 기아가 보유한 기술과 노하우를 승용차, SUV, 상용차 등과 같은 다양한 차종에 널리 활용해 범위의 경제를 누릴 수 있었다. 좋은 예로 현대자동차는 기아자동차와의 통합을 통해 2002년 24개였던 자동차 플랫폼을 2009년에 18개, 2013년에 6개로 축소하고 동일 플랫폼에서 여러 차종을 생산함으로써(예, 현대 쏘나타와 기아 K5), 신차 개발 비용의 60~70%에 달하는 플랫폼 개발 비용을 크게 줄였을 뿐만 아니라 신차 개발 기간도 단축시켰다.[19] 마케팅에서도 중장년층 고객층은 현대자동차 브랜드로 공략하고 가격과 유행에 민감한 젊은 고객층은 기아자동차 브랜드로 공략하는 듀얼 브랜드 전략은 채택해 더욱 다양한 소비자 계층으로 시장을 넓힐 수 있었다.

2011년에는 현기차가 해외에서 316만 대의 자동차를 생산해 처음으로 국내 생산 대수 307만 대를 넘어섰다. 전체 생산 차량의 50% 이상이 해외 공장에서 만들어진 것이다. 이후 현기차는 2017년까지 계속해서 세계 5대 글로벌 자동차 메이커의 자리를 유지했지만, 2016년도에는 판매대수가 전년 대비 2.7% 감소한 787만 6,000대를 기록했다. 이는 내수 침체, 수출 부진, 파업에 따른 조업 차질 등으로 3년 만에 처음으로 판매량이 800만 대 밑으로 떨어졌기 때문이다. 그럼에도 당해에 미국과 중국에서 각각 142만 대와 179만 대를 판매해 양대 시장에서 연간 최대 판매 실적을 기록했고 인도 시장에서는 내수 2위 수출 1위의 위치를 차지했다. 멕시코와 러시아 등에서도 판매가 크게 늘었다. 2016년에 현기차는 총 789만 대의 자동차를 생산했으며 그 가운데 해외 생산은 452만 대로서 57.3%를 차지했다.

최근 미국과 중국 시장에서의 부진

현기차는 2016년까지 국내외 자동차 판매대수가 지속적인 증가세를 기록했다. 하지만 2016년 들어와 처음으로 전년 대비 마이너스 성장(-2.7%)을 기록했고 2017년에는 725만 1,013대를 판매해 전년(779만 5,425대)과 비교해 7.0%나 감소했다. 판매 감소가 가장 두드러진 두 시장은 공교롭게도 현기차가 기존에 큰 성공을 거두었던 미국과 중국이었다.

미국 시장에서 현기차는 2017년에 총 127만 5,223대의 자동차를 판매했다. 이는 전년 판매대수 142만 2,603대에 비해 10.4% 감소한 것이었다. 미국에서 판매 증가율 둔화는 이미 2013년도부

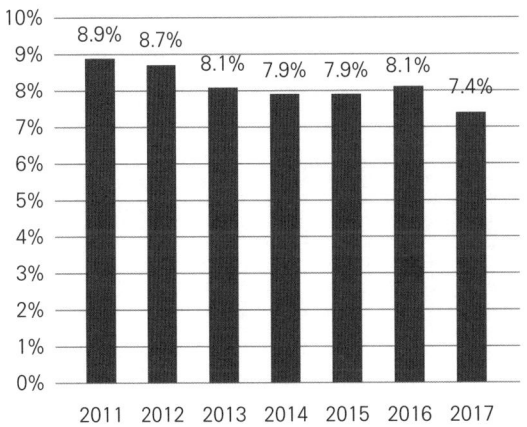

현대·기아차의 미국 시장점유율

터 나타나기 시작했고 2016년부터는 증가율이 마이너스로 돌아섰다. 그동안 8% 이상을 유지하던 미국 자동차 시장점유율도 2016년 8.1%에서 2017년 7.4%로 내려앉았다. 가장 큰 원인은 직접적인 경쟁 관계에 있는 일본 자동차들의 가격경쟁력 상승이었다. 2012년 일본 총리로 당선된 아베는 통화 공급량을 늘려 엔화 가치를 하락시키는 소위 아베노믹스 경제 정책을 지속해서 추진했고 그에 따라 엔화 약세로 일본 자동차들의 판매가격이 상대적으로 저렴해진 것이다. 그뿐만 아니라 국제적인 경기불황을 겪으면서 일본 자동차회사들은 전통적으로 고급 차종에 집중하던 전략에서 벗어나 중저가 자동차 모델들을 다수 출시했다. 미국 자동차 메이커들도 점차 생산기술에 대한 투자를 통해 중저가 자동차 시장에서 경쟁력 있는 모델들을 판매하기 시작했다.

현기차의 전략적인 실책도 있었다. 미국에서 인기 있는 자동차 모델들(예, 쏘나타, 엘란트라 등)은 이미 출시한 지가 오래되어 모델 노후화가 진행되었다. 또한 미국 시장은 가솔린 가격하락에 따

현대·기아차의 중국 시장점유율

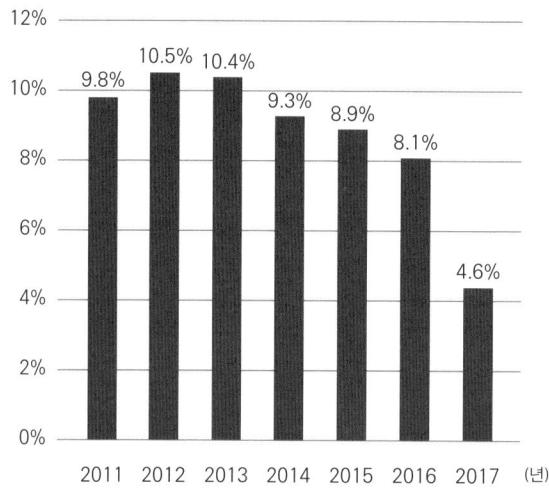

라서 세단보다는 SUV에 대한 수요가 꾸준히 증가해왔고 최근에는 세단과 SUV의 장점을 결합한 다목적차량MVP, multipurpose vehicle 모델에 대한 인기도 높아지고 있다. 하지만 현기차는 세단 위주의 자동차 라인업에서 벗어나지 못해 미국 구매자들의 취향에 맞는 SUV와 MPV의 개발에 뒤처졌다.

중국에서 현기차의 연간 판매대수는 2016년까지 꾸준히 증가했지만 연평균 증가율은 감소하는 추세였다. 그리고 2016년 한국 정부가 미국으로부터 고도 미사일 방어체계인 사드 배치를 결정하자 그 해 말부터 중국정부의 보복 및 한국 제품 불매 운동이 본격화되었다. 이는 현기차의 매출에 치명적인 영향을 미쳤다. 2017년 판매대수는 전년도의 179만 2,480대에서 36.1%가 감소해 114만 5,014대를 기록했고 판매순위와 시장점유율은 2016년에 3위와 8.1%에서 2017년 5위와 4.6%로 추락했다. 다행히 최근 한-중 관계가 개선되면서 현기차의 중국 내 판매대수는 회복하는 추세를

보이고 있다

하지만 중국시장에서 전망이 그렇게 밝은 것만은 아니다. 미국시장에서와 마찬가지로 엔화 약세로 일본 자동차들의 가격경쟁력이 높아지고 있으며 중국과 외국의 자동차업체들이 앞다투어 중국에서 자동차 생산을 늘리면서 공급 과잉으로 출혈경쟁이 나타나고 있다. 시장 트렌드에서는 국민 소득이 증가하면서 고급형 승용차와 SUV에 대한 수요가 빠르게 늘고 있다. 하지만 고급차시장에서 현기차의 브랜드 이미지는 아직 유럽 자동차들에 미치지 못하고 있으며 세단 위주의 제품라인으로 인해 현지의 SUV 수요 증가에 대응하는 데 어려움을 겪고 있다. 그 외에도 최근 중국 토종업체들이 생산하는 자동차의 품질이 빠르게 향상되면서 저가 자동차시장에서 입지를 넓히고 있는 것도 큰 위협 요인이다.

고급 자동차 브랜드 이미지 구축

현기차는 품질이 우수한 중저가 자동차를 생산하는 기업으로서 해외시장에서 성공을 거두었지만 장기적인 발전을 위해서는 프리미엄 브랜드의 자동차를 판매하는 기업으로 이미지 변신이 필요하다. 이를 위해 그동안 고급 승용차들의 격전지인 미국에서 중대형 차종인 그랜저, 에쿠스, 오피로스(현지명 아만띠), K9 등의 모델을 선보였지만 별다른 성공을 거두지 못했다.

이에 현대자동차는 도요타의 렉서스와 같이 기존의 차종들과 구별되는 차별적인 프리미엄 브랜드 구축의 필요성을 느끼게 되었다. 이를 위한 첫 번째 시도는 2008년 고급 대형세단 모델인 제네시스를 미국 시장에 출시한 것이다. 제네시스는 지난 4년간 5,000억 원을 투입해 개발한 프리미엄 세단이다. 현대차 내부에서는 '40년 기술력과 열정이 결집된 차'로 불렸다.[20] 하지만 아직 유럽과 일본산 고급 세단에는 미치지 못하는 성능과 브랜드 파워, 그리고 기존의 현대차 연장선상에 있는 마케팅과 포지셔닝(즉 저가로 구매 가능한 고급 세단)으로 인해 미국 시장에서 성공을 거두지 못했다.

이에 굴하지 않고 현대자동차는 다시 8년간 1세대 제네시스를 대폭 개량해 2016년 2세대 제네시스(미국명 G90)를 출시했다. 현대는 2008년도 초 1세대 제네시스를 출시한 직후 현대기아차연구소의 시설과 장비를 개선하기 위한 계획을 수립했고 2011년부터 대대적으로 투자를 진행했다. 2011년부터 4년 동안 연구소에 들어간 시설 장비 투자금액이 2000년부터 11년 동안 투자한 금액을 넘어섰고 연평균 투자금액은 2010년을 전후로 3배가량 증가했다. 현대자동차는 특히 글로벌 자동차 메이커들 중 유일하게 그룹 계열사(현대제철)를 통해 제네시스용 자동차용 강판을 자체 개발하고 생산할 수 있는 체계를 갖춤으로써 기초 소재 단계부터 차의 성능을 개선했다. 또한 탄소 섬유 등과 같은 차량 경량화 소재에 대한 경험과 기술축적을 꾸준히 진행했다. 그밖에도 부품 협력사들과 고급차의 높은 품질 기준을 충족시키기 위해 전담 생산 라인을 구축했고 설계, 디자인, 시험 등을 담당하는 고급차 개발팀의 실무자 수십 명을 독일 등 유럽으로 보내 최신 럭셔리 문화를 직접 경험하도록 했다.

2세대 제네시스는 미국에서 1세대와 달리 독립된 브랜드로 출시되었다. 비록 현대차 제품이지만 현대차가 아닌 제네시스라는 독자적인 브랜드로 홍보하고 차종을 확대하는 것이었다. 이를 위해 초

현대자동차 제네시스 G90

(출처: https://blog.naver.com/siteyoun/221144877344)

기에는 현대자동차의 기존 딜러들을 중심으로 숍인숍Shop in Shop 형태로 판매하지만 매출이 증가하고 차종이 늘어나면 별도의 제네시스 딜러망을 구축할 계획이다. 현재까지 미국 시장에서의 판매실적은 우수한 편이다. 2017년 판매량은 2만 594대로 출시 첫해인 2016년의 6,948대보다 무려 세 배가 증가했다. 2016년 최초로 출시된 G90(국내명 EQ900)는 2017년에 총 4,398대가 판매되어 테슬라 모델S(2만 8,800대), 벤츠 S클래스(1만 5,888대), BMW 7시리즈(9,276대), 포르쉐 파나메라(6,731대)에 이어 5위를 차지했다. 또한 같은 해에 출시된 후속 모델 G80은 2017년에 총 1만 6,196대가 판매돼 해당 차급에서 벤츠 E클래스(4만 9,473대), BMW 5시리즈(4만 658대)에 이어 중형 럭셔리카 판매 3위를 기록해 캐딜락 CTS(1만 344대)과 렉서스 GS(7,773대)를 앞섰다.

이러한 판매 호조는 미국의 자동차 품질 전문기관들로부터 호의적 평가를 받은 데 크게 힘입었다. 예컨대 제네시스는 J. D. 파워가 2017년 7월에 발표한 자동차 품질 및 디자인 만족도 평가APEAL 조사에서 독일의 포르쉐에 이어 2위를 차지했다. 또한 2017년 12월 미국 『컨슈머 리포트』가 발표한 차량 소유자 대상 재구매 만족도 조사에서 테슬라와 포르쉐에 이어 3위에 올랐으며 미국 고속도로안전보험협회IIHS가 실시한 충돌 테스트 결과 종합적으로 최고의 점수를 받는 차량에만 부여하는 '톱 세이프티 픽 플러스Top Safety Pick+'를 받았다.

이처럼 제네시스를 앞세워 미국의 고급 승용차시장에서 입지를 구축하겠다는 전략은 상당히 성과를 거두고 있다. 하지만 전체 매출에서 제네시스가 차지하는 비중은 아직 낮은 수준으로 여전히 기존의 현대자동차 모델들과 차별화된 브랜드 구축, 기존 판매망과 독립적인 전문 딜러망 확보, 고급 차종의 다양화 등과 같이 넘어야 할 산들이 많이 남아 있다.

차세대 자동차 기술에 대한 대응

자동차 생산의 기본적 기술과 디자인은 20세기 초 헨리 포드가 최초로 대중화한 세단 모델-T를 생산한 이후로 크게 변하지 않았다. 하지만 최근 들어 전혀 새로운 기술들이 등장하면서 자동차산업의 패러다임을 완전히 변화시키고 있다. 두 가지 근본적 동인動因은 환경보호와 IT 기술의 발전이다. 지구 온난화가 진행되고 대기오염 문제가 심각해지면서 기존의 가솔린 자동차를 대체할 수 있는 새로운 자동차 기술의 개발이 요구되고 있다. 자동차업체들은 그에 대응하여 전기자동차와 수소자동차 개발에 투자하고 있다. 또한 IT 기술, 특히 인공지능 기술이 발전하면서 기존에 사람에 의

해 운전되던 차를 자동차가 스스로 상황을 판단해 운행하게 하는 자율주행차 기술이 빠르게 발달하고 있다. 예전에는 이러한 형태의 자동차들이 먼 미래의 이야기라고 생각했는데 이제는 점차 현실이 되어 상용화되고 있는 것이다.

현대자동차에게 이러한 새로운 기술들의 등장은 커다란 위협이 되고 있다. 그동안 어렵게 따라잡은 선진 자동차 기술들이 무용화되고 새로운 차세대 기술을 보유한 기업들이 미래의 자동차 시장을 주도할 가능성이 커졌기 때문이다. 현대자동차도 경쟁에 뒤지지 않기 위해 차세대 자동차 기술에 상당한 투자를 하고 있다. 하지만 상대적으로 기술적 우위와 자금 여유가 있는 선진 자동차 회사들은 한발 앞서 관련 기술들의 확보에 나서고 있다. 또한 테슬러나 구글 등과 같은 IT 기술 기반 기업들이 예상치 못했던 새로운 경쟁자로 부상하고 있다.

무공해 자동차의 개발은 크게 수소차와 전기차 기술이 경쟁하는 양상이다. 현대자동차는 수소차 분야의 선두주자로서 2005년부터 남양연구소에 전담 연구개발 부서를 설치해 개발을 시작했으며 2013년 세계 최초의 수소차인 '투싼 ix35'를 양산하기 시작했다. 그 뒤를 이어 2014년에 도요타가 '미라이Mirai'를 출시했고 2016년에 혼다가 '클라리티Clarity'를 출시했다. 그러면서 수소차 시장의 성장에 대한 기대가 높아졌다. 하지만 전기차 시장에 미국의 테슬라, 중국의 BYD 등과 같은 새로운 혁신적 기업들이 등장하고 핵심부품인 전기 배터리의 성능이 향상되면서 무공해 자동차 개발의 주도권은 수소차에서 전기차로 빠르게 전환되는 추세를 보이고 있다. 최근 들어 신규 수소차 모델의 출시가 정체된 반면 대부분의 글로벌 자동차 메이커들은 앞다투어 새로운 전기차 모델들을 선보이고 있다.

이에 현대자동차는 2017년 1월 수소에너지를 활용하는 12개의 글로벌 기업들인 가와사키, 다임러, 도요타, 로열더치셸, 린데그룹, BMW, 알스톰, 앵글로아메리칸, 에어리퀴드, 엔지, 토탈, 혼다 등과 함께 스위스 다보스포럼에서 동맹을 결성하고 그에 따라 설립된 '수소위원회Hydrogen Council'에 공식 회원사로 참여했다. 2018년 3월에는 1회 충전 주행가능거리가 기존 수소차보다 194킬로미터 늘어나 609킬로미터에 이르고 최대 출력도 20% 이상 향상된 163마력에 달해 동급 내연기관차와 동등한 성능을 갖춘 신형 수소차 넥쏘Nexo를 출시하였다. 하지만 이러한 노력에도 전기차로 수렴되는 무공해 자동차 개발의 추세를 뒤집기에는 힘이 부치는 상황이다. 다행히도 현대자동차는 미래 자동차 시장의 불확실성에 대처하기 위해 수소차와 더불어 전기차와 하이브리드차종들도 동시에 개발하는 양면 전략을 채택해왔다.

2011년에는 최초로 쏘나타 하이브리드 모델을 출시했고 그 이후로 기존의 인기 모델들(예, 그랜저, K5 등)을 개조해 하이브리드 차량으로 출시하는 전략을 추구했다. 2016년에는 동일한 플랫폼을 공유하는 소형 하이브리드 SUV 차종인 현대의 아이오닉과 기아의 니로가 출시되었는데 뛰어난 연비로 미국과 유럽에서 인기를 끌었다. 특히 니로는 2017년 미국에서 출시되자마자 단숨에 하이브리드차 판매 순위 4위를 기록하며 월 2,000대 이상 판매되어 하이브리드차 시장점유율 7~9%를 꾸준히 유지했다. 그 결과 2017년도 미국 시장에서 니로의 총 판매대수는 2만 7,237대로 판매 순위 4위, 하이브리드카 시장점유율 7.5%를 기록했다. 또한 니로는 2018년 1월 미국의 친환경 자동차 전문지 『그린카 저널』이

현대자동차의 차세대 전기자동차 코나

(출처: https://commons.wikimedia.org/wiki/File:Hyundai_Kona_IMG_0485.jpg)

선정하는 '2018 올해의 그린 SUV(스포츠유틸리티차)'로 선정되었다. 이러한 하이브리드 전략의 성공은 현기차의 이미지를 친환경 자동차를 생산하는 업체로 변화시키는 데 큰 기여를 했다.

전기차는 2011년 말에 기아자동차를 통해 '레이 EV' 모델이 처음으로 출시되었고 2014년에는 다시 기아자동차가 '쏘울 EV'를 출시했다. 이들 초기 전기차들은 아직 배터리 기술이 발달하지 않아 주행거리가 1회 충전당 150킬로미터를 미치지 못했고 충전소 부족 등으로 판매가 별로 이루어지지 않았다. 2016년에 들어와 현대자동차는 그동안 축적된 전기자동차 기술을 적용하여 주행거리가 190킬로미터로 늘어난 '아이오닉 EV'를 출시했다. 그리고 2018년 4월에는 주행거리가 406킬로미터에 달하는 전기차 전용 모델 '코나'를 출시하였고, 그 뒤를 이어 기아자동차가 7월에 주행거리가 385킬로미터인 '니로 EV'를 시판하였다. .

현기차는 이와 같은 하이브리드차와 전기차들의 출시를 통해

2017년 전세계적으로 총 25만 6,258대의 친환경차를 판매했다. 이는 2016년의 판매수량 12만 8,976대에 비해 1.99배 증가한 것이다. 그러한 판매 신장에 힘입어 2017년에는 세계 친환경차 시장에서 기존에 2위를 지키고 있던 혼다를 제치고 1위인 도요타(152만대)에 이어 판매량 2위를 기록했다. 하지만 친환경차 판매대수 중 전기차가 차지하는 비중은 2017년 기준으로 아직 10% 수준이고 테슬라나 GM 등과 같은 경쟁사들이 이미 상용화한 전기차와 대적할 만한 가격과 주행거리를 가진 전기차의 출시는 2018년 코나와 니로 EV가 처음이기 때문에 빠르게 발전하는 전기차 시장에서 아직 후발주자에 머물러 있는 상황이다.

한편 자율주행차 개발에 가장 선두주자는 구글로서 2009년에 이미 자율주행차 기술 개발을 시작했고 2015년 10월에는 세계 최초로 일반도로에서 자율주행차를 실험했으며 2016년에는 자율주행차 사업을 전담하는 자회사 웨이모Waymo를 신설해 본격적인 상용화를 추진하고 있다. 테슬라는 자사의 전기차 모델에 자율주행 기능을 지원하는 하드웨어와 소프트웨어를 장착하는 오토파일럿autopilot 기술을 적용하는 전략을 추구하고 있다. 우버는 2016년 자율주행 트럭 개발 스타트업 회사인 오토모토Ottomotto를 인수해 자율주행 대형트럭 사업을 개시하기 위한 준비를 하고 있다.

기존 자동차업체들 중에서는 GM이 2016년 우버의 경쟁사인 차량공유 업체 리프트에 5억 달러를 투자해 승용차 판매 및 차량공유 네트워크를 구축했고 같은 해에 6억 달러를 투자해 자율주행 기술 스타트업 크루즈오토메이션Cruise Automation을 인수해 자율주행차 개발에 박차를 가하고 있다. BMW는 미국 반도체 업체인 인텔과 이스라엘 이미지 프로세싱 칩 개발업체인 모빌아이Mobileye와 협력해 자율주행차 기술을 개발하고 있다. 도요타도 엔비디아의 인공지능 기반 자율주행 플랫폼인 '드라이브 PX Drive PX'를 적용한 자율주행차를 개발하기 위해 제휴를 맺고 관련 기술 확보를 위해 일본과 이스라엘의 로봇 및 자율주행 기술 벤처기업에 대한 투자를 확대하고 있다.

이처럼 자율주행차 시장은 세계 유수의 IT 기업, 자동차 업체, 벤처기업들이 진출해 경쟁을 벌이는 각축장이 되고 있다. 현대자동차도 독자적 기술로는 자율주행차 개발이 어렵다는 판단하에 2018년 1월 4일 미국의 자율주행 전문기업인 오로라 이노베이션 Aurora Innovation과 기술제휴를 통해 자율주행차를 개발하겠다고 발표했다. 이는 윤여철 현대자동차 부회장이 당해 시무식에서 "자율주행과 커넥티드카 등 미래 핵심사업 영역에서 전략적 방향성을 구체화하고 글로벌 유수 기업들과의 협업체계 구축을 확대하겠다."라고 밝힌 전략에 따라서 추진된 것이다.[21] 현대자동차는 오로라와 긴밀한 협력을 통해 2021년까지 4단계 수준의 도심형 자율주행 시스템을 개발할 계획이다. 자율주행차의 기술 수준은 크게 5단계로 나누어진다. 4단계는 운전자가 돌발 상황에 대해서만 개입을 하고 나머지는 사실상 완전한 자율주행이 가능한 높은 단계에 해당한다.

오로라 이노베이션은 2016년 설립된 신생업체지만 구글의 자율주행 기술 총책임자였던 크리스 엄슨 Chris Urmson, 테슬라의 오토파일럿 총괄을 맡았던 스털링 앤더슨 Sterling Anderson, 우버의 인식 기술 개발 담당이었던 드류 배그넬 Drew Bagnell 등 자율주행 분야의 최고 엔지니어들이 참여하고 있는 자율주행차 분야에서 가장 주목받는 스타트업 회사이다. 오로라 이노베이션은 특히 자율주행 분야

소프트웨어 솔루션 개발, 각종 센서와 제어기, 클라우드 시스템과 연결하여 정보를 주고받는 백엔드 솔루션 등에서 세계적인 기술력을 보유하고 있는 자율주행 소프트웨어 솔루션에 특화된 회사이다. 그러다 보니 이를 구현하기 위한 각종 플랫폼 소프트웨어와 기반 하드웨어는 어느 회사의 것을 선택하는지가 또 다른 이슈이다.

현재 자동차업체들이 참여하는 자율주행기술 개발은 그래픽처리장치GPU 분야의 1위인 엔비디아 동맹과 세계 1위 중앙처리장치CPU 생산 기업인 인텔 동맹으로 양분돼 있다. 빅데이터 처리와 차량용 인공지능 기술에서 인텔을 한 발 앞선 것으로 평가받는 엔비디아는 테슬라, 폭스바겐, 메르세데스-벤츠, 포드, 볼보 등과 연합하고 있다. 현대자동차처럼 독자적인 기술 개발을 고집해 왔던 도요타도 2017년 5월 엔비디아 연합에 합류했다. 2017년 3월 모빌아이의 경영권을 획득하는 등 최근 활발한 인수합병으로 엔비디아를 추격 중인 인텔은 BMW, 피아트크라이슬러FCA 등과 협력관계를 맺고 있다. 오로라는 기본적으로 엔비디아 드라이브 자비에 NVIDIA DRIVE Xavier™ 프로세서에 기반한 자율주행 소프트웨어를 개발해왔다.

따라서 현대자동차는 초기에 엔비디아 동맹에 참여를 고려하였다. 하지만 숙고 끝에 2018년 4월 전략 방향을 수정하여 4단계 고도 자율주행에 사용하는 인공지능 기술 개발을 위해 엔비디아뿐만 아니라 인텔 진영과도 협력한다는 방침을 공표했다. 또한 당해 6월에는 전략적 제휴를 더욱 확대하여 중국의 인공지능 분야 스타트업인 딥글린트DeepGlint와 기술협력을 발표했고, 동시에 중국 최대 인터넷 서비스 업체 바이두Baidu의 자율주행 프로젝트인 아폴로 프로젝트Apollo Project에도 참여한다고 발표했다. 이는 다각적인 기술변화가 빠르게 이루어지고 있는 자율주행차 분야에서 다양한 국가의 파트너들과 협력하는 것이 첨단 기술 확보에 유리하다고 판단했기 때문이다.

　자율주행차는 몇 년 내로 상용화될 것이 예상된다. 그런데 주요 핵심기술이 인공지능과 IT이기 때문에 전통적인 자동차 업체보다는 기존의 IT 기업과 스타트업들이 앞서나가는 양상을 보이고 있다. 이는 현대자동차뿐만 아니라 기존의 모든 자동차업체들에게 큰 위협이 되고 있다. 자칫하다가는 구글이나 테슬라 등과 같은 선도적인 IT 기반 기업에게 자율주행차 주도권을 빼앗기고 종속될 수 있기 때문이다. 자율주행의 근간이 되는 인공지능과 IT 기술의 개발은 특히 혁신적이고 창의적인 인력과 조직 문화를 필요로 한다. 전통적으로 권위주의적이고 중앙집권적인 조직체제를 가진 현대자동차가 그러한 기술 발전에 잘 대응할 수 있을지에 대한 우려가 큰 상황이다. 미래 자동차 경쟁에 뒤지지 않기 위해 현대자동차는 과거에 후발주자로서 빠르게 선도기업들을 성공적으로 추격해 왔듯이 자율주행차에 있어서도 원천기술 확보와 상용화에 더욱 많은 노력을 기울여야 할 것이다.

5장
집중화의 현대가 정상에 오르기까지

1
현대자동차의 알파 엔진 개발

 현대자동차는 초기에 일본 미쓰비시의 엔진을 도입해 자동차를 제작했다. 우리나라 최초의 고유 승용차 모델인 포니에는 미쓰비시의 새턴 엔진을 장착했고 후속 차종인 엑셀, 스텔라, 프레스토, 소타나, 엑셀에는 미쓰비시의 오리온 엔진과 시리우스 엔진 등이 장착됐다. 하지만 현대그룹의 정주영 회장과 현대자동차 정세영 사장은 독자적인 엔진 제작기술이 없이는 세계적인 자동차업체로 발전할 수 없음을 느끼고 1980년대 초부터 독자적 엔진 개발을 추진했다.
 1984년에 미국 GM에 근무하던 자동차 엔진 전문가 이현순 박사를 스카우트해 엔진 개발 프로젝트의 책임자로 임명하고 당해 11월에 경기도 용인군에 마북리 연구소를 설립했다. 상황은 매우 열악했다. 설립 당시 연구소에는 단지 다섯 명의 연구원만 근무했고 제대로 된 설계장비나 실험장비도 갖추지 않았다. 하지만 정주

영 회장의 전폭적인 지원 아래 연구소의 인력과 장비들은 빠르게 보강되었다.

초기부터 엔진 개발을 반대하는 내부의 경영자와 엔지니어들로 인해 많은 난관에 부딪혔다. 이들은 이미 오랜 기간 미쓰비시 엔진에 익숙해져 있던 사람들로서 미쓰비시도 개발하기 어려운 엔진을 현대자동차가 어떻게 감히 개발할 수 있겠느냐는 나약한 의식을 가지고 있었다. 그뿐만 아니라 무리하게 엔진을 개발하다가 미쓰비시와의 관계가 악화되면 기존의 자동차 생산도 불가능해질 것을 두려워했다. 엔진 기술을 제공해 막대한 로열티를 받고 있던 미쓰비시의 방해도 집요했다. 현대자동차의 독자적인 엔진 개발 계획을 알게 된 미쓰비시의 구보 회장은 현대자동차를 방문해 엔진 개발에 실패할 게 뻔하니 중단하라고 하며 의욕을 꺾었다. 두 번째 방문에서는 정주영 회장에게 독자 엔진 개발을 중단하면 로열티를 절반으로 깎아주겠다고 제안했다. 심지어 미쓰비시의 방해공작으로 엔진개발을 총괄하던 이현순 박사(신엔진개발실장)가 갑자기 보직 해임되어 6개월간 대기 발령을 받은 적도 있었다. 다행히도 정주영 회장의 엔진 개발에 대한 의지는 확고했고 개발팀에게 적극적인 지원과 투자를 아끼지 않았다.

엔진 개발의 책임을 진 이현순 박사는 숙고 끝에 미쓰비시의 엔진보다 고사양인 알파 엔진을 개발하기로 했다. 그러자 현대자동차의 내부에서는 반대 목소리가 높아졌다. 특히 미쓰비시의 엔진 기술을 수입해 엔진을 설계하는 팀이 있는 울산연구소의 반대가 심했다. 하지만 이현순 박사는 정주영 회장을 설득해 계획대로 프로젝트를 진행할 수 있었다. 알파 엔진을 만들기 위해서는 우선 설계를 해야 하는데 개발팀은 엔진 설계의 경험이 전혀 없었기 때문에 영국의 전문 업체인 리카르도와 기술협력 계약을 체결했다. 그렇지만 리카르도 직원들은 한국에서 파견 나온 기술자들에게 기술을 전수하는 데 인색했을 뿐만 아니라 허락한 장소만 통행할 수 있도록 엄격히 제한하고 도면에 사용되는 도구도 낡고 오래된 것만 내주는 등 매우 불친절했다. 그러한 수모를 겪으면서 15개월간 파견된 기술자들은 점차적으로 설계도를 완성했다. 이 설계도를 가지고 와서 우리나라의 가공 기술과 소재 수준에 맞도록 대폭 수정하는 작업이 진행되었다.

개발팀은 마북리 연구소에서 밤낮을 가리지 않고 엔진 개발에 몰두했고 그 결과 드디어 1985년 10월 26일에 엔진 시작품 1호가 제작되었다. 다행히 시작품은 설계대로 작동되어 내구 시험에 들어갔다. 내구 시험이란 여러 조건에서 엔진이 얼마나 오래 튼튼히 잘 견디는가를 시험하는 것이다. 그런데 시험이 한창 중이던 1986년 10월부터 갑자기 엔진이 일주일에 한 개씩 깨지는 사태가 발생했다. 그전까지는 엔진에 문제가 생기면 원인을 찾아서 해결했지만 이번에는 도무지 그 원인을 알 수 없었다. 시작품 한 대를 만드는 데 당시 비용으로 자그마치 2,000만 원이 들었다. 엔진이 깨질 때마다 큰 손실이 발생했다. 두 달 가까이 엔진이 깨지는 문제가 해결되지 않았다. 엔진 개발에 반대했던 사람들의 비판과 질책이 점점 심해졌다. 그동안 엔진 개발을 굳건히 지지해주던 정세영 사장조차 걱정이 되어 이현순 팀장에게 성공 가능성이 정말 있느냐고 다그쳐 물어보는 지경이었다.

다행히 이현순 박사는 많은 숙고 끝에 보글보글 끓는 냉각수의 기포가 엔진 실린더 위를 덮으면서 냉각수가 잘 흐르지 않기 때문이란 것을 발견했다. 그에 대한 해결방안은 찾아냈지만 아직도 개발은 끝나지 않았다. 현대자동차가 원하는 사양에 도달하기까지 약 500대의 엔진을 더 만들어 실험했다. 그 실험을 위해 무려 150대의 자동차가 사용되었다. 실험실에서 개발이 끝난 엔진은 외국으로 가져가 극한 상황에서 테스트했다. 1987년 7월에는 미국 애리조나 주 피닉스로 가져가 섭씨 45도의 고온에서 주행 테스트를 했고 1988년 1월에는 캐나다 온타리오 주 오파사티카에서 영하 30~40도의 저온 테스트를 했다. 1989년 7월에는 고도 1,600미터 기압 836밀리바의 미국 콜로라도 주 덴버에서 저기압 테스트를 했다.

알파 엔진의 개발에 약 250여 명의 연구인력이 투입되었고 엔진 장착 차량을 테스트 운전한 시간만 총 2만 1,000시간에 이르렀다. 지구를 105바퀴 돌고도 남는 거리였다. 이러한 각고의 노력 끝에 드디어 현대자동차 개발팀은 1991년에 1.5리터 알파 엔진을 개발하는 데 성공했다. 엔진 개발에 착수한 지 6년 반 만에 이루어낸 성과였다. 알파 엔진은 다점 연료분사방식MPi 시스템을 채용한 12밸브 싱글 오버헤드캠SOHC 엔진으로서 출력과 연비에서 기존 엔진들을 뛰어넘는다는 평가를 받았다. 그러한 기술적 공로를 인정받아 알파 엔진은 대한민국 정부로부터 1991년 제1회 장영실상을 수상했다.[1]

2

대우그룹의 세계경영과
대우자동차의 동유럽 진출

    1992년 GM과 합작관계를 청산한 후 대우그룹 김우중 회장은 자신이 추구하던 세계경영의 중심축으로서 자동차사업의 해외 진출을 적극 추진했다. 그는 한국에서 만든 자동차가 아직 브랜드 인지도나 품질에서 선진국에서 생산한 자동차에 뒤지기 때문에 기술은 선진국에서 획득하고 수출은 아시아와 유럽의 중진국과 개발도상국에 집중하는 것이 바람직하다고 판단했다. 그에 따라 영국에서 1994년 워딩기술연구소Worthing Technical Center를 인수하고 1995년에 독일에 뮌헨연구소GTC를 설립했으며 해외 우수 기술인력을 적극적으로 영입했다.

    김우중 회장의 세계경영은 특히 동유럽에서 꽃을 피웠다. 이 지역의 국가들은 공산주의 체제가 무너진 후 자동차 수요가 많이 증가하고 있었지만 외화 부족으로 자동차 수입이 제한되었고 선진 자동차 메이커들의 본격적 진입이 아직 이루어지지 않아 경쟁도

대우자동차의 동유럽 현지생산 능력 (단위: 대, %)

국명	회사명	투자액(달러)	지분	인수일	생산차종
폴란드	대우 FSO	11억	70%	1995. 11.	씨에로, 에스페로, 티코
	대우 FSL	7억	61%	1995. 7.	소형트럭
체코	아비아	2억	50.2%	1995. 8	대형트럭
루마니아	로대자동차	3억 600만	51%	1994. 11.	씨에로
	국영조선소 2MMS	5,300만	51%	1996. 5.	-

(출처: 조동성·주우진, 『한국의 자동차산업』, 서울대학교 출판부, 1998. 6.)

덜 치열했다. 그 결과 현지 생산되는 자동차들은 디자인과 품질 수준이 낮았다. 대우는 그러한 시장 기회를 간파해 폴란드, 루마니아, 체코, 우즈베키스탄, 러시아 등 동유럽 국가들에 중소형차 수출을 늘리는 데 주력했다. 이들 시장에서 대우가 판매하는 자동차의 인기는 폭발적이었다.

대우자동차는 1990년대 중반부터 동유럽 시장 전략을 수출에서 현지생산으로 전환했다. 동유럽은 만성적인 자동차 공급 부족 상황이라 향후 높은 시장 성장률이 예상되었으며 동유럽은 서유럽에 인접해 있고 중장기적으로 유럽연합에 가입할 가능성도 있었기 때문에 이 지역에서 생산한 자동차를 서유럽에 수출한다는 고려도 있었다. 대우는 1994년 루마니아의 로대자동차 Rodae Automobile 인수를 시작으로 1995년 체코의 아비아 Avia를 인수했고 같은 해에 폴란드에서 FSL과 FSO를 연이어 인수했다. 그 결과 대우는 단시간에 동유럽 지역에서 29만 대의 생산능력을 확보했다.

김우중 회장은 1995년 7월 외교안보연구원 강연에서 "자동차는 하이테크가 아니라 미들테크이다. 우리는 미들테크 분야에서의 경쟁이라면 결코 뒤지지 않는다. 또 싼차를 만들어 판매량을 늘린 다음 서서히 질을 높여가는 것이 유리하다."라고 주장했다. 마케팅

귀재였던 김우중 회장은 적당한 품질의 자동차만 있으면 신흥시장에서 얼마든지 팔 수 있다고 자신했던 것이다. 비록 1997년 IMF 경제위기로 인해 대우그룹이 해체되면서 김우중 회장의 세계경영은 실패로 끝났지만 대우자동차의 성공적인 동유럽 시장 진출은 한국 자동차산업의 국제화에 큰 족적을 남겼다.[2]

3
정몽구 회장의 품질 제일주의

    현대그룹의 창업자인 정주영 회장이 사망한 후 현대그룹의 자동차 관련 계열사들은 분리되어 현대자동차그룹이 생겨났고 1998년 차남 정몽구가 새로운 그룹의 회장으로 취임했다. 같은 해에 현대자동차가 경영 위기에 빠진 기아자동차를 인수하면서 정몽구 회장은 그룹의 가장 주력 계열사인 현대자동차와 기아자동차의 경영을 직접 진두지휘했다. 회장 취임 후 정몽구 회장은 현기차의 경쟁력을 강화하기 위해 품질 향상에 가장 중점을 두었다. 글로벌 시장에서 현기차가 도요타나 벤츠 등과 같은 초일류 자동차 메이커로 도약하기 위해서는 품질 고급화가 필수적이라고 판단했던 것이다.

    정몽구 회장은 1999년 초 수출 현장을 점검하기 위해 미국을 방문했다가 큰 충격을 받았다. 현대차가 품질 문제로 미국 구매자들로부터 수없이 리콜 요청을 받으며 천덕꾸러기 취급을 받는 장면을 목격한 것이다. 정몽구 회장은 미국 출장에서 돌아온 즉시 "신차 출시 일정을 미루더라도 부실한 생산라인을 중단하라."라고 지시하고 자동차 품질에 대해서는 무엇과도 타협하지 않겠다고 천명했다. 품질 향상을 위해 미국 자동차 품질평가 전문기관인 J. D. 파워의 컨설팅을 받았고 2001년 서울 양재동 사옥으로 이사하면서 1층 로비에 '품질상황실' '품질회의실' '품질확보실'이 설치되었다. 품질상황실은 24시간 운영되면서 세계 각국에 퍼져 있는 딜러들과 서비스 센터들로부터 품질과 관련된 불만 사항을 접수 처리하는 역할을 담당했다. 여기서 수집된 정보는 품질정보보고서$_{QIR}$로 작성돼 생산현장 임직원들에게 공유되었다. 품질회의실과 품질확보실에서는 월평균 2회 이상 개최되는 품질회의를 준비하고 진행하는 업무를 담당했다.

정몽구 회장은 품질 및 연구개발 담당 임원, 생산 담당 임원, 외부 전문가들을 모아놓고 품질회의를 직접 주재했다. 이 회의에서는 시판되고 있는 자동차의 품질에 관련된 문제점을 점검하고 개발 중인 자동차의 실물을 함께 직접 살펴보면서 품질 개선방안을 모색했다. 또한 해외 경쟁 차량을 하나하나 직접 분해해가며 비교해보기도 했다. 이러한 품질회의는 국내뿐만 아니라 해외에서도 개최되었다. 이는 현장에서 제기되는 문제는 현장에서 풀어야 한다는 정 회장의 경영철학에서 비롯된 것이다. 이러한 품질회의를 통해 나온 것이 '품질패스제'이다. 품질패스제는 확실한 품질이 확보되지 않으면 제품 개발과 생산을 더 이상 진행하지 않는 제도이다. 이외에도 정몽구 회장은 약 1,000억 원을 들여 생산공장마다 전수검사 시스템을 도입해 제품의 불량을 줄이기 위한 노력을 아끼지 않았다.

아울러 자동차 품질 향상을 위해서는 자동차 부품의 품질이 확보되어야 한다는 인식하에 협력업체들이 품질개선을 할 수 있도록 많은 지원을 했다. 1999년부터 협력업체의 엔지니어를 현기차 연구소에 초청해 자동차 설계에 공동 참여토록 하는 '게스트엔지니어' 제도를 운영하고 있으며 2001년부터는 공정한 거래관계 구축과 기술개발 및 품질향상의 동기를 제공하는 '품질5스타' 제도를 운영해왔다.

  2002년에는 협력업체들의 품질과 기술력 강화를 지원하기 위해 총 530억 원을 출연해 자동차부품산업진흥재단을 설립했고 자동차부품산업진흥재단과 함께 품질기술봉사단과 협력업체지원단을 창설했다. 품질기술봉사단은 업종별 최고 전문가들로 구성되며 협력업체의 생산현장에 5~7개월간 직접 상주하면서 무상으로 문제점을 해결해준다. 협력업체지원단은 현기차 전임 임원들로 구성되어 협력 업체에게 기술, 품질, 수출, 경영관리 등에 대한 전반적인 자문 및 지원을 제공한다.[3]

6장

비슷하지만 다른 추격 전략:

성공 요인과 교훈

1
서문

이 책에서 설명한 추격 전략 2.0 모델은 후발기업이 선발기업을 성공적으로 추격하려면 그에 필요한 기술과 경영 노하우를 신속히 학습해 새로운 경쟁우위를 개발해야 하고 그 과정은 경영진의 리더십, 기술 변화 및 시장 트렌드, 그리고 자국 정부의 정책적 지원에 의해 가속화될 수 있음을 제시한다. 지금까지 상세히 살펴본 삼성전자와 현대자동차의 글로벌화 과정은 이 두 기업이 이러한 조건들을 잘 충족시키면서 발전해왔다는 것을 보여준다.

이 두 기업이 초기에 기술 역량을 축적하고 해외시장으로 진출하는 데는 전자산업과 자동차산업을 육성하기 위한 한국정부의 정책이 중요한 역할을 하였다. 한편 삼성전자와 현대자동차의 성공 요인을 역사적으로 비교해보면 여러 가지 공통점이 있지만 동시에 기업과 소속 산업의 특성을 반영해 여러 가지 차이점도 나타난다. 이는 비록 추격 모델의 기본적 원칙들은 여러 산업에 공통으로 적용되지만 실제로 후발기업이 선발기업을 추격하는 구체적 과정은 여러 가지 내외적 요인들로 상당히 다를 수 있음을 의미한다.

따라서 이 장에서는 정부 정책이 초창기에 삼성전자와 현대자동차의 해외시장 진입에 기여한 공헌을 먼저 비교해 논의한 후 앞서 제시한 추격 모델에 기반해 국제화 과정에서 나타난 성공 요인들의 공통점과 차이점을 살펴본다. 두 기업의 성공 요인에 대한 이러한 비교 분석은 한국적 경영의 국제적 경쟁력과 후발기업의 추격 전략에 대한 유용한 시사점을 제시해준다.

2

글로벌 시장 진입에 기여한 정부 정책

　한국정부가 1960년대와 1970년대를 거쳐 실시한 정책은 1장에서 설명한 전략적 무역정책의 좋은 예로서 후발주자인 삼성전자와 현대자동차가 글로벌 시장에 진입하는 데 결정적인 기여를 했다. 5.16 혁명을 통해 출범한 박정희 정부는 1966년 '전자공업진흥 5개년 계획'을 발표하며 전자산업 육성에 착수했고 1969년 '전자공업진흥법'을 제정하고 '전자공업진흥 기본계획'을 수립함으로써 그에 필요한 법적 근거와 행동계획을 마련했다. 자동차산업에 대해서는 이보다 앞선 1962년에 '자동차공업 6개년 계획'을 수립했으나 외화 및 기술 부족으로 별다른 진전을 이루지 못하다가 1969년 '자동차공업육성 기본계획'과 1974년 '장기 자동차공업 진흥계획'이 발표됨으로써 본격적인 자동차 생산 국산화 및 고유 모델 개발이 추진되었다.

국내시장 보호 및 수출 산업화 정책

정부가 양 산업의 육성을 위해 추진한 정책에는 몇 가지 공통점이 있었다. 첫째, 외국 경쟁 제품의 수입 금지를 통해 국내시장을 보호함으로써 삼성전자나 현대자동차와 같은 국내 기업들이 기술과 자본을 축적할 시간을 벌어주었다는 것이다. 둘째, 이들 산업을 단순히 수입 대체를 위해 제품을 국산화하는 수준을 넘어 수출 전략 산업으로 육성한다는 분명한 목표를 추구했다. 셋째, 국내 기업들이 빨리 선진기술을 흡수할 수 있도록 외국기업과 제휴 및 합작투자를 적극적으로 장려했다. 이러한 정부 정책은 지원받은 기업들이 국내시장에 안주하지 않고 외국 제휴사로부터 획득한 기술과 경영 노하우를 기반으로 신속히 해외시장에 진출하도록 이끌었다.

삼성전자는 정부의 요구에 따라서 그리고 한국의 낮은 인건비 및 높은 진입 장벽을 지렛대로 활용해 일본의 산요전기Sanyo Denki와 일본전기NEC, 그리고 미국의 코닝Corning과 GTE와 합작회사를 설립함으로써 TV 및 통신장비 생산에 필요한 기술을 습득할 수 있었다. 더욱이 정부가 국내 경쟁사들의 요구를 수용해 삼성전자가 일본 산요전자 및 일본전기와 합작투자를 통해 생산한 제품을 1970년대 초까지 국내에서 판매할 수 없도록 금지했기 때문에 자연히 해외시장의 개척에 전념할 수밖에 없는 여건이 조성되었다. 자동차산업의 경우 정부는 1969년 '자동차공업육성 기본계획'을 수립하며 기업 간 국산화 경쟁을 촉진시키기 위해 자동차 생산업체를 3개까지 허용한다는 삼원화 방침을 정하고 생산허가를 받기 위한 중요한 조건으로 선진 외국 자동차업체와의 기술제휴를 요구했다. 이러한 정책으로 신진자동차-미국 GM 간, 아세아자동차-이

태리 피아트 간, 그리고 현대자동차-미국 포드 간 반조립제품CKD 생산 계약이 체결되었다. 이는 초기에 열악한 기반을 가진 국내 자동차업체들이 외국의 선진 자동차메이커들로부터 생산기술을 습득하는 데 기여했다.

많은 난관을 겪은 자동차산업 육성 정책

전자산업에서는 정부 정책이 성과를 거두어 외국기업과의 합자투자를 통한 부품과 완제품의 국산화가 비교적 순조롭게 진행되었다. 그러나 자동차산업 육성은 정부의 보호와 지원에도 불구하고 별다른 진전을 이루지 못했다. 이는 무엇보다도 자동차 생산에는 2만 개 이상의 부품이 들어가고 자동차 설계와 조립을 위해서는 안전과 경제성은 물론 성능과 구매자 기호까지 고려하는 고도의 기술과 노하우가 필요했기 때문이다. 또한 전자 제품과 부품은 품질이 양호하면 저가 전략을 통해 비교적 쉽게 해외로 수출이 가능했다. 하지만 자동차산업에서는 브랜드 인지도뿐만 아니라 판매서비스 네트워크의 구축도 중요하기 때문에 기술력이 없는 잘 알려져 있지도 않은 후발주자가 글로벌 시장에 진입한다는 것은 매우 어려운 일이었다.

정부는 1969년부터 삼원화 정책을 통해 국내 자동차 산업에 3사 간 경쟁체제를 도입하였다. 그러나 이들 업체는 정부의 기대와 달리 국산 자동차의 개발보다는 제휴한 외국기업의 자동차 모델을 도입해 국내에서 반조립제품CKD 방식으로 조립 판매하는 데 몰두했다. 그러한 상황을 극복하기 위해 정부는 1974년에 '장기 자동차공업 진흥계획'을 발표했다. 그 내용은 1975년까지 소형차 국산화율 95%를 달성하고 1981년까지 자동차를 수출 산업으로 육성한다는 야심 찬 것이었다. 정부는 이를 달성하기 위한 보다 상세한 기준과 방안들을 제시했다. 이 계획에서 설정한 자동차 국산화 및 생산량 목표를 달성한 기업이 개발한 승용차는 국민차로 선정해 많은 금융, 세제, 행정상의 혜택을 제공할 것이라고 천명했다. 이러한 정부의 획기적인 정책은 참여 자동차 생산업체들 간에 본격적인 국산화 경쟁을 촉발시켰고 궁극적으로 현대자동차가 우리나라 최초의 고유 자동차 모델인 '포니'를 개발하는 계기가 되었다.

3

제휴와 합작투자를 통한 기술 축적

  1장에서 설명한 매튜의 L-L-L 모델이 제시하는 바와 같이 삼성전자와 현대자동차는 선진기업들과의 전략적 제휴와 합작투자를 효과적으로 활용해 추격에 필요한 기술과 경영노하우를 축적했다. 하지만 두 기업은 소속된 산업의 특성으로 인해 외국기업과의 제휴를 활용하는 목적과 정도에 상당한 차이가 존재했다.

삼성전자: 제휴를 통한 기술 개발과 다각화

  1960년대와 1970년대의 한국은 현재 중국이나 베트남과 같이 인건비가 저렴한 개발도상국이었기 때문에 글로벌 전자업체들은 한국기업과 합작투자를 통해 제3국가로 수출을 위한 저렴한 생산기지를 구축하고자 했다. 또한 한국의 내수시장은 정부의 보호정책으로 인해 직접적인 수출이나 독자적인 현지 공장의 설립이 불가능했다. 한국기업과의 합작투자를 통한 시장 진입이 필수적이었다. 이러한 상황에서 한국의 대표적인 재벌기업인 삼성전자는 외국기업들에게 매력적인 제휴 파트너가 되었다. 그 덕분에 삼성은 합작투자를 통해 외국 파트너로부터 전자 제품 및 부품 생산에 필요한 기술을 획득했다. 또한 외국 파트너의 글로벌 공급망에 참여해 해외시장에 빠르게 진출할 수 있었다.

 삼성전자는 신규 산업으로 사업을 다각화하고 새로운 기술을 개발하기 위해 제휴와 합작투자를 적극적으로 활용했다. 초기에는 주로 TV와 같은 가전제품 및 관련 부품의 생산을 위한 합작투자를 했다. 하지만 그 후 통신장비산업 진출을 위해 1977년에는 미국 GTE와 합작회사(삼성GTE통신)를 설립했다. 1984년에는 컴퓨터 모니터 및 프린터 산업에 진출하기 위해 HP와 합작회사(삼성휴렛팩커드)를 설립했으며 같은 해에 의료기기 사업 진출을 위해 GE와도 합작회사(GE삼성의료기기)를 설립했다. 1990년대에 글로벌 시장에서 어느 정도 위상이 정립된 후부터는 새로운 제품과 역량개발을 위해 외국기업들과의 활발한 제휴를 추진했다. 이전의 제휴가 주로 후발주자로서 선진기업들로부터 기술을 학습하기 위한 것이었다면 새로운 제휴들은 외국 파트너와 대등한 입장에서 기술을 공유하고 함께 발전하는 것이 주목적이었다.

 대표적인 예로 1993년에는 미국 GTI와 동영상 복원용 반도체 개발을 위한 협력관계를 맺었다. 1995년에는 급성장하는 TFT-LCD 시장에 대응하기 위해 일본 후지쓰와 기술 공유 계약을 체결했고 당해에 일본 도시바와 64메가 플래시 메모리 공동개발을 위한 기술협력을 시작했다. 2001년에는 가전제품의 네트워크화 사업을 공동 추진하기 위해 마이크로소프트와 제휴했고 2004년에는 일본 소니와 차세대 LCD 패널을 생산하는 합작회사를 설립했다. 그밖에도 2장에서 상술한 바와 같이 삼성전자는 차세대 기술의 선점, 새로운 기술표준의 정립, 주요 해외시장 진입 등을 위해 해외의 유수 기업들과 다수의 협력과 제휴를 활발히 추진해왔다.

현대자동차: 기술자립을 위한 국제적 제휴

현대자동차도 자동차 생산기술을 획득하기 위해 외국기업과의 제휴를 추진했지만 글로벌화 과정에서 삼성전자처럼 제휴를 활발하게 활용하지는 않았다. 그 이유는 외국 자동차업체가 1960년대와 1970년대에 한국기업과 제휴를 추진한 유일한 목적은 정부 규제로 완성차 수출이 불가능한 한국시장에 진출하기 위해서였기 때문이다. 반면 당시 전자산업에서 외국기업이 국내 기업과 제휴했던 목적에는 한국시장 진출과 더불어 제3국가로 수출을 위한 저렴한 생산기지의 구축도 있었다. 그러한 차이로 인해 한국 자동차업체와 제휴를 희망하는 외국기업의 수도 적었을 뿐만 아니라 한국 업체들의 협상력도 상대적으로 낮았다. 더욱이 자동차산업은 기술이 안정적이고 선두기업들의 순위도 과거 수십 년간 그대로 유지되었기 때문에 기존 자동차 메이커들은 제휴를 통해 자사의 기술이 후발기업으로 유출되는 것을 꺼려했다.

따라서 현대자동차는 삼성전자보다 외국의 제휴 파트너를 찾기가 더욱 어려웠고 협상에서도 불리한 처지에 있었다. 3장에서 설명한 바와 같이 현대자동차가 처음으로 제휴했던 외국 자동차업체는 미국의 포드였다. 하지만 합작투자를 추진하는 과정에서 포드 측의 무리한 요구로 많은 갈등이 생기면서 협상이 결렬됐다. 결국 현대자동차는 독자적인 승용차 개발을 추진하게 되었다. 당시 현대의 기술 수준이나 자동차 생산 경험을 고려할 때 그러한 결정은 너무나 무모해 보였다. 다행히도 현대자동차는 일본 미쓰비시자동차와 기술제휴를 함으로써 엔진, 변속기, 차체설계 등과 같이 자동차 개발에 필요한 핵심기술을 이전받을 수 있었다. 당시 미쓰비시자동차는 도요타나 혼다에 필적하는 자동차 제조기술을 보유하고 있었다. 하지만 일본시장에서 상대적으로 시장점유율이 낮아 보유한 기술을 충분히 활용하지 못하는 상황이었다. 따라서 다른 선진 자동차업체에 비해 현대자동차에게 자사의 기술을 전수하는 데 우호적이었다.

현대자동차가 미쓰비시를 제외한 다른 글로벌 자동차 메이커와 기술제휴를 체결한 바는 거의 없었다. 2000년에 독일 다임러크라이슬러와 포괄적인 전략적 제휴를 체결한 바가 있지만 이는 별다른 성과를 거두지 못하고 2004년에 종결되었다. 결론적으로 현대자동차는 삼성전자와 달리 초창기에 미쓰비시자동차로부터 기술지원을 받은 것 이외에는 대부분의 자동차 생산기술을 독자적인 노력을 통해 자체적으로 개발했으며 그 때문에 삼성전자에 비해 현대자동차는 글로벌 시장에서 선발기업들을 추격하기 위해 더 험난한 여정을 겪어야 했다.

4

경영진 리더십의 역할

    삼성전자와 현대자동차는 모두 강력한 기업가정신을 가진 경영진에 의해 지속적으로 새로운 경쟁우위를 개발하고 해외시장을 개척하도록 이끌어졌다. 이들 기업의 경영진은 초기부터 수출을 통해 국가 경제 발전에 기여하겠다는 사명감을 가지고 있었으며 기업의 성장 과정에서 더욱 도전적인 목표를 설정하고 사업과 시장을 끊임없이 확장함으로써 조직 구성원들이 새로운 기술과 경영역량을 지속적으로 개발하도록 유도했다. 경영진의 그러한 역할 중 특히 삼성전자와 현대자동차가 글로벌 기업으로 도약하는 데 결정적 기여를 한 것은 삼성 이건희 회장의 신경영 선언과 월드베스트 전략, 그리고 현대그룹 정주영 회장의 고유 자동차 모델 개발 결정 및 현대자동차 정몽구 회장의 품질 제일주의 정책이었다.

삼성전자: 신경영 선언과 월드베스트 전략

삼성전자는 1990년대 초까지 국내의 낮은 인건비에 기반을 둔 저가 전략을 통해 해외시장에서 빠른 성장을 이루었다. 하지만 브랜드 인지도와 제품 품질면에서 아직 선진국의 경쟁기업들에게 많이 뒤쳐져 있는 상태였다. 그럼에도 불구하고 직원들은 국내와 해외에서의 성공에 안주해 품질 개선 노력을 등한시했다. 그러한 상황에서 이건희 회장이 1993년에 발표한 신경영 선언은 삼성전자 구성원들이 가졌던 자만심을 타파하고 선진기업으로 도약하기 위한 혁신적 제품 개발 및 품질 개선에 노력을 경주하는 기폭제가 되었다.

이건희 회장이 제시한 신경영의 핵심은 세계 일등이 될 수 있는 품질을 가진 제품을 생산하자는 것이었다. 이를 위해 불량이 발생하면 즉시 해당 생산라인의 가동을 중단하고 제조과정의 문제점을 완전히 해결한 다음 재가동함으로써 문제의 재발을 방지하는 '라인스톱' 제도를 도입했다. 동시에 사람의 질을 높이기 위해 인사제도를 개선하고 창의적이고 자율적인 조직문화를 만들어나갔다. 또한 내부적으로 품질대상SQA, Samsung Quality Award 제도를 도입하고, 외부적으로는 미국과 유럽 등에서 제품 품질에 대한 각종 인증을 획득했다.

이건희 회장의 신경영 선언은 월드 베스트 전략으로 이어졌다. 이건희 회장은 1등 제품만이 살아남을 수 있다는 각오로 월드 퍼스트, 월드 베스트 전략을 수립할 것을 지시했고 사업부별로 전 세계 1등 제품을 만들 것을 요구했다. 그 결과 1990년대 중반까지 짧은 기간에 반도체, 컴퓨터 모니터, TFT-LCD 스크린, 컬러 TV

등을 포함해 총 17개의 삼성 제품이 세계 시장점유율 5위 안에 들었고 12개 제품이 시장점유율 1위를 기록하는 성과를 달성했다. 이때부터 글로벌 1위 기업이 되기 위한 삼성전자의 비상이 본격적으로 시작되었던 것이다.

현대자동차: 고유 자동차 모델 개발과 품질 제일주의

현대자동차가 글로벌 기업으로 도약하는 데 역사적으로 가장 중요한 기반이 된 것은 1970년대에 고유 자동차 모델 포니를 개발한 것이라고 볼 수 있다. 정부가 1974년에 '장기 자동차공업 진흥계획'을 발표한 후 국내 자동차 3사 간 국산화 경쟁이 시작되었다. 당시 기아산업과 GM코리아는 외국 제휴사로부터 기존 자동차 모델을 도입해 국산화하는 비교적 쉬운 방법을 선택했다. 하지만 현대그룹의 정주영 회장은 포드와의 합작투자가 결렬된 후 독자적으로 고유 자동차 모델을 개발하는 험난한 길을 선택했다. 당시 현대자동차의 기술력을 고려할 때 이는 정말로 무모한 결정이었다. 하지만 결과적으로 포니의 개발 과정에서 현대자동차는 자동차 설계 및 생산기술을 다른 국내 경쟁 기업들보다 빠르게 축척할 수 있었다. 또한 개발 후 수출에서도 다른 국내 자동차업체들과 달리 외국 제휴 파트너가 설정한 판매지역 제한에 구속되지 않고 자유롭게 여러 해외시장에 진출할 수 있었다.

한편 현대자동차 정몽구 회장은 1999년 자동차 품질에 대해서는 무엇과도 타협하지 않겠다는 품질 제일주의를 선언했다. 이미 가성비가 좋은 저가 자동차 메이커로서 확고한 입지를 구축하고 있었지만 품질 문제로 도요타나 BMW 등과 같은 선두업체들과 경쟁하기에는 무리가 있었다. 정몽구 회장은 품질이 확보되지 않고서는 2등 그룹에서 벗어날 수 없음을 깨닫고 품질을 최우선으로 하는 정책을 수립했던 것이다. 이를 실천하기 위해 그는 매월 2회 이상 직접 품질회의를 주재하며 품질개선 방안을 논의했다. 그에 따라 확실한 품질이 확보되지 않으면 제품 개발과 생산을 더 이상 진행하지 않는 '품질패스' 제도가 도입되었다. 또한 협력업체들이 공급하는 부품의 품질 향상을 위해 '품질5스타' 제도를 운영했으며 자동차부품산업진흥재단과 함께 품질기술봉사단과 협력업체지원단을 창설했다. 그러한 일련의 노력들은 결실을 거두어 자동차 품질은 점차 향상되었다. 2016년에 미국 J. D. 파워의 신차 품질 조사에서 기아자동차와 현대자동차는 세계 유수 자동차메이커들을 제치고 각각 1위와 3위를 차지하는 쾌거를 이루었다. 이처럼 품질에서 국제적 경쟁력을 갖춘 것은 현대자동차가 선진 자동차업체들과 어깨를 나란히 할 수 있는 일류 기업으로 도약하는 데 중요한 뒷받침이 되었다.

5

수출과 해외직접투자를 통한 해외시장 개척

삼성전자와 현대자동차는 국제화 과정에서 비슷한 패턴을 보여주었다. 먼저 국내에서 기술 축적을 통해 경쟁력 있는 제품을 개발한 후 수출을 통해 해외시장에 신속히 진출했다. 그 후 국제 경험이 축적되고 수출시장이 다변화됨에 따라 주요 국가들에 생산기지를 건설하여 글로벌 생산 및 판매 네트워크를 구축했다.

삼성전자의 해외시장 진출 과정

삼성전자가 1969년과 1970년에 일본의 산요전기 및 일본전기와 각각 합작법인을 설립할 때 한국정부는 생산 제품을 전량 해외로 수출한다는 조건으로 허가를 내주었다. 따라서 삼성은 설립 초기부터 외국기업과의 합작투자로 생산한 제품을 해외에 수출하는 경험을 축적했다. 또한 미국 RCA와 특허사용계약을 체결해 1976년에는 컬러 TV를 자체 개발했으나 당시 한국에서는 컬러 TV 방송을 하지 않았기 때문에 제품을 팔기 위해서는 해외시장 개척에 전념해야 했다. 1980년대에 들어와 삼성전자가 생산하는 제품이 고도화되고 다양화되면서 세계 각국으로 수출이 크게 증가했다. 하지만 그 시기에는 국제적으로 무역장벽이 높았기 때문에 수출만으로 해외시장을 개척하기에는 한계가 있었다. 무역장벽을 회피하기 위해 삼성은 1982년 최초로 포르투갈에 생산법인을 설립했다. 그 후 지속적으로 미국, 영국, 멕시코, 브라질, 태국, 중국, 말레이시아, 베트남, 러시아, 인도, 인도네시아 등의 국가에 40여 개의 생산법인을 설립함으로써 진출한 국가와 지역의 무역장벽을 극복하고 생산 제품의 현지화를 도모하는 동시에 더욱 효율적인 글로벌 생산 판매 네트워크를 구축할 수 있었다.

현대자동차의 해외시장 진출 과정

현대자동차 역시 1975년 고유 자동차 모델 포니의 개발에 성공하고 다음 해인 1976년에 최초로 에콰도르에 수출을 시작했다. 1980년대 중반에 이르러서는 여러 개발도상국들, 그리고 네덜란드, 벨기에 등과 같은 서유럽 국가로 수출 시장을 확대했다. 그리고 과감하게 1984년에는 캐나다 시장에 문을 두드렸고 1986년에는 미국 시장에 진출했다. 당시 미국 시장에서는 오일쇼크로 연비가 우수한 소형 승용차에 대한 수요가 급증했지만 수입 규제로 일본산 자동차의 공급이 제한되면서 현대자동차는 뜻밖에 큰 성공을 거두었다. 현대자동차는 자사 자동차의 대미 수출이 크게 증가하자 미국정부가 한국산 자동차에 대해서도 수입 규제에 나설 것을 우려해 인근 국가인 캐나다에 대규모 자동차 생산공장을 설립했다.

하지만 현대자동차의 품질 문제로 미국에서 판매가 크게 위축되면서 캐나다 공장은 가동률 저조로 폐쇄되었다. 이에 현대자동차는 미국 시장에 지나치게 의존하는 것이 위험하다는 것을 깨닫고 세계 각국으로 판매 시장을 확대하는 수출다변화 정책을 실시했다. 그리고 1989년 인도에 대규모 생산공장을 설립해 내수 시장 개척 및 해외 수출에 성공하면서 국제적인 생산·판매 네트워크 구축의 전략적 중요성을 깨달았다. 따라서 현대자동차는 지속해서 중국, 미국, 체코, 러시아, 브라질, 슬로바키아, 멕시코, 터키 등에 생산공장을 설립하거나 기존 공장을 확장했으며 그 결과 9개의 국가에 11개의 해외 생산법인을 운영하게 되었다(그룹 계열사인 기아자동차의 해외 생산법인들 포함).

6

사업 다각화 대 집중화

　삼성전자와 현대자동차의 글로벌화 과정에서 가장 현저한 차이가 나는 것은 사업 다각화를 추구한 정도이다. 삼성전자는 가전으로부터 시작해 통신장비, 반도체, 의료장비, 휴대폰, 그리고 최근에 자동차 전장부품까지 지속적으로 활발하게 새로운 산업으로 진출했다. 반면 현대자동차는 설립 초기부터 다각화보다는 승용차, SUV, 그리고 상용차 생산에 집중하는 전략을 추구했다. 그러한 차이는 근본적으로 기술 변화가 심한 전자산업과 기술이 안정적인 자동차산업의 특성 때문으로 삼성전자와 현대자동차가 글로벌 시장에서 선발기업들을 추격하는 속도와 방법에 영향을 미쳤다.

삼성전자의 다각화 전략

삼성전자는 1970년대와 1980년대 가전사업의 호황에도 불구하고 그에 안주하지 않고 통신장비, 반도체, 의료기기, 휴대폰 등으로 끊임없이 사업 다각화를 추구했다. 이는 새로운 기술과 제품의 출현이 빈번한 전자산업의 특성을 고려할 때 바람직한 전략이었다고 볼 수 있다. 삼성전자가 오늘날과 같은 규모와 수익성을 달성하는 데 결정적으로 기여한 두 개의 다각화 결정은 반도체와 휴대폰 사업으로의 진출이었다.

삼성의 반도체 사업 진출은 1974년 한국반도체를 인수하며 시작되었다. 1983년에는 창업자 이병철 회장이 D램 사업 진출을 공식 선언했고 당해에 세계에서 3번째로 64K D램을 개발했다. 반도체 사업 진출 당시 한국에는 반도체 기술이나 반도체 전문가가 사실상 전무했다. 따라서 반도체 사업 진출은 무모하기 그지없어 보였다. 하지만 삼성은 기술 제휴 및 자체 개발 노력을 통해 빠르게 반도체 제조 기술을 축적했고 그 결과 1992년에는 세계 D램 시장 점유율 1위에 올라섰고 2017년에는 메모리와 비메모리 반도체를 포함한 반도체 전체 시장에서 인텔을 제치고 매출액 기준 1위 기업이 되었다.

삼성전자는 또한 새롭게 등장한 휴대폰 시장의 잠재력을 인지하고 1991년부터 휴대폰 개발을 시작했다. 1999년에는 생산라인을 갖추고 본격적으로 세계시장에 진출해 2007년에 글로벌 휴대폰 시장에서 모토로라를 누르고 절대 강자였던 노키아에 이어 세계 2위의 제조업체가 되었다. 하지만 애플이 기존의 휴대폰(소위 피처폰)과 다른 기술과 사용자 환경에 기반을 둔 아이폰을 2007년에 출시하면서 세계 휴대폰시장은 소용돌이에 빠졌다. 기존에 시장을 선도하던 노키아, LG 등은 급속히 시장을 애플에 빼앗기며 도태되었다.

삼성 역시 휴대폰 사업에서 위기를 맞았지만 이건희 회장의 지휘하에 회사가 보유한 모든 기술과 역량을 동원해 애플 아이폰과 경쟁할 수 있는 스마트폰 개발에 불철주야 전력을 기울였다. 그 결과 2010년 안드로이드 운영체제를 채택한 갤럭시S를 선보이면서 반전의 기회를 마련했다. 그 후 지속적으로 자사 스마트폰의 디자인, 품질, 기능 등을 업그레이드하고 해마다 애플보다 다양한 기종의 스마트폰을 출시하는 전략을 추진해 2012년에는 세계 휴대폰 시장에서 점유율 1위를 달성했다.

현대자동차의 집중화 전략

현대자동차는 창업 이래 지속적으로 자동차산업에만 집중하는 전략을 추구했다. 자동차산업은 전자산업에 비해 기술 변화가 심하지 않아 사업 다각화의 필요성이 적은 것이 중요한 이유였지만, 후발주자로서 선발기업들이 생산하는 자동차의 성능과 품질을 따라잡는 데만도 많은 투자와 노력이 필요해서 사업 다각화를 고려할 여지가 없었던 점도 있었다. 이와 관련해 미국의 유명한 경영학자인 피터 드러커는 자동차를 '산업 중의 산업Industry of Industry'이라고 칭했다.[1] 그만큼 다양한 부품들이 들어가고 관련된 다른 산업에 미치는 영향이 크다는 의미이다. 현대가 선진 자동차업체들을 추격하기 위해서는 엔진, 변속기, 차체 설계 등과 같은 핵심 기술들을 확보해야만 했을 뿐만 아니라 자동차에 들어가는 많은 부품들을 외주업체들과 협력하여 개발하고, 또한 자동차와 부품들의 품질을 꾸준히 높여나가는 지난한 과정이 필요했다. 그러한 점에서 현대자동차가 자동차 사업에 집중해온 것은 산업의 특성상 타당한 전략이었다.

7

외부적인 유리한 여건의 활용

 삼성전자와 현대자동차가 우수한 기술과 제품을 바탕으로 글로벌 시장에서 성공을 거둔 것은 사실이다. 하지만 그 발전 과정에서 나타난 유리한 외부의 여건을 적절히 활용하지 못했다면 막대한 기술과 자원을 이미 보유하고 있던 선발기업들을 추격하기는 쉽지 않았을 것이다.

1980년대 미국정부의 일본산 자동차 수입 규제

 3장에서 상술한 바와 같이 일본정부는 미국정부의 압력에 굴복하여 1981년부터 매년 일본산 자동차의 수출 대수를 165만 대로 제한하는 자율수출규제를 실시했다. 그에 대응해 일본 자동차업체들은 대미 수출에서 소형차 비중을 줄이고 이익이 많이 남는 대형차 판매에 주력했다. 그런데 1970년대에 발생한 두 차례의 오일쇼크로 인해 휘발유 가격이 급등하면서 미국에서는 연비가 좋은 소형차에 대한 수요가 크게 증가했다. 하지만 미국 자동차업체들은 대형차 위주의 생산라인을 가지고 있어서 소형차를 공급할 기술력이 없었다. 그 결과 현대자동차가 미국 시장에 처녀 진출한 1986년에는 소형차 공급이 크게 부족한 상황이었다. 이는 무명의 후발기업인 현대자동차가 단기간에 미국 시장에서 판매를 크게 신장시킬 수 있는 기회를 만들어주었다.

당시 미국정부의 일본 자동차에 대한 수입 규제는 국내 경쟁사인 기아산업에게도 글로벌 시장에 진출할 기회를 제공했다. 3장에서 설명한 바와 같이 기아산업이 1987년 국내에 출시한 프라이드 모델은 본래 미국 포드의 월드카 계획에 따라서 일본 마쓰다가 개발과 생산을 모두 담당할 예정이었다. 하지만 미국-일본 간 자동차 자율수출규제로 일본산 자동차의 대미 수출이 어려워지자 포드는 계획을 전면 수정해 기아를 생산업체로 선정했던 것이다. 기아자동차가 생산한 소형 승용차 프라이드는 포드의 국제적 판매망을 통해 미국을 비롯한 세계 각국으로 수출되었다.

비록 현대자동차의 성공은 자동차 품질 문제가 불거지면서 미국 시장에서 단기간에 끝이 났지만 미국 소비자의 머릿속에는 현대라는 브랜드가 각인되었다. 개발도상국 출신 기업임에도 불구하고 세계에서 경쟁이 가장 치열한 미국 시장에서 큰 성공을 거두었다는 사실은 다른 해외시장으로 진출하는 데도 큰 후광효과를 미쳤다. 또한 국제화 초기에 미국 시장에서 성공과 실패를 맛봄으로써 현대자동차는 선진국 시장에서 자동차를 판매하는 데 필요한 기술력과 경영능력을 인식할 수 있었으며 국제적 경쟁에서 자동차 품질의 중요성도 깨달았다.

1990년 중반부터 시작된 디지털 컨버전스 혁명

삼성전자가 글로벌 기업으로 본격적인 도약을 시작한 것은 1990년대 중반이었다. 앞서 언급한 바와 같이 이건희 회장의 신경영 선언은 그러한 도약의 시발점이 되었다. 하지만 삼성전자의 국제적 성공에는 1990년대 중반부터 본격화된 디지털 컨버전스 혁명을 새로운 경쟁력 구축에 적절히 활용한 것도 큰 기여를 했다. 디지털 컨버전스란 IT 기술이 발전하면서 기존의 아날로그 기술이 디지털 기술로 대체되고 여러 디지털 기술들이 융합되어 새로운 제품과 서비스가 탄생하는 현상을 의미한다. 삼성전자 경영진은 그러한 혁명의 도래를 예견하고 디지털 기술을 최대한 활용해 반도체, 디지털 카메라와 캠코더, 하드드라이버, MP3 플레이어, 디지털 TV, 휴대폰, 와이브로 등과 같은 제품과 서비스를 개발했다.

창업 30주년이 되는 1999년에는 21세기를 위한 기업 비전을 '디지털 E 컴퍼니'로 설정하고 향후 디지털 컨버전스 혁명을 선도해나갈 것을 선포했다. 그로부터 삼성은 제품만 아니라 각종 홍보 및 사회봉사 활동에서도 디지털 선도기업으로서의 이미지를 부각시키기 위해 노력했다. 예를 들어 2002년부터 세계 각국에서 제품 홍보를 위한 '글로벌 디지털 로드쇼'를 개최하면서 'SAMSUNG DIGITall, everyone's invited'라는 슬로건을 내세웠다. 동남아시아에서는 2004년부터 '삼성 DigitAll Hope' 프로그램을 시행해 청소년을 위한 디지털 교육 기금 조성 캠페인을 벌였다. 그밖에도 삼성은 세계 각국에서 장애인을 위한 모바일 앱 개발, IT 기술 기반 사회문제 해결 프로젝트 경연대회 개최 등과 같은 사회봉사활동을 통해 디지털 기업 이미지 구축에 힘써왔다.

이처럼 삼성전자가 디지털 컨버전스 혁명에 발 빠르게 대응한 것은 개발도상국 출신의 후발주자로 가졌던 불리한 기업 이미지를 극복하는 데 기여했다. 세계 각국의 소비자들은 이제 삼성을 디지털 시대를 선도하는 기술과 혁신의 리더로 인식하게 된 것이다. 또한 새로운 디지털 기술 기반 제품들을 신속하게 개발하고 출시함으로써 기존에 아날로그 기술 기반 제품으로 시장을 장악하고 있던 소니, 필립스 등의 선두 기업들을 빠른 시간 내에 추월할 수 있었다.

8

삼성전자와 현대자동차의 추격 전략 비교

삼성전자와 현대자동차는 모두 초기에 정부의 보호와 지원을 통해 전자산업과 자동차산업에 진입할 수 있었다. 제휴 및 합작투자를 통해 어느 정도 기술력이 축적되고 제품을 개발한 후에는 지체 없이 수출을 통해 해외시장으로 진출했다. 그 후 제품이 고도화되고 수출이 확대되면서 주요 국가와 지역에 생산기지를 설립하여 효율적인 글로벌 생산·판매 네트워크를 구축했다. 또한 초창기에 추격에 필요한 기술 획득을 위해 외국기업과의 제휴를 활용했지만 궁극적으로는 획득한 기술을 내부화해 자립적으로 제품을 개발하고 생산하고 판매할 수 있는 역량을 구축했다.

삼성전자와 현대자동차가 이와 같이 빠르게 기술을 축적하고 해외시장에 진출할 수 있었던 것은 국가 경제에 기여한다는 투철한 사명감을 가진 경영진에 의해 지속적으로 제품을 고도화하고 새로운 시장에 진출하도록 이끌어졌기 때문이다. 특히 이들 기업의 경

성공 요인의 공통점

	공통점
정부의 보호와 지원	정부가 국내 시장을 보호하며 외국 선진기업과 기술제휴를 맺고 생산 제품을 수출하도록 요구
제휴와 합작투자를 통한 기술 획득	초창기에 외국기업과의 제휴 및 합작투자를 통하여 선진 기술 획득
해외시장 지향성	설립 초기부터 수출을 통해 해외로 진출하였고, 수출이 증가하면서 국제적인 생산·판매 네트워크 구축
자립적 기술 역량 확보	제휴와 합자투자를 통해 기술을 획득하더라도 궁극적으로는 자립적인 기술 개발 및 제품 생산·판매 능력 확보
경영진의 리더십	국가 경제에 기여한다는 사명감을 가지고 창업하였으며, 강력한 기업가정신을 발휘하여 기술과 제품을 고도화하며 적극적으로 해외 진출 시도
유리한 외부 여건의 활용	1980년대 미국의 일본산 자동차 수입 규제 또는 1990년대 중반부터 시작된 디지털 컨버전스를 효과적으로 활용하여 시장 개척 및 경쟁우위 구축

성공 요인의 차이점

	삼성전자	현대자동차
외국 기업과의 제휴 활용 정도	사업 다각화, 차세대 기술의 개발, 주요 해외시장 진입 등을 위하여 활발한 제휴 추진	초기 핵심기술 획득을 위한 제휴 이외에는 대부분 독자적 기술 개발 추구
다각화 대 집중화 전략	빠른 기술 변화와 시장 트렌드에 대응하여 지속적으로 사업 다각화 추구	자동차 산업 내에서 제품 개발 및 품질향상에 주력하는 집중화 추구

 영진은 중요한 고비마다 소속 기업이 글로벌 기업으로 도약하기 위해 무엇이 필요한가를 정확히 파악하고 그것을 성취하기 위한 보다 높은 경영 목표를 설정했으며 구성원들에게 이를 달성하는 방법을 찾도록 요구했다. 그러한 경영진의 리더십은 소속 구성원들이 현재의 성공에 안주하지 않고 계속해서 도약에 필요한 새로운 제품과 경영 역량을 개발하도록 유도하는 중요한 자극제가 되었다.

외부의 유리한 여건을 잘 활용한 것도 국제적 성공에 기여했다. 삼성전자는 1990년대 중반부터 시작된 디지털 컨버전스 혁명에 적극적으로 대응해 디지털 기술 기반 제품과 서비스들을 개발했고 디지털 기술을 주도하는 혁신적 선도자로서의 기업 이미지 구축에 성공했다. 이를 통해 삼성은 아날로그 기술 기반 제품에 주력하던 기존 선발기업들을 추월하고 개발도상국 출신 기업으로서 가졌던 불리한 기업 이미지를 극복할 수 있었다. 한편 세상에 잘 알려져 있지 않았던 현대자동차가 1980년대 중반 처음 진출한 미국 시장에서 큰 성공을 거둔 것은 미국정부의 일본산 자동차 수입 규제로 인해 미국 시장에서 연비가 우수한 소형차의 공급이 크게 부족했기 때문이다. 당시 현대자동차가 그러한 상황을 예견했는지는 불명확하지만, 일본 소형차보다 1,000달러 이상 저렴하면서도 당시 기준으로 세련된 디자인과 첨단 전륜구동 시스템을 장착한 포니엑셀은 미국 자동차 구매자들로부터 인기를 끌 수밖에 없었다.

삼성전자와 현대자동차의 추격 전략에는 상당한 차이점도 존재했다. 삼성전자는 해외시장에서 어느 정도 입지가 구축된 후에도 새로운 산업으로 진출하고 차세대 기술을 개발하기 위해 다수 외국기업들과 활발하게 기술제휴를 추진했다. 반면 현대자동차는 초창기에 엔진, 변속기, 차체설계 등과 같은 핵심기술을 획득하기 위해 일본 미쓰비시자동차와 기술제휴를 한 것 이외에는 대부분의 자동차 생산기술을 독자적인 노력을 통해 개발했다.

전반적으로 삼성전자와 현대자동차의 추격 과정에서 나타나는 차이는 '다각화 전략 대 집중화 전략'의 차이로 요약될 수 있다. 삼성전자는 기술 변화가 빠른 전자산업에서 성장하기 위해 전통적인 가전산업에 머무르지 않고 통신장비, 반도체, 휴대폰 등으로 계속해서 다각화를 추진하면서 그에 맞추어 기업 전략과 조직을 개편했다. 그 과정에서 새롭게 떠오르는 기술이나 제품의 잠재력을 정확히 파악하고 보유한 기술과 경영능력을 효과적으로 활용해 목표한 시장에 성공적으로 진입하는 놀라운 변신 능력을 보여주었다. 삼성전자는 대기업임에도 불구하고 이처럼 새로운 사업을 계속해서 개척했다. 그러한 능력은 경영 전략 분야에서 최근 많은 관심을 끌고 있는 '동태적 역량dynamic capabilities'의 좋은 예라고 볼 수 있다.[2]

그에 반해 현대자동차는 다른 산업에 눈을 돌리지 않고 자동차 산업에 집중하는 전략을 추구했다. 전자산업과 달리 자동차산업은 기술 변화가 빠르지 않고 막강한 선발기업들이 계속해서 시장을 장악해왔다. 따라서 후발기업으로 선발기업들과 경쟁하기 위해서는 무엇보다도 자동차의 성능과 품질을 그들의 수준으로 끌어올려야만 했다. 하지만 자동차 설계 및 생산에는 숙련된 기술이 필요하고 자동차 조립에는 2만 개 이상의 부품이 들어가는 기술적 복잡성이 있기 때문에 자동차 성능과 품질을 선발기업들의 자동차 수준으로 높이기 위해서는 오랜 기간에 거쳐 많은 투자와 노력을 기울여만 했다. 그러한 과정은 매우 고되고 지루한 것이었다. 하지만 현대자동차는 뚝심을 가지고 한 우물 파기를 고집해 추격에 성공했던 것이다.

한국적 경영을 위한 교훈

삼성전자와 현대자동차의 사례는 한국적 경영이 가지는 여러 가지 장점과 특징을 잘 드러내고 있다. 무엇보다도 한국기업들이 전자와 같은 혁신적 산업과 자동차와 같은 보수적 산업에서 모두 성공을 거두었던 사실은 한국적 경영의 경쟁력이 특정한 산업에 국한되지 않고 다양한 산업에서 발휘될 수 있음을 증명하고 있다. 그런 점에서 최근 한국기업들이 전통적인 제조업에서뿐만 아니라 IT나 제약 등과 같은 혁신적인 산업에서도 두각을 나타내고 있는 것은 놀랄 일이 아니다.

　이 두 기업의 사례를 통해 한국적 경영의 큰 장점 중의 하나가 우수한 리더십이란 것을 알 수 있다. 1960년대와 1970년대 한국과 같이 가난한 개발도상국에서 글로벌 시장의 정복을 꿈꾸는 우수한 경영 리더들이 탄생했다는 것은 한국적 문화와 사회제도가 그러한 리더들을 키워낼 수 있는 토양을 가지고 있다는 것을 의미한다. 글로벌화 과정에서 이들 기업의 경영진은 자립적 경영권과 기술 확보의 중요성을 인식하고 독자적인 브랜드 구축 및 제품 개발 능력의 확보에 총력을 기울였다. 또한 이들 기업의 경영진이 계속해서 더욱 도전적인 제품 개발이나 해외시장 개척의 목표를 설정하고 직원들의 헌신과 충성심을 이끌어내 달성할 수 있었던 것은 수출을 통해 국가 경제에 기여하겠다는 투철한 사명감과 명확한 비전을 가지고 있었기 때문이다. 그러한 사실은 오늘날 우리나라 기업가들에게 경제적 이익 추구뿐만 아니라 사회에 공헌한다는 사명감으로 경영에 임할 때 사회와 더불어 기업도 지속해서 발전할 수 있다는 점을 일깨워주고 있다.

　이들 기업의 발전 과정을 살펴보면 한국적 경영이 과감히 새로운 시장 기회를 찾아 도전하는 기업가정신에 바탕을 두고 있음을 알 수 있다. 삼성자동차와 현대자동차는 모두 창업과 거의 동시에 해외시장으로 진출하는 모험 정신을 발휘했고 글로벌화 과정에서 위험을 무릅쓰고 끊임없이 새로운 시장 또는 산업으로 사업을 확장하는 도전정신을 보여주었다. 만일 삼성전자와 현대자동차의 경영진이 이처럼 투철한 기업가정신을 가지지 않았다면 글로벌 시장에서 이미 우월한 기술과 제품을 가지고 있었던 선발기업들을 짧은 기간에 추격하기는 어려웠을 것이다. 한국기업들은 현재와 같이 기술 변화가 빠른 초경쟁 시대에 그러한 기업가정신이 더욱 요구됨을 인식할 필요가 있다.

　삼성전자와 현대자동차는 제품 개발과 마케팅에서 해외시장 소비자들의 요구와 경쟁상황을 잘 파악하고 그에 효과적으로 대응하는 능력을 발휘했다. 삼성전자가 가전뿐만 아니라 진출한 주요 전자산업에서 국제적으로 큰 성공을 거둔 것은 각국 구매자들의 기호와 요구를 정확히 파악하고 그에 맞는 제품을 제공했기 때문이다. 또한 세계 각국에서 그 나라 국민들의 관심사에 맞는 사회공헌 프로그램을 개발하고 시행함으로써 당면한 사회 문제의 해결에 기여함과 동시에 기업 이미지를 높일 수 있었다. 현대자동차도 인도, 중국, 유럽 등의 국가에서 빠른 판매 신장을 이룰 수 있었던 것은 해당 국가의 소비자 기호와 자동차 운행 여건에 맞도록 현지화된 자동차를 개발했기 때문이다. 좋은 예로 인도에서는 열악한 도로 사정에 맞추어 차체를 높게 설계하고 브레이크 성능을 강화했다. 중국에서는 크고 화려한 것을 좋아하는 중국인들의 취향에 맞도록 국내 동일 모델보다 차체의 크기를 늘리고 반짝이는 크롬 도금을 했다. 이러한 사실은 한국적 경영에 문화적 차이를 넘어 해외 소비자들의 요구를 잘 파악하고 그에 적절히 대응할 수 있는 DNA가 내재되어 있다는 것을 시사한다.

이상과 같은 한국적 경영의 장점들에도 불구하고 현대자동차가 1998년 위기 상황에 이르러서야 어쩔 수 없이 미국인 임원 핀바 오닐을 미국 현지법인의 최초 CEO로 임명했다는 사실은 한국기업들이 해외 사업에서 인력의 현지화를 등한시하는 문제가 있다는 것을 예시해준다. 한국적 경영은 권위주의, 집단주의, 인정주의 등을 특징으로 하는데,[3] 그로 인해 문화가 다른 외국인 경영자를 신뢰하지 못하고 본사 경영자가 해외사업의 의사결정 및 운영을 독점하는 경향이 나타난다.[4] 그러한 인사정책은 본사–현지법인 간에 원활한 커뮤니케이션을 가능토록 하고 본사 주도로 해외사업을 일사불란하게 추진할 수 있게 하는 나름대로의 장점이 있다.[5] 그러나 현대자동차의 사례에서 볼 수 있는 것처럼 본사 파견 주재원이 현지의 소비자 요구 및 경쟁상황을 정확히 파악하고 그에 대응하는 데는 한계가 있다.

결국 현대자동차는 미국 법인의 CEO를 현지인으로 임명함으로써 오랜 침체에 빠져 있던 미국사업을 회복시킬 수 있는 결정적 계기를 마련했다. 따라서 우리나라 기업들이 글로벌 시장에서 지속적인 성공을 달성하기 위해서는 제품과 서비스의 경쟁력 제고뿐만 아니라 인력 현지화를 적극적으로 추진하여 해외 현지법인에 근무하는 현지인 경영자들이 더욱 많은 책임과 권한을 가지고 소속 국가에서 시장 개척을 주도할 수 있는 여건을 조성할 필요가 있다.

후발기업의 추격 전략에 대한 교훈

삼성전자와 현대자동차의 국제화 과정에 대한 경영사적 고찰을

후발기업의 추격 전략에 대한 교훈

1. 경영진이 강력한 기업가정신을 발휘하여 보다 높은 성과 목표와 새로운 시장 개척을 지속적으로 추구해야 한다
2. 추격에 필요한 기술 획득을 위해 선진기업과 제휴를 효과적으로 활용하되, 궁극적으로는 자립적인 경영권과 기술 능력을 확보해야 한다
3. 경영진은 선진기업으로 도약할 수 있는 결정적 순간을 정확히 포착하여 그에 필요한 역량을 개발할 수 있도록 구성원들을 지휘해야 한다
4. 외부의 유리한 여건이나 운을 효과적으로 활용하여 경쟁 입지를 강화해야 한다
5. 모든 산업에서 통용될 수 있는 보편적 추격 전략은 없다. 자신의 산업의 특성에 맞는 추격 전략을 개발하고 지속적으로 실천할 필요가 있다

통해 1장에서 제시한 추격 전략 2.0 모델이 이들 기업의 성공 요인을 규명함에 있어서 유용하다는 것을 알 수 있다. 성공적인 추격을 위해서 후발기업은 단지 선진기업과의 기술 격차를 줄여나간다는 차원을 넘어, 기업의 전사적인 혁신과 학습 능력을 배양하고, 자립적인 기술력과 경영권을 확보하며, 외부의 유리한 기술과 경영환경의 변화를 적극적으로 활용하고, 소속 산업의 고유한 상황을 잘 파악하여 그에 맞는 현실적 추격 전략을 개발할 필요가 있는 것이다. 후발기업의 추격 전략에 대한 이러한 교훈들을 구체적으로 논의하면 다음과 같다.

첫째, 후발기업의 경영진은 강력한 기업가정신을 발휘하여 보다 높은 성과 목표와 새로운 시장 개척을 지속적으로 추구할 필요가 있다. 기업의 발전 과정에서 조직 구성원들은 흔히 현재의 성공에 만족해 선도기업으로 도약하는 데 필요한 노력을 게을리하는 경향이 나타난다. 경영진이 계속해서 더욱 높은 경영 성과와 새로운 시장 진입을 달성하도록 요구하는 것은 그러한 자만심을 극복하고 새로운 역량을 개발하는 데 기여한다.

앞서 언급했듯이 삼성전자 경영진은 지속적으로 새로운 산업으로 진출했고 세계 최초, 1등 제품만이 살아남을 수 있다는 각오로 최상의 혁신적 제품을 만들 것을 직원들에게 요구했다. 현대자동차는 초창기부터 세계에서 가장 경쟁이 치열한 미국 시장에 과감히 진출했고 그 후에는 중국과 인도 등 주요 신흥시장에 대규모 생산 공장을 설립하는 모험적 투자를 감행했다. 그러한 공격적인 리더십은 구성원들이 목표 달성에 필요한 기술과 노하우를 지속적으로 개발하고 이를 활용해 기업 역량을 업그레이드하도록 유도하는 강력한 추진력으로 작용했다.[6]

둘째, 후발기업은 추격에 필요한 기술과 경영 노하우를 획득하기 위해 선진기업과의 제휴를 효과적으로 활용해야 하지만 궁극적으로는 자립적인 경영권과 기술 능력을 확보해야 한다. 이를 위해서는 많은 투자와 지속적 노력이 필요하다. 그것이 어렵다고 해서 제휴 기업에 대한 의존성을 탈피하지 못한다면 향후 제품 개발이나 해외시장 진출에서 주도권을 상실할 위험이 있다.

삼성전자는 다수의 외국기업들과 제휴를 했지만 이를 통해 개발한 제품의 제조기술을 내부적으로 확보하는 데 소홀히 하지 않았다. 또한 미국이나 유럽의 바이어에게 OEM 또는 ODM 제품을 공급하는 협력 업체에 머무르지 않고 자사 브랜드 제품들을 개발해 주도적으로 시장을 개척했다. 현대자동차는 경영자율권 확보를 위해 초창기에 미국 포드와의 합작투자를 거부했고 지속적으로 독자적인 자동차 생산기술을 확보하기 위해 많은 노력을 기울였다. 이렇게 확보된 기술 역량과 경영권은 궁극적으로 이 두 기업이 더욱 효과적이고 유연하게 해외시장을 개척하는 데 기여했다.

셋째, 두 기업의 사례는 후발기업의 추격이 단순히 시간의 경과에 따라 기술이나 경영능력을 꾸준히 향상시키는 선형적 과정이 아니란 것을 시사한다. 즉 기업의 발전 과정에서 선진기업으로 도약할 수 있는 결정적 순간이 찾아오고 그러한 순간에 적절히 대처해야만 추격에 성공할 수 있는 것이다. 후발기업 경영진의 중요한 역할 중 하나는 그러한 순간을 정확히 포착해 선진기업으로 도약에 필요한 역량을 개발하도록 조직 구성원들을 이끄는 것이라고 볼 수 있다.

삼성전자의 경우 그 같은 결정적 순간은 1990년대 초에 찾아왔다. 당시 삼성전자는 저가 가전제품을 생산하는 개발도상국 기업 중에서 이미 선두의 위치에 올라 있었지만 아직 선진 전자업체들과 경쟁하기에는 제품 수준이나 기술력이 부족했다. 그러한 상황에서 이건희 회장의 신경영 선언과 월드 베스트 전략은 선진기업으로의 도약을 위해 직원들이 새로운 노력을 기울이도록 하는 계기가 되었다. 현대자동차 역시 1998년에 취임한 정몽구 회장의 품질 제일주의는 그동안 따라다녔던 저가 자동차 생산업체의 이미지를 탈피해 일본이나 독일의 선진 자동차업체들과 대등한 수준에서 경쟁을 벌일 수 있도록 브랜드 이미지를 업그레이하는 데 결정적 기여를 했다.

넷째, 후발기업은 선발기업과의 직접적인 경쟁을 피하고 자신의 경쟁 입지를 강화하기 위해 외부의 유리한 여건이나 운을 효과적으로 이용해야 한다. 앞서 언급한 바와 같이 삼성전자는 1990년대 중반부터 시작된 디지털 컨버전스 혁명을 활용해 새로운 혁신적 제품들을 개발했고 디지털 선도기업이라는 이미지를 구축하는 데 성공했다. 현대자동차는 1980년대 중반 처음 진출한 미국 시장에 큰 성공을 거두었다. 그 이유는 당시 미국정부의 일본산 자동차 수입 규제로 소형 승용차의 공급이 부족했고 그러한 상황에서 미국 구매자들에게 매력적인 차종(즉 포니엑셀)을 출시했기 때문이다.

마이클 모부신Michael Mauboussin은 어떤 결과가 기량skill 때문인지 아니면 운luck 때문인지 알고 싶으면 의도적으로 아무런 행동도 안 했을 때 같은 결과를 얻을 수 있었는지를 추론해보라고 제안했다.[7] 아무 행동도 안 했는데 결과가 같으면 운이 원인이고 결과가 달라진다면 기량이 작용했다는 것이다. 이러한 관점에서 볼 때 삼성전자와 현대자동차가 외부의 유리한 여건을 활용해 경쟁력을 강화한 것은 이를 활용할 수 있는 역량이 있었기 때문이다. 그런 점에서 후발기업이 선발기업을 성공적으로 추격하기 위해서는 외부의 기회나 운을 잘 활용하는 능력도 필요하다.

끝으로 후발기업은 자신이 속한 산업의 특성을 잘 이해하고 그에 맞는 추격 전략을 개발해야 한다. 삼성전자는 기술 변화가 빠른 전자산업에 적응하기 위해 지속적으로 사업 다각화를 추진하고 이를 위해 외국기업들과의 제휴를 적극 활용했다. 만일 삼성전자가 그러한 시도를 하지 않았다면 오늘날 수익성이 점점 악화되는 가전산업에서 힘겨운 경쟁을 하고 있었을지도 모른다. 반면 현대자동차는 기술이 안정된 자동차산업에서 성공의 열쇠가 자동자의 성능과 품질에 있음을 인식하고 이를 향상시키기 위해 꾸준한 노력을 기울였다. 그러한 전략에는 많은 시간과 투자가 소요되었다. 하지만 이를 감내한 덕에 현대자동차는 글로벌 자동차메이커로 도약할 수 있었던 것이다. 이처럼 모든 산업에서 통용될 수 있는 보편적인 후발기업의 추격 모델은 없다. 후발기업은 자신의 산업에서 성공하기 위해서 어떤 기술과 역량이 필요한가를 정확히 파악하고 빠르게 확보하고 활용할 수 있는 전략과 방법을 끊임없이 모색해야 할 것이다.

| 참고문헌 |

1장

1. Abramovitz, M. (1986). Catching up, forging ahead, and falling behind. *Journal of Economic History*, 46(2), 385-406.

2. Gerschenkron, A. (1962). *Economic backwardness in historical perspective: A book of essays*. Cambridge, M.A.: Belknap Press of Harvard University Press; Verspagen, B. (1991). A new empirical approach to catching up or falling behind. *Structural Change and Economic Dynamics*, 2(2), 359-380; Nelson, R. R. (1995). Recent evolutionary theorizing about economic change. *Journal of Economic Literature*, 33(1), 48-90; Nelson, R. R. and Pack, H. (1999). The Asian miracle and modern growth theory. *The Economic Journal*, 109(457), 416-436; Fagerberg, J. and Godinho, M. M. (2005). Innovation and catching-up. *The Oxford Handbook of Innovation*. Oxford: Oxford University Press; Lee, K. (2005). Making a technological catch-up: Barriers and opportunities. *Asian Journal of Technology Innovation*, 13(2), 97-131; Mazzoleni, R. and Nelson, R. R. (2007). Public research institutions and economic catch-up. *Research Policy*, 36(10), 1512-1528; Nelson, R. R. (2008). What enables rapid economic progress: What are the needed institutions? *Research Policy*, 37(1), 1-11.

3. Nelson, R. R. (2008). What enables rapid economic progress: What are the needed institutions? *Research Policy*, 37(1), 1-11.

4. Penrose, E. T. (1959). *The Theory of the Growth of the Firm*. Oxford: Basil Blackwell.

5. Barney, J. (1991). Firm resources and sustained competitive advantage. *Journal of Management*, 17(1), 99-120.

6. Barney, J. (1991). Firm resources and sustained competitive advantage. *Journal of Management*, 17(1), 99-120.

7. Dierickx, I and Cool, K. (1989). Asset stock accumulation and sustainability of competitive advantage. *Management Science*, 35, 1504-1511.

8. Mathews, J. (2006). Dragon multinationals: Emerging players in 21st century globalization. *Asia Pacific Journal of Management*, 23(1), 5-27.

9. Bartlett, C and Ghoshal, S. (2000). Going global: lessons from later movers. *Harvard Business Review*, March-April, 132-145.

10. Itami, H. and Roehl, T. R. (1987). *Mobilizing invisible assets*. Cambridge, M.A.: Harvard University Press.

11. Hamel, G. and Prahalad, C. K. (1989). Strategic intent. *Harvard Business Review*, May-June, 63-76.

12. Hamel, G. and Prahalad, C. K. (1993). Strategy as stretch and leverage. *Harvard Business Review*, March-April, 75-84.

13. Tushman, M. and Anderson, P. (1986). Technological discontinuities and organizational environments. *Administrative Science Quarterly*, 31(3), 439-465.

14. Christensen, C. M. (1997). *The innovator's dilemma*. Boston, M.A.: Harvard Business School Press.

15. Foster, R. N. (1986). *Innovation: The attacker's advantage*. New York: Summit Books.

16. Lieberman, M. B. and Montgomery, D. B. (1988). First-mover advantages. *Strategic Management Journal*, 9, 41-58.

17. Rosenblum, P. (2015). Fast fashion has completely disrupted apparel retail. *Forbes*, May 21.

18. Hamilton, A. (1913). *Report on Manufactures* (1791). Presented by Mr. Smoot, 30 August 1913, 63rd Congress, 1st Session, Document No. 172.

19. Friedman, M. and Friedman, R. (1997). "The Case for Free Trade." *Hoover Digest, no.* 4.

20. Brander, J. A. (1986). Rationales for strategic trade and industrial policy, in *Strategic Trade Policy and the New International Economics*, ed. P. R. Krugman, Cambridge, MA: MIT Press; Krugman, P. R. (1987). Is free trade passe? *Journal of Economic Perspective*, 1, 131-44; Krugman, P. R. (1992). Does the new trade theory require a new trade policy? *World Economy*, 15(4), 423-42.

2장

1. 김진백, 이남석. (2016). 삼성전자의 성장: 기술추격, 마케팅, 국제화 관점의 분석. *상품학연구*, 34(6), 89-103.
2. Sull, D., Park, C. and Kim, S. (2003). Samsung and Daewoo: Two Tales of One City. *Harvard Business School Case*, N9-804-055.
3. 신형덕. (2007). 삼성전자의 AST 인수 사례. *Korea Business Review*, 10(2): 93-105
4. 이위범, 권영철. (2006). 글로벌기업의 동태적 능력과 전략적 제휴: 삼성전자를 중심으로. *Korea Business Review*, 9(2), 63-86.
5. 고승희, 김성수, 김신, 김영래, 설봉식, 이건희. (2012). *왜 삼성인가(글로벌 초우량기업을 향한 이건희 회장의 신경영 전략)*. 서울: 비즈니스맵
6. 노순규. (2013). *삼성전자의 조직과 전략*. 서울: 한국기업경영연구원
7. 고승희, 김성수, 김신, 김영래, 설봉식, 이건희. (2012). *왜 삼성인가(글로벌 초우량기업을 향한 이건희 회장의 신경영 전략)*. 서울: 비즈니스맵
8. 손욱. (2013). *삼성, 집요한 혁신의 역사*. 서울: 코리아닷컴
9. 최우서. (2011). 글로벌 기업의 디자인경영 핵심성공요인 분석: 사례연구를 중심으로. *한국디자인포럼*, (33), 365-374.
10. 삼성전자. (2010). *삼성전자 40년 도전과 창조의 역사*. 수원: 삼성전자주식회사.
11. 류주한. (2011). 삼성전자 해외시장 진출전략: 삼성전자 LCD 사업부 동유럽 진출 사례를 중심으로. *Korea Business Review*, 15(3), 71-111.
12. 삼성전자. (2010). *삼성전자 40년 도전과 창조의 역사*. 수원: 삼성전자주식회사.
13. 삼성전자. (2010). *삼성전자 40년 도전과 창조의 역사*. 수원: 삼성전자주식회사.
14. 삼성전자. (2010). *삼성전자 40년 도전과 창조의 역사*. 수원: 삼성전자주식회사.
15. 김영욱. (2013). 삼성전자의 일본 추격 과정에 관한 연구: 경영모방과 오너의 모방관을 중심으로. *한일경상논집*, 59, 47-73.
16. 삼성전자. (2010). *삼성전자 40년 도전과 창조의 역사*. 수원: 삼성전자주식회사.
17. 박남규, 최윤희, 김효정. (2010). 삼성전자 모바일 사업부의 성장 모멘텀과 글로벌 플레이어 전략. *국제경영리뷰*, 14(4), 145-189.

18. 송재용, 이경묵. (2013). *삼성웨이(SAMSUNG WAY, 글로벌 일류기업 삼성을 만든 이건희 경영학)*. 파주: 21세기북스.

19. 이병천, 정준호, 최은경. (2014). 삼성전자의 축적방식 분석: 세계화 시대 한국 일류 기업의 빛과 그림자. 동향과 전망, 92, 129-173.

20. 문휘창, 박지민. (2014). 해외직접투자의 경제적 효과: 삼성전자의 휴대폰 부문 사례를 중심으로. *Korea Business Review*, 18(3), 125-145.

4장

1. 현대자동차. (2017). *지속가능보고서*. 서울: 현대자동차.

2. 중앙일보. [현대·기아차 1억대 판매] 자동차산업 성장에 기여…GDP의 13%. 중앙일보, 2016년 4월 11일 (http://news.joins.com/article/19870751).

3. 한국자동차공업협회. (2005). *한국자동차산업 50년사*. 서울: 한국자동차공업협회, 148.

4. 황병준. (1970). 자동차공업과 국산화. 매일경제, 4월 18일, 3면.

5. 권영욱. (2013). *결단은 칼처럼 행동은 화살처럼: 정주영의 기업가정신(개정판)*. 서울: 이라크네.

6. 한국자동차공업협회. (2005). *한국자동차산업 50년사*. 서울: 한국자동차공업협회, 173.

7. 국가기록원. (1973). *자동차공업장기진흥계획* (http://www.archives.go.kr/next/search/listSubjectDescription.do?id=007361).

8. 박정웅. (2015). *정주영 이봐, 해봤어? 세기의 도전자, 위기의 승부사 정주영*. 서울: 프리이코노미북스.

9. 한국자동차공업협회. (2005). *한국자동차산업 50년사*. 서울: 한국자동차공업협회, 245.

10. 한국자동차공업협회. (2005). *한국자동차산업 50년사*. 서울: 한국자동차공업협회, 338-339.

11. Jacobs, A. J. (2015). *The New Domestic Automakers in the United States and Canada: History, Impacts, and Prospects*. Lanham, Maryland: Lexington Books.

12. 이현순. (2014). *내 안에 잠든 엔진을 깨워라!: 대한민국 최초로 자동차 엔진을 개발한 이현순의 도전 이야기*. 파주: 김영사ON.

13. 한국자동차공업협회. (2005). *한국자동차산업 50년사*. 서울: 한국자동차공업협회, 436.
14. Barnett, W. P., March, J. G. and Rhee, M. (2003). *Hyundai Motor Company*. Stanford Graduate School of Business, Case Number: SM122, 7-8.
15. Barnett, W. P., March, J. G. and Rhee, M. (2003). *Hyundai Motor Company*. Stanford Graduate School of Business, Case Number: SM122, 9.
16. 최원석. (2016), 왜 다시 도요타인가: 위기의 한국기업에 해법 내미는 도요타 제2창업 스토리. 서울: 더퀘스트.
17. Barnett, W. P., March, J. G. and Rhee, M. (2003). *Hyundai Motor Company*. Stanford Graduate School of Business, Case Number: SM122, 10.
18. Barnett, W. P., March, J. G. and Rhee, M. (2003). *Hyundai Motor Company*. Stanford Graduate School of Business, Case Number: SM122, 11.
19. 조선비즈. (2010). 현대車, 플랫폼(차체 뼈대와 엔진·변속기) 6개로 통합… 비용 낮춘다. *조선비즈*, 6월 16일 (http://biz.chosun.com/site/data/html_dir/2010/06/15/2010061502358.html).
20. 조선닷컴. (2008). [Why] 제네시스·아우디A8 정면충돌의 진실은… *조선닷컴*, 2008년 1월 12일 (http://news.chosun.com/site/data/html_dir/2008/01/11/2008011101171.html).
21. 조선비즈. (2018). [격랑의 車산업]⑥ 현대차, 오로라 손잡고 제대로 된 자율주행차 만든다. *조선비즈*, 2018년 1월 8일 (http://biz.chosun.com/site/data/html_dir/2018/01/07/2018010701573.html).

5장

1. 이현순. (2014). *내 안에 잠든 엔진을 깨워라!: 대한민국 최초로 자동차 엔진을 개발한 이현순의 도전 이야기*. 파주: 김영사ON; 한국일보. (2016). [오종훈의 자동차 현대사] 기술독립의 시작, '스쿠프'와 알파 엔진. 한국일보, 2016년 6월 6일 (http://www.hankookilbo.com/v/dd35762c60bc417fa6a85db6da7e9309).
2. 한국자동차공업협회. (2005). *한국자동차산업 50년사*. 서울: 한국자동차공업협회, 417-418; 조동성, 주우진. (1998). *한국의 자동차산업*. 서울: 서울대학교출판부.

3. 매일경제. (2016). "품질" MK의 16년 뚝심 통했다. *매일경제*, 6월 23일 (http://mba.mk.co.kr/view.php?sc=30000001&cm=SK&year=2016&no=451893&relatedcode=000060035); chosun.com. (2017). 신차 품질 꼴찌에서 2위로… 사활 건 혁신 덕분. chosun.com, 12월 15일 (http://news.chosun.com/site/data/html_dir/2017/12/13/2017121301818.html); 아시아투데이. (2015). [현대차 왜 강한가] 정몽구 회장 품질경영 강조…성공사례는? *아세아투데이*, 7월 16일 (http://www.asiatoday.co.kr/view.php?key=20140715010008896); 머니투데이. (2013). 현대차그룹 "완성차 품질, 일류부품서 나온다." *머니투데이*, 5월 13일 (http://news.mt.co.kr/mtview.php?no=2013051210453424996); 현대자동차 홈페이지. 자료검색일 2018. 04. 17. 자료 출처: https://www.hyundai.com/kr/ko/company-intro/sustain-manage/partner.html.

6장

1. Drucker, P. (1946). *The Concept of the Corporation*. New York: John Day.

2. Eisenhardt, K. and Martin, J. (2000). Dynamic capabilities: what are they? *Strategic Management Journal*, 21, 1105-1122.

3. 강지훈, 최순규, 이승영. (2017). 한국적 경영 스타일이 태국 현지인 직원의 조직몰입에 미치는 영향. *연세경영연구*, 54(2), 153-178.

4. Daamen, B., Hennart, J. F. and Kim, D. J. and Park, Y. R. (2007). Sources of and responses to the liability of foreignness: the case of Korean companies in the Netherlands. *Global Economic Review*, 36(1), 17-35.

5. Perlmutter, H. V. (1969). The Tortuous Evolution of the Multinational Corporation. *Columbia Journal of World Business*, 4(1), 9-18.

6. Hamel, G. and Prahalad, C. K. (1993). Strategy as stretch and leverage. *Harvard Business Review*, 71(2), 75 - 84.

7. Mauboussin, M. J. (2012). *The Success Equation: Untangling Skill and Luck in Business, Sports, and Investing*. Boston, M.A.: Harvard Business School Publishing.

추격 전략 2.0

초판 1쇄 인쇄 2019년 4월 1일
초판 1쇄 발행 2019년 4월 8일

지은이 최순규 박정민
펴낸이 안현주

경영총괄 장치혁
디자인 표지 최승협 본문 장덕종
마케팅영업팀장 안현영

펴낸곳 클라우드나인 **출판등록** 2013년 12월 12일(제2013-101호)
주소 우) 121-898 서울시 마포구 월드컵북로 4길 82(동교동) 신흥빌딩 6층
전화 02-332-8939 **팩스** 02-6008-8938
이메일 c9book@naver.com

값 15,000원
ISBN 979-11-89430-18-4 03320

- 잘못 만들어진 책은 구입하신 곳에서 교환해드립니다.
- 이 책의 전부 또는 일부 내용을 재사용하려면 사전에 저작권자와 클라우드나인의 동의를 받아야 합니다.
- 클라우드나인에서는 독자여러분의 원고를 기다리고 있습니다.
  출간을 원하는 분은 원고를 bookmuseum@naver.com으로 보내주세요.
- 클라우드나인은 구름 중 가장 높은 구름인 9번 구름을 뜻합니다. 새들이 깃털로 하늘을 나는 것처럼 인간은 깃펜으로 쓴 글자에 의해 천상에 오를 것입니다.

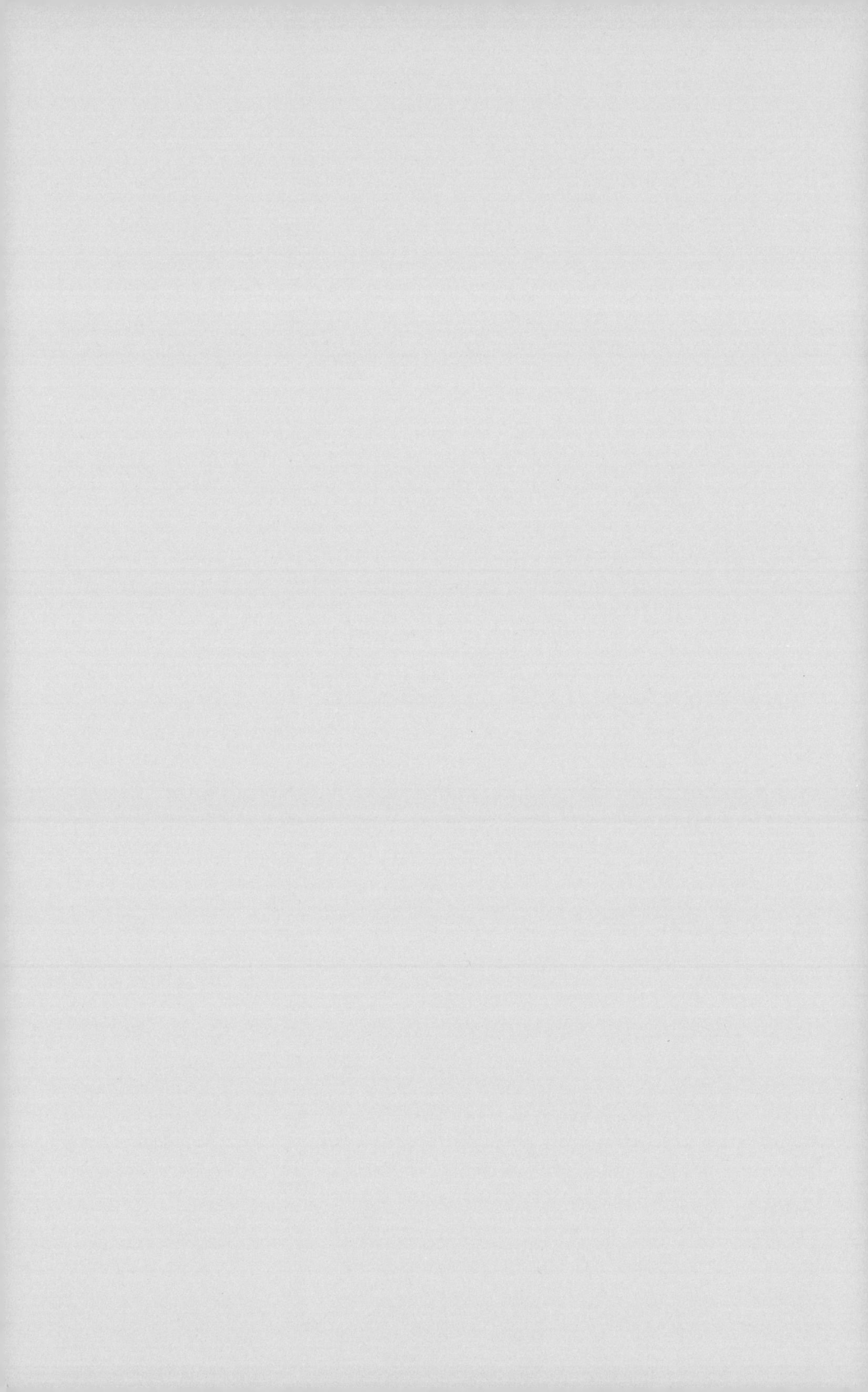